머니닥터 최영두 교수의

지혜로운
생활경제이야기

Wise Stories of Everyday Economics

최영두

박영사

머리말

생활경제란 무엇일까요? 우리는 매일 소비, 투자, 저축, 그리고 수입과 같은 재정적 결정을 내리며 살아갑니다. 이 결정들은 우리의 일상에 중요한 영향을 미치며, 그에 따른 재정적 문제는 올바른 지식과 계획을 통해 잘 관리할 수 있습니다. 생활경제는 단순한 돈 관리 이상의 의미를 지니며, 우리의 경제적 안정과 삶의 질을 결정짓는 핵심 요소로 작용합니다. 이 책은 생활경제의 기본 원리를 이해하고, 더 나은 재정적 결정을 내리는 데 도움을 주고자 합니다.

특히, 세금 문제는 우리가 경제활동을 하는 데 있어 빼놓을 수 없는 중요한 부분입니다. 세금은 "요람에서 무덤까지"라는 표현처럼, 모든 경제활동에 필수적인 요소로 작용합니다. 이 책에서는 경제활동과 관련된 세금과 법률 문제를 간결하게 정리하여, 독자 여러분이 더욱 현명한 경제적 선택을 할 수 있도록 돕고자 합니다.

최근 금융기관에서는 VIP 마케팅, 즉 '부자 마케팅'이 중요한 전략으로 자리 잡았습니다. 부유한 고객을 대상으로 한 종합자산관리서비스는 고객의 재정 상태를 분석하고, 장기적인 재무 컨설팅을 제공합니다. 이 책은 금융투자상품, 부동산, 세금, 상속, 증여 등 자산관리의 핵심 내용을 쉽게 이해할 수 있도록 구성하여, 종합자산관리서비스를 체험하는 기회를 제공할 것입니다.

　부자가 되고자 하는 이들에게 중요한 것은, 부유한 사람들의 자산 형성 과정을 이해하는 일입니다. 전통적인 부자와 자수성가형 부자의 차이점을 파악하고, 그들이 공통적으로 지닌 특성들을 학습하는 것이 필요합니다. 이 책은 부자들의 생각과 자산관리 원칙을 자세히 설명하여, 부를 이루고자 하는 모든 이들에게 길잡이가 될 것입니다.

　이 책은 현대 사회에서 금융적 안정과 지혜로운 자산 관리를 위한 **생활경제 입문, 효율적인 자산관리 지혜, 부자의 철학과 원칙**이라는 세 가지 큰 주제를 다루고 있으며, 유용한 경제 지식을 칼럼 형식으로 정리했습니다. 이 여정이 여러분의 삶에 긍정적인 변화를 가져오기를 바랍니다. 생활경제의 본질을 깊이 이해하고, 재테크와 자산관리의 지혜를 익히는 데 도움이 되길 간절히 소망합니다.

　여러분의 경제적 안정과 번영을 진심으로 기원하며, 이 책이 그 과정에 유익한 길잡이가 되기를 바랍니다. 마지막으로, 언제나 격려와 칭찬을 아끼지 않으신 존경하는 어머니, 책을 내는 과정에서 큰 힘이 되어 준 사랑하는 아내 박소연, 딸 미성, 아들 정훈에게 깊은 감사의 마음을 전합니다.

2024년 9월
머니닥터 최영두 올림

차례

Part 01
지혜로운 생활경제 입문

Part 02
효율적인 자산관리 지혜

Part 03
부자의 철학과 지혜

01

지혜로운
생활경제 입문

01

부자가 되는 비결: 3단계 전략

　부자의 기준은 사람마다 다를 수 있지만, 일반적으로 현금
성 자산이 미화 100만 달러(약 13억원) 이상인 경우를 부자로 정
의할 수 있다. 2024년 최신 보고서에 따르면, 우리나라에서 현금
성 자산이 10억원 이상인 사람은 약 45만 명으로 전체 인구의 약
0.47%를 차지하고 있다. 이들의 평균 총자산 중앙값은 48억원에
달한다.

　부자가 되기 위해서는 체계적인 과정이 필요하다. 이는 크게
세 단계로 나눌 수 있다: 돈을 모으는 단계인 집전(集錢), 돈을 불
리는 단계인 용전(用錢), 그리고 돈을 유지하고 지키는 단계인 수
전(守錢)이다. 각 단계에서 중요한 요소들을 하나씩 살펴보면 다
음과 같다.

먼저, 집전 단계는 사회 초년생과 30대에게 해당된다. 이 단계에서 가장 중요한 것은 지출을 최소화하고 저축 금액을 최대화하는 것이다. 불확실한 수익을 기대하며 투자형 금융상품에 돈을 넣기보다는, 생활비를 절약하고 확실한 저축을 늘리는 전략이 중요하다. 예를 들어, 1000만원을 투자해 연 5%의 수익률을 기대하는 것보다는 매월 생활비에서 10만원씩 줄여서 저축하는 것이 더 안정적이다. 이렇게 하면 연 5%의 확실한 수익률을 올릴 수 있다. 요즘에는 비대면 금융상품과 다양한 앱을 통해 자산을 효율적으로 관리할 수 있는 도구들이 많다. 이를 적극적으로 활용해 지출을 체계적으로 관리하고, 저축을 자동화하는 것이 중요하다.

다음은 용전 단계로, 40대에서 50대에 해당한다. 이 단계에서는 수익성보다 원금 보장의 안전성이 중요하다. 원금 손실이 발생하면 이를 회복하기 위해 두 배 이상의 수익률이 필요하기 때문이다. 예를 들어, 1억원을 투자해 50% 손실이 발생하면 5000만원이 된다. 이 금액을 다시 1억원으로 회복하려면 100%의 수익률이 필요하다. 따라서 이 단계에서는 안정적인 투자에 중점을 둬야 한다. 최근 금융시장은 변동성이 크기 때문에 안정적인 투자처를 찾는 것이 중요하다. 부동산, 채권, 안정적인 배당주 등을 통해 자산을 분산 투자하고 리스크를 최소화하는 전략을 취해야 한다.

마지막으로 수전 단계는 60대 이상에 해당한다. 이 단계에서는 세금 관리가 핵심이다. 금융소득종합과세를 피하기 위해 비과세 금융상품에 가입하고, 소득을 명의별로 분산해 높은 소득세율을 피해야 한다. 특히 상속세에 대한 대비가 중요하다. 상속세 최고세율은 50%로, 자산의 절반 정도를 세금으로 납부해야 한다. 이를 대비하기 위해서는 자산 이전 전략을 세우고, 10년 이상의 장기적인 계획을 마련해야 한다. 신탁, 보험, 증여 등을 활용해 상속세 부담을 최소화할 수 있는 방안을 미리 준비해야 한다.

현재 당신은 집전, 용전, 수전 중 어느 단계에 와 있는가? 각 단계에서 집중해야 할 것을 파악하고, 자신의 상황에 맞게 자산을 효율적으로 관리하기 바란다. 부자가 되는 길은 멀지만, 체계적인 전략과 노력을 통해 누구나 그 목표에 도달할 수 있다.

02

효율적인 투자 전략: 저축 같은 투자

바야흐로 '투자'를 강조하는 시대가 왔다. 과거 우리 부모님 세대가 한 푼 두 푼 모아 저축을 해서 집을 장만하고 자녀들을 교육시켰던 시절은 가고, 이제는 주식과 채권, 부동산으로 대표되는 투자상품이 저축의 자리를 대신하고 있다.

이제는 하루가 멀다 하고 투자 재테크를 주제로 한 서적들이 쏟아져 나오고, 소위 이름 있는 투자자들이 쓴 책들은 베스트셀러 상위권에 오르곤 한다. 재테크 전문가들이 TV 프로그램에 나와 어려운 금융 지식을 자랑하고, 각 금융사들은 고객의 입맛에 맞는 금융상품들을 경쟁적으로 내놓으며 고객의 선택을 기다린다. 아마 이 글을 읽는 독자 중에도 책장에 재테크 서적 한두 권쯤 꽂혀 있거나, 전문가에게 몇 번 투자 상담을 받아본 경험이 있는 분들이 많을 것이다.

사람들이 부자가 되기 위한 열망을 저버리지 않는 한, 투자 재테크 열풍은 계속될 것이다. 최근 경제 상황이 어렵다고 하지만, 높은 수익률이 보장되는 부동산에는 투자자들이 몰리고, 일반 예금보다 조금이라도 높은 이자율을 제시하는 특판 예금상품은 조기에 마감되는 현실이다. 위험은 분명하지만, 저축보다는 투자가 부자 마을로 들어가는 문에 더 가깝게 느껴질 수도 있다.

그럼에도 불구하고 '저축'을 강조하고자 한다. 지금과 같은 '투자의 시대'에 왜 저축을 이야기하는 것인지 의아한 분들도 있을 것이다. 금융회사의 VIP 자산관리 컨설팅 경험이 많은 필자가 저축을 강조한다는 것이 의외로 느껴질 수 있다.

우리 부모님 세대는 먼 미래를 위해 '저축'을 하며 가정을 이끌어왔다. 그 당시 인기 있었던 정기적금이나 예금 통장에 오랜 기간 동안 차곡차곡 쌓이는 이자를 보면서 말이다. 저축은 이렇게 장기적인 관점에서 미래를 설계할 수 있는 장점을 가지고 있다.

여기서 핵심은 '저축' 그 자체가 아니다. 저축에서 배울 수 있는 '투자의 기본 원칙'을 강조하고 싶은 것이다. 주식이나 부동산 투자자가 단기간의 수익률을 추구하다 보면 자칫 '가치귀착의 오류'에 빠지기 쉽다. 부자가 되기 위해서는 저축은 전혀 필요하지 않으며 투자만이 성공을 이끄는 유일한 방법이라는 맹신에 빠질 수 있다. 결국 고수익 투자에 매몰되어 어떤 금융상품에 투자하든 실패를 피할 수 없게 된다.

여전히 많은 전문가들이 성공 투자의 요건으로 저축과 같은 '장기적인 투자'를 '지금 바로 시작하라'고 이야기한다. 그렇게 본다면 지금과 같은 투자의 시대에도 저축은 분명 의미 있는 투자기법이다. 독자들에게 꼭 전하고 싶은 말을 한마디로 요약하면 이렇다. '저축 같은 투자를 하라.'

03

행복으로 가는 투자원칙

투자란 불확실한 미래의 수익을 얻기 위해 현재의 경제적 가치를 희생하는 행위이다. 따라서 투자자들은 종종 행복감을 유지하기 어렵다. 주식을 샀는데 주가가 하락하면 괴롭고, 주식을 팔았는데 주가가 상승해도 괴롭다.

이로 인해 많은 시간과 노력을 들여 주가가 오르기 전에 사거나 떨어지기 전에 팔려고 하지만, 만족스러운 결과를 얻기는 쉽지 않다. 심지어 장기간 모은 재산을 한순간에 잃는 경우도 많다. 그러나 인생의 재무 목표를 달성하고 행복해지기 위한 투자의 원칙은 의외로 간단하다.

첫째는 '분산 투자'이다.

대형 연금 펀드의 수익률 차이는 90% 이상이 자산을 어떻게 분산하는가에 따라 결정된다. 전문가의 조언을 통해 예·적금, 주식, 채권, 부동산 등에 자산을 장기적으로 배분하면 위험을 최소화할 수 있다. '계란을 한 바구니에 담지 말라'는 격언은 여전히 유효하다. 다양한 자산군에 분산 투자하여 포트폴리오의 안정성을 높이는 것이 중요하다. 최근에는 로보 어드바이저와 같은 기술을 활용해 자동으로 분산 투자 포트폴리오를 구성해주는 서비스도 이용할 수 있다.

둘째는 '적립식 투자'이다.

자산을 다양하게 분산했다면, 언제 투자할지 고민하게 된다. 투자 시점을 잘못 잡는 실수를 피하기 위해 정액분할투자법(Dollar Cost Averaging)을 활용하는 것이 좋다. 이는 주가의 등락에 관계없이 정기적으로 일정 금액을 투자하는 방법이다. 이렇게 하면 주가가 하락했을 때는 더 많은 주식을 사고, 주가가 상승했을 때는 적게 사는 효과를 누릴 수 있다. 이는 투자 시점에 대한 부담을 줄여주고, 시장의 변동성을 자연스럽게 흡수하게 해준다.

셋째는 '장기 투자'이다.

'투자는 타이밍이 아니라 타임'이라는 말이 있다. 다양한 목적 자금을 형성하기 위해 매번 새로운 투자를 한다면 높은 투자 수익률이 요구될 수 있다. 이는 위험 성향이 높은 자산에 투자하게 되며, 실패할 경우 손실을 회복하기 어렵다. 장기적인 투자 계획을 수립하면 상대적으로 낮은 수익률로도 원하는 수준의 자금을 형성할 수 있다. 또한, 단기적인 시장 변동에 덜 휘둘리며, 시간을 통한 복리 효과를 극대화할 수 있다. 장기 투자는 심리적 안정감을 제공하고, 투자 목표에 더 가까이 다가갈 수 있게 해준다.

마지막으로 '세테크'에도 관심을 가져야 한다.

재테크가 자산의 절대 증가를 위한 투자 개념이라면, 세테크는 그 이전에 반드시 고려해야 할 중요한 항목이다. 세금을 고려한 순소득을 감안하여 저축해야 한다. 비과세상품과 세금우대상품이 인기를 끄는 이유도 여기에 있다. 불확실성의 시대에 세테크를 도외시한다면 '구멍 난 독에 물 붓기' 식의 투자가 될 수 있다. 세금우대종합저축, 예탁금 등 절세형 상품이나 생계형저축, 농어가 목돈마련저축, 장기주택마련저축, 출자금, 개인연금과 같은 비과세상품을 활용하면 기본이율과 함께 절세로 인한 추가 수익을 얻는 효과를 볼 수 있다. 최근에는 절세를 돕는 다양한 금융 기술 플랫폼이 등장하여 투자자들이 세테크를 쉽게 실천할 수 있도록 지원한다.

투자에는 왕도가 없다. 하지만 단기적인 주가 움직임에 민감하게 반응하지 말고, 분산 투자, 적립식 투자, 장기 투자라는 3대 원칙을 지켜 나간다면 위험을 분산시키면서 수익률을 높일 수 있다. 이러한 원칙을 통해 여러분이 경제적 목표를 달성하고 더 행복한 삶을 누리기를 바란다.

04

축구 콤플렉스와 투자 콤플렉스

2012년 8월 11일 새벽, 영국 웨일스 카디프의 밀레니엄 경기장에서 열린 일본과의 한판 승부에서 한국은 박주영 선수의 선제골과 구자철 선수의 추가골로 2대 0 완승을 거두었다. 이 승리는 한국 축구 역사상 1948년 런던올림픽 이후 64년 만에 얻은 첫 메달이었다. 축구는 우리나라뿐만 아니라 전 세계에서 가장 인기 있는 스포츠 중 하나이다. 그런데 왜 사람들은 이토록 축구에 열광하는 것일까?

스포츠 정신의학 교수의 '축구는 콤플렉스다'라는 기사를 읽은 적이 있다. 축구와 콤플렉스를 연관 짓는 것이 의아했지만, 기사를 읽어보니 그 이유를 알 수 있었다. 축구는 인간의 신체 중 가장 멀리 떨어진 발을 사용하기 때문에 어려운 스포츠이다. 그래서 골을 넣었을 때의 희열감은 이루 말할 수 없이 크다. 즉, 축구는 어려운 상황을 극복하는 인간 의지를 반영하며, 이를 통해 콤플렉스를 해소하는 과정이라는 내용이었다.

이러한 내용을 투자활동과 비교해볼 수 있다. 투자 역시 쉽지 않다. 만약 돈을 쉽게 벌 수 있다면 그것은 투자가 아닐 것이다. 우리가 투자할 때 많은 제약을 받는 것도 사실이다. 금융상품이 다양해지고, 각종 법률과 제도가 복잡해지는 것은 투자자에게 더욱 불리하게 작용한다.

여러 경제 변수에 따른 금융 환경적 요소뿐만 아니라, 언제 사고팔아야 하는지에 대한 시간적 고려도 필요하다. 지금과 같은 복잡한 경제 환경과 다양한 금융상품 속에서 선택의 어려움은 더욱 심화될 것이다. 이러한 모든 요소를 고려해 투자하더라도 모든 사람이 성공하는 것은 아니다. 이는 투자가 얼마나 어려운지를 단적으로 보여준다.

그러나 이러한 제약과 투자 타이밍의 어려움을 극복하고 만족할 만한 성과를 얻었을 때 우리는 무엇과도 바꿀 수 없는 성취감을 맛보게 된다. 이 '투자 콤플렉스'를 극복하기 위해 우리는 시장을 살피고, 자료를 찾아보고, 전문가의 조언을 구한다. 이는 축구에서 콤플렉스를 극복하고 승리하기 위해 상대팀을 연구하고 더 열심히 뛰는 것과 같은 이치이다.

축구 선수들이 경기장에서 상대팀을 연구하고 전략을 세우는 것처럼, 투자자도 마찬가지이다. 철저한 시장 분석과 정보 수집, 전문가의 조언을 통해 우리는 투자 콤플렉스를 극복하고 성공적인 투자를 이룰 수 있다. 어려운 상황을 극복하고 승리의 기쁨을 맛보는 것이 축구의 매력이라면, 투자에서도 마찬가지이다. 성공적인 투자란 바로 이러한 과정에서 얻는 기쁨과 만족감이다.

05

현명한 소비자의 길: 부채 관리 전략

가계부채가 눈덩이처럼 불어나고 있다. 한국은행과 기획재정부에 따르면, 우리나라 가계부채는 현재 약 1900조원으로 국민 1인당 평균 3700만원을 넘어섰다. 통계청 자료에 의하면 빚이 있는 가구의 비율도 66.9%에 달한다. 10가구 중 7가구는 빚을 지고 있다는 의미이다. 특히 많은 젊은이들이 대학 학자금 대출로 인해 사회에 첫발을 내딛기도 전에 이미 부채를 짊어지고 살아가고 있다.

물론 부채와 무관한 사람들도 있을 것이다. 그러나 대다수 사람들은 사회 초년생 시기부터 노후 시기까지 부채와 밀접한 관계를 맺고 살아간다. 부채는 우리의 생활과 오랜 기간 연관되어 있기 때문에, 이를 현명하게 관리하는 것이 매우 중요하다. 이제 부채 관리를 위한 세 가지 주요 방법을 자세히 살펴보겠다.

첫째, 대출에 대한 인식 전환

대출은 말 그대로 돈을 빌리는 것이다. 돈을 빌리는 것은 나중에 반드시 갚아야 하며, 이로 인해 미래의 소득이 줄어들거나 현재 저축할 수 있는 여력이 사라질 수 있다. 따라서 대출을 받을 때는 자신의 상황에 맞는 적정 수준을 고려해야 한다. 대출에 대한 올바른 인식과 함께 대출을 통해 발생할 수 있는 모든 비용을 충분히 감안해야 한다.

대출을 결정할 때는 미래의 재정 상황을 예측하고, 이를 기반으로 대출 금액과 상환 계획을 세워야 한다. 과도한 대출은 향후 재정적 불안정을 초래할 수 있으므로, 자신의 재정 능력 내에서 적정한 대출을 받는 것이 중요하다.

둘째, 부채 관리의 기본 원칙 철저히 지키기

부채 관리를 잘하기 위해서는 기본 원칙을 철저히 지켜야 한다. 부채 관리의 기본 원칙은 대출의 용도가 명확한지, 대출 금액이 적정한지, 상환 계획이 구체적인지를 확인하는 것이다. 예를 들어, 전세자금이나 주택구입자금 등 용도가 분명한 경우에만 대출을 받는 것이 좋다.

부채 금액의 적정성을 판단하기 위해서는 개인의 재정 상황을 고려해야 한다. 일반적인 재무 관점에서 적정 부채 비율은 다음과 같다. 신용대출, 할부 잔액, 신용카드 미결제 잔액 등의 소비자 부채 상환 금액은 총소득의 15~20% 이내여야 한다. 주택담보대출 원리금 상환액, 재산세, 주택화재보험료, 아파트 관리비 등 주거 관련 비용은 총소득의 30~35% 이내가 적정하다. 모든 부채를 합한 총부채 상환 금액은 총소득의 40% 이내여야 한다. 이러한 부채 비율 지표를 참고하면 부채 관리를 효과적으로 할 수 있다.

셋째, 꼼꼼한 신용 관리

신용 등급은 대출 조건을 결정하는 중요한 요소이다. 신용 등급은 현재 부채 수준, 신용 형태, 신용 조회 정보, 상환 이력 등을 기반으로 평가된다. 신용 관리를 잘하면 대출 비용을 10~20% 절약할 수 있다. 신용 관리를 위한 대표적인 방법으로는 연체를 하지 않는 것, 주거래 은행을 통해 적금 등의 금융상품에 가입하는 것 등이 있다. 또한 불필요한 신용 정보 조회를 피하고, 꼭 필요하지 않은 채무는 줄이는 것이 좋다.

부채는 우리의 생활에서 떼려야 뗄 수 없는 관계이다. 그러나 현명한 부채 관리를 통해 재정적 안정과 건강한 경제 생활을 유지할 수 있다. 대출에 대한 올바른 인식, 철저한 기본 원칙 준수, 그리고 꼼꼼한 신용 관리는 현명한 소비자로서의 첫걸음이 될 것이다. 이러한 부채 관리 방법을 통해 보다 안정적이고 행복한 미래를 준비하시길 바란다.

06

완벽한 은퇴 준비법

현재 우리 사회는 저출산과 고령화 문제가 심각하게 대두되고 있다. 이로 인해 은퇴에 대한 관심이 더욱 높아지고 있으며, 특히 베이비부머 세대의 은퇴가 본격화되면서 '은퇴설계'라는 주제가 더욱 중요해지고 있다. 고령화 사회에서 노후를 준비하는 것은 단순한 금융 계획을 넘어서야 한다. 효율적인 은퇴설계에 대해 다시 한번 심층적으로 살펴보면 다음과 같다.

명확한 은퇴 후 목표 설정

은퇴는 단순히 일을 그만두는 것 이상의 의미를 가진다. 현재 사회에서는 노후 생활의 질을 높이기 위해 명확한 목표 설정이 필수적이다. 최근 연구에 따르면, 경제적 안정뿐만 아니라 정서적 충족과 사회적 참여의 측면에서도 풍요로운 노후를 계획하는 것이 중요하다고 한다. 예를 들어, 은퇴 후 취미 활동이나 지역사회에서의 봉사 활동을 통해 정신적으로도 충만한 노후 생활을 이어갈 수 있다.

전문가와의 협력을 통한 전략 수립

은퇴 준비는 금융적인 측면뿐만 아니라 복합적인 접근이 필요하다. 현재의 금융 환경 변화와 함께, 공적 연금과 개인적인 투자 자산을 어떻게 조화롭게 관리할 것인지를 전문가와 함께 검토하는 것이 필수적이다. 최근 연구에 따르면, 퇴직자들은 보다 다양한 재정적 옵션을 탐색하고 있으며, 자신의 노후 계획에 맞는 최적의 금융상품을 선택하려는 경향이 뚜렷하게 나타나고 있다.

은퇴 전 기간의 유의미한 활용

은퇴 전 기간은 단순한 일의 마무리를 넘어서서 새로운 준비 기간으로서의 역할을 한다. 이 기간을 활용하여 자신의 취향과 능력을 발휘할 수 있는 새로운 활동을 찾고, 은퇴 후에도 지속 가능한 관심사를 개발하는 것이 중요하다. 예를 들어, 자원 봉사 활동을 통해 사회적 연결성을 유지하거나, 창의적인 활동을 통해 정신적인 자극을 받을 수 있는 계획을 세우는 것이 좋다.

최근 추세와 도전 과제

최근에는 인구 고령화로 인해 은퇴자들이 직면하는 도전 과제가 더욱 명확해지고 있다. 예를 들어, 은퇴 후에도 적극적으로 사회경제적으로 활동할 수 있는 환경을 조성하는 것이 필요하다. 또한 디지털 경제 시대에 맞춰 디지털 기술을 적극적으로 활용하여 노후 생활의 질을 높이는 방안을 모색해야 한다.

현재의 고령화 사회에서는 은퇴를 효율적으로 준비하는 것이 중요하다. 명확한 목표 설정과 전략적인 금융 관리, 그리고 유의미한 준비 기간을 통해 풍요로운 노후 생활을 보장할 수 있다. 최신 자료를 적극적으로 활용하며, 개인의 노후 준비 계획을 철저히 검토해 보는 것이 필요하다. 이를 통해 인생의 다음 단계에서도 안정적이고 만족스러운 삶을 영위할 수 있을 것이다.

07

올바르게 선택하는 태아보험

태아보험은 임신 중 태아의 건강과 관련된 보장을 제공하는 보험 상품으로, 출생 후에는 보장을 받을 수 있는 혜택을 지닌다. 이 보험은 주로 선천성 질환에 대비하여 태아가 건강하게 태어나기 위한 준비를 할 수 있도록 돕는다. 다만, 태아보험에 가입하기 위해서는 몇 가지 중요한 점을 고려해야 한다.

적절한 가입 시기

태아보험은 일반적으로 임신 22주 이내에 가입할 수 있으며, 일부 상품은 최대 24주까지 가입이 가능하다. 이 시기를 넘어서면 태아 관련 특약을 포함한 보험에 가입할 수 없으므로, 임신 초기에 가입하는 것이 좋다. 이를 통해 선천성 질환 발생 시에도 적절한 보장을 받을 수 있다.

주요 보장 내용

주로 태아보험은 선천성 질환으로 인한 수술비, 입원비, 인큐베이터 비용 등을 보장한다. 또한, 임신 28주부터 출산 후 1주 사이에 발생한 질병에 대한 입원비도 포함될 수 있다. 이는 태아와 산모의 건강을 지키기 위한 중요한 보장 사항이다.

생명보험사와 손해보험사의 차이

태아보험은 생명보험사와 손해보험사에서 모두 판매된다. 생명보험사는 주로 중대한 질병에 대한 고액의 보험금을 지급하며, 손해보험사는 실제 의료비 지출에 대한 보장을 제공한다. 보험료 부담이 크다면 우선 손해보험사의 상품을 검토해보는 것이 좋다.

보장 기간 선택

보험의 보장 기간은 출생 직후부터 선택할 수 있으며, 일반적으로 30세, 80세, 100세까지 다양한 옵션이 제공된다. 다만, 어린이와 성인의 질병 발생 패턴이 다르기 때문에 20세 정도에 다시 성인보험을 검토하는 것이 필요하다.

아이의 건강과 안전을 위해 태아보험에 가입하는 것은 중요하다. 생명의 시작부터 보호받을 수 있는 이 보험은 만약을 대비하여 필요한 금융적 지원을 제공한다. 따라서 가입 시점과 보험 내용을 신중하게 검토하고, 필요시 전문가의 조언을 받아보는 것이 좋다.

08

해외여행보험: 안전과 보호의 필수품

　해외여행은 새로운 문화를 경험하고 다채로운 맛을 즐기는 멋진 기회이다. 그러나 이런 풍요로운 경험을 향한 여정에서 무시할 수 없는 요소가 있다 - 바로 안전과 금전적 보호이다. 해외에서 사고나 질병에 걸릴 경우 현지의 의료비 부담은 상상을 초월할 수 있다. 이러한 불가피한 상황에 대비하기 위해 여행자보험에 가입하는 것은 현명한 선택이다.

　여행자보험은 나이나 성별에 관계없이 누구나 가입할 수 있는 보험 상품이다. 여행 기간 동안 24시간 단위로 가입할 수 있으며, 3개월을 초과하는 장기 여행의 경우에는 보험사에 사전 확인이 필요하다. 해외여행보험은 국내보험에 비해 더 넓은 범위의 보장을 제공한다. 항공기나 선박에서의 사고로 인한 조난 구조비, 행방 불명 사태에 대한 수색 구조비, 항공 및 이송비용 등이 포함된다. 이 모든 점에서 보험 가입 절차는 간편하게 인터넷, 전화, 스마트폰을 통해 처리할 수 있다.

해외여행보험의 핵심적 보장 사항은 여행 중 발생할 수 있는 상해 사고나 질병으로 인한 의료비, 타인에게 재정적 손해를 입힌 경우의 배상금, 그리고 휴대품의 도난이나 파손에 대한 보상이다. 해외에서는 현지 건강보험 혜택을 받기 어렵기 때문에 의료비 보장은 절대적으로 필요하다. 사고 후 추가적인 치료가 필요한 경우, 국내 병원에서의 치료비도 일정 기간 동안 보상된다.

특히 배상 책임 보장은 호텔이나 숙소에서의 손해를 포함하여 타인에게 입힌 재정적 손실을 보장한다. 보험금 청구 시에는 비용 지출 증빙이 필요하며, 사고 발생 시 즉시 보험사에 신고하고 증인 연락처를 기록해 두는 것이 좋다. 또한 휴대품의 경우 한 품목당 최대 20만원을 한도로 자기 부담금을 공제한 후 보상된다. 가치 있는 품목의 경우 추가 보험을 고려할 필요가 있다.

여행 중 분실된 물품에 대한 보상은 지원되지 않으며, 도난 발생 시 현지 경찰에 즉시 신고하고 도난 신고증명서를 발급받아야 보상이 가능하다. 여행 전 반출한 고가의 물품이라면 영수증을 보관하고, 여행 중 구입한 물품도 영수증을 잘 보관하는 것이 좋다.

옛말에 "돌다리도 두들겨 보고 건너라"고 했다. 여행의 즐거움은 안전한 여정에서 시작된다. 여행자 스스로 안전을 유지하는 노력과 함께, 여행자보험을 통해 예상치 못한 사건에 대비하는 것은 여행의 완성을 위한 필수적인 준비이다.

09

해외여행객을 위한 면세제도 이해

해외여행에서 빠질 수 없는 것이 면세상품 구입이다. 여행이란 즐거움에 저렴한 면세상품 쇼핑이란 특혜까지 누릴 수 있으니 인기가 많을 수밖에 없다. 그러나 자칫 부주의하면 엄청난 세금폭탄이 돌아올 수 있다. 이에 해외여행객이 알아야 할 면세제도를 자세히 알아보도록 하자.

면세점은 상품에 부과되는 각종 세금을 면제해서 상품을 판매하는 곳으로 외국인 관광객이나 해외여행을 하는 내국인이 이용할 수 있는 상점이다. 관세·개별소비세·주세 등 각종 세금이 상품 가격에 포함되지 않아 시중보다 세금 금액만큼 저렴하다. 때문에 해외여행객들이 쇼핑계획을 별도로 세울 만큼 필수코스로 자리 잡았다. 하지만 면세한도와 기준 등을 꼼꼼히 챙기지 않으면 더 많은 세금을 물어야 할 수 있다.

가장 많은 여행객들이 착각하는 것은 면세점 구매한도와 면세한도다. 내국인 여행객 기준으로 국내 면세점 구매한도는 1인당 미화 5000달러이고, 면세한도는 600달러다. 출국 전 면세점에서 3000달러를 구입했다면 입국할 때 면세한도를 초과한 2400달러에 대해 세금을 내야 했다. 그런데 2022년 3월 18일자로 국내 면세점 구매한도가 폐지되었다. 여기서 중요한 것은 국내뿐 아니라 해외에서 구입한 금액을 모두 합산하여 600달러를 초과하는 금액에 세금을 납부한다는 점이다.

그러나 600달러 외에 추가로 혜택을 받을 수 있는 물건이 있다. 미성년자를 제외한 성인은 술 1병과 담배 1보루(200개비), 향수 1병은 세금이 면제되고 면세한도 600달러 계산에도 합산하지 않는다. 단 술은 400달러 이하이며 1ℓ 이하인 술에 한하고, 향수는 가격과 상관없이 60㎖까지다. 만약 500달러인 술을 한 병 구매하면 면세한도 초과 100달러만 세금을 내지 않고 구입금액 500달러 전부에 세금이 부과되니 유의해야 한다.

면세한도를 초과하면 해외여행 후 돌아오는 비행기나 선박에서 나눠 주는 세관신고서에 작성해 자진신고해야 한다. '설마' 하는 마음으로 신고하지 않았다가 세관에 적발되면 납부할 세금에 가산세 30%를 추가로 물어야 한다. 만약 신혼부부가 신혼여행에서 1000달러인 명품 가방을 구매했다고 가정하자. 얼핏 부부 면세한도를 합산해 면세라고 생각할 수 있지만 면세한도는 각각 개별적으로 적용된다. 즉 구입한 사람의 면세한도를 초과한 400달러에 대한 세금을 자진신고 후 내야 한다.

면세한도를 초과한 물품 금액엔 세금을 얼마나 낼까. 해당되는 세금만도 관세·부가세·개별소비세 등 복잡할 것 같지만 해외여행객이 들어오는 물품엔 간이세율이 적용된다. 총 구매금액에 600달러를 빼고 간이세율을 곱하면 손쉽게 구할 수 있다. 간이세율은 녹용 45%, 향수 35%, 모피 30%, 의류·신발 25%, 그외 주류·담배·귀금속 등을 제외한 대부분이 20%다. 단 원화 185만2000원을 초과하는 고급 가방·시계·사진기 등은 185만2000원까지 20%, 초과금액에는 50%라는 높은 세율이 적용되니 유의하도록 하자.

10

스마트폰과 '묻지 마 투자'의 위험

스마트폰의 인기가 뜨겁다. 변화에 쉽게 적응하고 새로운 것을 빠르게 받아들이는 소위 '얼리 어답터(Early Adapter)'는 물론이고, 이제는 일반 직장인들마저도 스마트폰에 열광하고 있다.

이러한 분위기 속에 스마트폰으로 인해 컴퓨터 매출이 줄어들고 오프라인상의 도서 판매량도 감소한다고 하니 이제는 스마트폰이 하나의 문화적 트렌드가 된 것 같다. 우리는 스마트폰을 왜 구입할까? 어느 조사기관에서 실시한 스마트폰 구입 동기에 대한 설문 결과는 시사하는 바가 크다. 설문 결과에 따르면 그 이유를 크게 두 가지로 나눌 수 있다.

첫 번째는 인터넷 사용이나 다양한 애플리케이션 등 '기능과 활용성이 좋아서'이고, 두 번째는 다른 사람의 시선을 의식하거나 안 사면 유행에 뒤처질 것 같은 불안감 등 '모방성'이다.

첫 번째 경우야 스마트폰의 원래 탄생 취지와도 부합하고 소비자가 잘만 활용하면 생활을 훨씬 더 편리하게 만들 수 있으니 긍정적인 측면이 강하다고 할 수 있지만 두 번째 경우는 긍정적으로 보기 어렵다.

이제 투자 얘기를 해 보자. 최근에는 투자자들의 의식이 많이 성숙되어 찾아보기 힘들지만, 얼마 전까지만 해도 '묻지 마 투자'라는 말이 많이 쓰였다. '묻지 마 투자'란 다른 사람들이 가는 대로 확인되지도 않은 소문을 좇아 목적도 방향도 없이 투자하는 것을 이르는 말이다.

이런 투자자는 가끔 운이 좋아 대박을 만들어 내기도 하지만, 목적과 방향이 불명확한 상황에서 큰 손실로 투자를 마감하는 경우가 많다. 그래서 투자 컨설턴트들은 '묻지 마 투자'를 투자자가 가장 경계해야 할 요소로 꼽는다.

스마트폰은 분명 생활의 '편리'를 위해서 만들어진 물품이다. 하지만 그것이 자신에게 어떤 쓰임새가 있는지 모르고 무작정 다른 사람만 따라 하는 경우에는 구입비용과 통신비, 그리고 업그레이드 비용 등 뜻하지 않은 손실을 볼 수도 있다. 바로 우리가 '묻지 마 투자'를 경계해야 하는 것과 같은 이치일 것이다.

토마스 에디슨의 '실패는 성공의 어머니'라는 유명한 명언이 있다. 성공이라는 것은 여러 번의 실패를 통해서 잘못된 태도와 생각을 수정할 수 있는 기회를 얻는 것이고, 그것을 통해서 성공에 이를 수 있다는 의미다.

이것이 실패의 값진 대가이며, 성공으로 가는 필수조건이다. 하지만 '묻지 마 투자'는 실패를 통해서 이런 값진 대가, 성공으로 한발 더 가까이 갈 수 있는 기회를 얻을 수 없다. 스스로 고민하고 선택해서 한 행동이 아니라 단순히 남들을 무작정 따라 한 행동이기 때문이다.

'묻지 마 투자'는 대부분이 손실만을 발생시킨다. 성공을 위한 비용을 지불하고도 그것에 걸맞은 대가를 얻을 수 없다. 이는 스마트폰을 '본질'이 아닌 '모방'을 위해 사용하는 것과 같은 이치가 아니겠는가.

11

인문학과 재무설계

대학가와 예체능계는 물론 직장인과 기업인에 이르기까지 인문학 열풍이 날로 번창한다. 애플 창업자 스티브 잡스가 평생을 두고 연구한 것도 바로 인문학과 기술의 결합이었다. 일부 대기업의 경우 임직원 자녀들을 위해 인문학 강좌를 마련했다.

또한 창조경제의 밑바탕으로 인문학이 주목받으면서 CEO(최고 경영자)·전문직 종사자·고위 관료·주부·직장인 등을 대상으로 한 인문학 강좌가 줄을 잇고 있다. 이는 일과 삶, 그리고 행복에 있어서 지금까지의 많은 이론과 원리들이 근본적인 해결책이 아니었다는 사실을 입증하는 것이다.

더 이상 사람들은 실질적으로 도움이 되지 않는 미봉책이 아닌, 근본적인 해결책에 목말라하고 있다. 그렇다면 자산관리에서 미봉책이 아닌 근본적인 해결책은 무엇일까. 그것은 바로 재무설계다.

재무설계란 현재의 재무 상태를 분석하고 생애 단계별 목표를 수립해 소득과 지출·저축·투자·보험 등에 대한 실행계획을 지속적으로 관리해 나가는 일련의 과정을 말한다. 재무설계의 목적은 인생에 있어서 재무적인 목표를 차질 없이 준비하고, 뜻하지 않은 위험에 대비할 수 있게 하는 것이다.

하지만 지금 금융환경에 있어서 재무설계는 본질이 아닌 미봉책과 같은 부분이 강조되고 있다. 단지 돈을 늘리려는 묻지 마 투자나 투자 수익에만 집중되고 있는 경향이다. 바람직한 재무설계를 위해 중요한 것들을 살펴보자.

첫째는 자기 자신이 바라고 원하는 삶을 확실히 아는 것이다.

먼저 이 부분에 대해서 충분한 시간을 가지고 본인이 원하는 삶의 모습과 삶의 방식을 정해야 한다. 현재 금융환경에서 가장 도외시되고 있는 부분이 바로 이것이다. 목표가 제대로 정립되지 않은 채 재무설계를 한다는 것은 마치 항해하는 배가 방향조정 장치를 잃어버린 채로 계속 항해를 하는 것과 같다. 큰 그림을 먼저 그리고 세부적인 그림을 그리듯이 재무설계도 이와 같은 방식으로 원하는 모습을 정하는 것이 일차적인 과제다.

둘째는 본인의 재무적인 상황을 분석하는 것이다.

본인의 재무적인 상황에서 문제점은 무엇인지, 저축은 얼마나 하고 있는지, 불필요한 지출은 없는지 등을 종합적으로 파악해야 한다. 이 단계에서 가장 중요한 부분은 바로 지출통제다. 가장 먼저 해야 할 것은 저축이다. 대부분의 경우 소비를 먼저 하고, 남은 돈을 저축하며, 지출에 대해서는 관대하다. 명심해야 할 것은 지출을 통제하지 못하고서 재무설계를 하기는 만만치가 않다는 점이다.

셋째로는 본인에게 맞는 재무설계 방법을 찾아야 한다.

목표가 정해지고, 자신의 재무적인 상황이 파악되었다면 이제는 구체적인 실행방안을 계획하고 실행하는 단계가 필요하다. 단기·중기·장기적인 목표 아래 최적의 금융상품들을 조립해 실행계획(Action Plan)을 마련한다. 복잡한 금융시장의 동향과 수많은 상품들을 분석하고 판단을 해야 하기에 신뢰할 수 있는 전문가의 도움을 받으면 한층 수월하게 진행할 수 있다.

또 실행보다 중요한 것이 꾸준하고 지속적인 관리이기 때문에 목표 달성 가능성을 점검하고 계획을 수정하는 모니터링 작업이 반드시 필요하다. 건강관리를 생활화해야 튼튼한 몸을 유지할 수 있듯이 재무설계 또한 절약과 저축, 자산관리의 생활화가 중요하다. 이후 지속적으로 재무계획을 점검하고 조정해 나가는 것도 필수다.

12

'트리플 30' 시대에 맞춘 준비 전략

'장수 리스크(위험)'란 개인이 예상하는 은퇴 기간과 실제 은퇴 기간 사이의 차이를 말한다. 즉, 자신이 예상한 기간보다 더 오래 생존할 위험을 이야기한다.

경제적인 문제에 대비된 사람에게는 오래 사는 것이 축복이지만, 그렇지 않은 사람들에겐 꼭 축복이 되는 것만은 아니기 때문에 '리스크'라는 표현을 쓰는 것이다.

가령 장수 리스크가 '0'이라면 예상과 실제가 정확히 일치해서 노년의 위험이 없다고 평가한다. 하지만 '0.9'라면 실제 은퇴 기간이 예상보다 평균 90%가 더 길어진다는 것을 의미한다. 과거에는 은퇴설계라는 것이 따로 필요하지 않았다. 현재보다 평균 근속 연수는 길고 평균 수명은 짧았기 때문이다. 하지만 지금은 평균 근속 연수는 짧아지고, 평균 수명은 길어져 은퇴설계의 중요성이 부각되고 있다. 바야흐로 '트리플 30' 시대가 시작된 것이다.

'트리플 30'이란 자신이 성장하는 30년, 자녀를 양육하는 30년, 은퇴 후 30년을 일컫는 말이다. 두 번째 30년을 어떻게 보내는가에 따라서 세 번째 30년이 결정되는 것이다. 한 국가의 인구 중 65세 인구가 7% 이상인 나라를 '고령화 사회', 14% 이상은 '고령 사회', 20% 이상을 '초고령 사회'라고 한다. 선진국인 영국·미국은 고령화 사회에서 초고령 사회로 진입하는 데 약 97년, 94년이 걸릴 것으로 전망된다.

우리나라와 가까운 일본만 해도 약 36년으로 예상된다. 하지만 우리나라는 이보다 훨씬 빠른 약 26년이 소요될 것으로 전망되고 있다. 왜 유독 우리나라 고령화 속도가 세계에서 가장 빠를까?

세계에서 가장 빠른 고령화 속도는 다른 국가에 비해 낮은 출산율 때문이기도 하지만, 더 큰 이유는 한국전쟁 때문이라고 한다. 한국전쟁은 좁은 국토에서 일어났기 때문에 그 어떤 전쟁보다 1,000명당 사망자 수가 많았던 전쟁이었다고 한다. 한국전쟁으로 인한 인구 불균형구조가 지금의 빠른 고령화 속도를 갖고 온 것이다.

선진국은 노후의 경제적인 문제를 국민연금과 같은 공적연금과 퇴직연금 등을 통해서 해결한다. 물론 우리나라도 이러한 시스템이 준비돼 있다. 하지만 빠른 고령화 속도로 인해 다른 국가들에 비해 시스템을 준비할 수 있는 시간적인 여유가 많지 않다.

연금저축의 소득공제 한도를 300만원에서 400만원으로 높이고, 4인 이하 사업장의 퇴직금제도 의무화 및 신생 사업장에 대한 퇴직연금제도의 의무화를 하는 이유가 바로 여기에 있다. 국가가 초고령 사회에 대비해서 많은 부분을 책임져 줄 수 없기 때문에 개인 스스로 미리미리 준비할 수 있도록 제도를 만들어 가는 것이다.

노후준비를 크게 구분하면 재무적인 준비와 비재무적인 준비로 나눌 수 있다. 재무적인 준비는 생활비 등 돈과 관련된 부분이고, 비재무적인 준비는 일(여가), 인간관계 등 비경제적인 부분과 관련된 것이다. 과거에는 경제력과 관련된 재무적인 노후준비에 대부분의 노력과 주안점을 두면 됐지만, 앞으로는 비재무적인 부분에도 관심을 갖고 준비를 해야만 성공적인 노후설계가 이루어짐을 유의해야 한다.

13

자녀의 성장시기별 양육비 준비방법

　보건복지부에 따르면 자녀 1명 양육비는 월 평균 약 118만 9천원이고, 대학 졸업까지 총 3억 896만 4천원이 소요되는 것으로 나타났다. 어학연수, 재수, 휴학 등은 제외한 금액이니 어학연수가 보편화된 요즘 세태를 감안한다면 실제 양육비는 이를 훨씬 초과할 것으로 보인다.

　양육비는 대학교 등록금처럼 비교적 큰돈이 필요할 때도 있지만 자녀의 성장시기별로 지출 규모가 매우 유동적이다. 따라서 자금의 지출 시기와 규모를 고려하여 저축해야 하는데, 무작정 수익률만을 좇아 저축하는 것은 바람직하지 않다. 아무리 수익률이 높아도 필요한 시기에 사용할 수 없다면 무용지물이기 때문이다.

　영유아기 자녀 양육비는 각종 예방접종이나 검사, 물품 구입비용 등이 수시로 지출되는 시기다. 따라서 유동성이 제한되는 예·적금보다 입출금이 자유로운 상품이 적합하다. 그러나 수시 입출통장의 금리는 소수점 한자리 수대로 매우 낮으므로 CMA를 추천한다. 입출금이 자유로움은 물론 하루만 맡겨도 이자를 지급하고, 맡긴 기간에 따라 금리가 점차 높아져 오래 저축해두어도 좋다.

청소년기는 초등학교 입학을 계기로 본격적인 교육비 지출이 시작된다. 중학교 의무교육으로 학자금 부담은 다소 적으나 사교육비가 늘어난다. 또 방학 기간을 이용해 단기 어학연수나 각종 캠프 참여 등 이벤트가 많아 유동성과 수익성을 고려해야 한다. 특히 입학이나 새 학기를 준비하는 1~2월에 지출이 집중되므로, 적금과 월 적립식 펀드를 적절히 혼합할 것을 추천한다. 적금은 매 연초를 만기로 설정하고, 만기에 원금과 이자 모두 예금이나 거치식 펀드로 재투자하면 최소한의 유동성 확보와 연 복리 효과를 동시에 얻을 수 있다.

대학교 학자금은 자녀 양육비 중 가장 큰 비중을 차지한다. 지출 규모를 설정할 때는 사립대학교들의 등록금을 기준으로 물가상승률이나 등록금 인상률을 감안하여 설정해야 한다. 필요시기까지 저축할 수 있는 기간이 장기적이므로 유동성보다 수익성과 안전성을 고려해야 한다. 적금은 안전성이 탁월하지만 금리가 물가상승률보다 낮고, 펀드는 수익성이 높은 반면 원금 손실도 발생할 수 있어 안전성이 부족하다.

자녀의 대학교 학자금 마련을 위한 상품으로 연금보험을 추천한다. 최근 연금보험들은 일정 범위 내에서 중도인출과 추가납입이 가능하다. 은행처럼 공시이율을 지급하는 보험도 있지만 펀드에 투자하는 변액연금보험도 있다. 보험회사에서 제공하는 다양한 펀드 중 선택하는데, 여러 펀드에 동시에 투자하거나 펀드를 변경할 수 있다는 점에서 증권사 펀드와 차별된다.

나무를 보지 말고 숲을 보라 하였다. 당장 눈앞에 보이는 지출만을 보고 단기 저축과 지출을 반복하는 것은 효율적이지 못한 저축방법이다. 숲을 바라보듯 자녀의 먼 미래까지 바라보면서 동시에 준비하는 것이 효율적인 저축방법이다. 이러한 저축계획을 세우는 것이 어렵다면 금융기관에 달려가 재무전문가의 도움을 받는 것도 좋은 방법이다.

14

세계 백만장자들의 금융 교육 지혜

전 세계에서 경제나 금융, 간단히 말해 '돈'과 연관시켜 가장 많이 회자되는 사람들은 아마 유대인이 아닐까 싶다. 유대인의 유별난 교육철학이나 행동양식은 탈무드나 유대인의 자녀교육 방법과 같은 글을 통해 알게 모르게 우리 생활에 영향을 미치고 있는 것이 사실이다.

전 세계를 주름잡는 경제 석학들 중 많은 사람들이 유대인이라는 사실을 알게 되는 순간 우리는 혹시 유대인이 중국인만큼이나 많은 사람들로 이루어진 민족이 아닌가 하는 생각을 하기도 한다.

노벨경제학상 수상자의 65%가 바로 유대인이고 세계 100대 기업 소유주의 40%, 미국 상원의원의 10%, 세계적 백만장자의 20%가 유대인이라는 말을 들으면 우수한 민족이라 자부하고 있는 우리로서는 부럽기도 한 것이 사실이다. 하지만 유대인은 전 세계 인구의 0.2%에 지나지 않는다고 한다.

그럼 이러한 힘은 어디서 나오는 것일까. 바로 그 해답은 교육에 있지 않을까 생각한다. 얼마 전 우리나라에서도 교육과 관련된 의미 있는 기사가 실렸다. 초·중·고 학생과 교사·학부모를 대상으로 한 금융교육 설문조사에서 금융교육의 필요성을 묻는 질문에 전체 응답자의 75%가 필요하다고 응답했고, 금융교육을 시작해야 할 시기는 초등학교라는 응답이 가장 많았다.

또한 학교에서 가르쳐야 할 교육내용으로 '바람직한 금융생활과 가치태도' 및 '금융생활에 대한 사례와 실천능력'을, 반드시 다뤄야 할 금융교육 내용으로는 '돈의 가치와 기능' 및 '돈 벌기와 쓰기'가 압도적으로 높았다고 한다.

이러한 설문조사 결과는 돈·경제·금융을 바라보는 우리의 가치관이 유대인의 그것과 비슷해지고 있음을 알 수 있다. 과거 우리 부모님 세대에서는 돈이란 '몰라도 되는 것' '자연히 알게 되는 것', 돈을 일찍부터 아는 것은 '순수하지 못한 것' 등으로 치부해 왔다.

하지만 최근 설문조사에서 그러한 흐름이 바뀌어 유대인이 강조한 것처럼 돈의 가치를 일깨우는 교육을 희망하고 있다는 점은 우리에게 시사하는 바가 크다고 할 수 있다. 최근에는 어린이경제교실이 활성화돼 초등학교부터 자연스럽게 경제금융교육을 실시하고 가까운 금융기관을 방문해 용돈저축통장을 개설하는 등 자연스러운 실습과정을 갖기도 한다.

국가적으로 경제규모가 성장하고 개인적으로는 소득수준이

향상되면서 금융교육의 중요성이 증대되고 있는 것이 현실이다. 사회적으로 체계적인 교육시스템이 필요하지만 가정에서 부모로부터 자연스럽게 습득하는 경제관념이 무엇보다 중요하다고 판단된다.

다시 유대인의 사례로 돌아가 보겠다. 유대인들은 가정과 학교에서 그리고 일상생활 속에서 경제관념과 경제논리를 체험하고 적용시키면서 돈에 대한 철학을 후세에 물려주었고, 자연스럽게 돈·경제·금융과 친숙해지는 과정을 겪는다. 그러한 과정이 바로 세계경제를 움직이는 인재를 만들어 낸 밑바탕이 되었고, 오늘날 많은 부자를 배출하게 된 원동력이 될 수 있었던 것이 아니겠는가.

15

자녀 혼수에도 놓치지 말아야 할
증여세 함정

　증여세란 타인으로부터 무상으로 재산이 이전됐을 때 받은 사람에게 부과하는 세금이다. 만약 부모명의의 주택을 생전에 자녀명의로 무상 이전해 준다면 자녀는 증여세를 내야 한다. 그러나 부모가 사망해 주택을 이전받게 되면 상속세 부과대상이 된다.

　여기 한 사례가 있다. 법대생인 갑돌씨는 오랫동안 갑순씨를 짝사랑했다. 하지만 갑순씨는 같은 학교 의대생인 병돌씨와 결혼했다. 이를 알게 된 갑돌씨는 갑순씨에게 복수하기로 다짐했다. 갑순씨의 집들이에 참석한 갑돌씨는 갑순씨가 부모님의 도움으로 호화 혼수를 장만하고 결혼식 축의금도 일부 사용한 사실을 알아냈다. 이후 갑돌씨는 갑순씨가 결혼자금에 증여세를 내지 않았다는 것을 빌미로 갑순씨를 협박했다.

　갑순씨처럼 부모에게 혼수와 축의금을 받은 때는 증여세를 내야 할까? 결론부터 얘기하자면 증여세를 내는 것이 맞다. 하지만 혼수용품의 종류에 따라 증여세 대상 여부가 나뉜다. 현행 세법 기준으로는 사회통념상 허용되는 혼수용품을 제외한 고가의 사치품이 증여세 대상이다.

허용되는 혼수용품으로는 가전제품·예단비 등과 같이 일반적인 생활에 필요한 가사용품이다. 그러나 갑순씨와 같이 고가의 가구·보석·사치품 등 호화 혼수를 장만했다면 증여세를 내야 한다. 또한 부모가 주택이나 전셋집·자동차 등을 마련해줬다면 역시 과세대상이다.

축의금의 경우 신랑·신부에게 직접 전해준 축의금을 제외한 나머지는 모두 부모의 돈으로 본다는 대법원 판례가 있다. 따라서 부모에게 축의금의 일부를 받아 사용한 갑순씨는 부모가 자녀에게 현금을 증여한 것이 되므로 이 역시 증여세를 내야 한다.

이때 사회통념상 허용되는 범위가 어디까지인지가 문제이다. 사치용품의 종류와 가격이 명확하게 정의되어 있진 않지만 현행 세법상 부모가 자녀에게 세금 없이 증여할 수 있는 범위는 10년 내 5000만원까지다. 만약 갑순씨가 혼수용품 1억원 어치를 구입하고 축의금 1억원을 사용했다면 5000만원을 초과하는 1억5000만원은 증여세 과세대상이 된다는 것이다.

사례는 부모가 성인자녀에게 재산을 증여한 때이므로 5000만원이지만 미성년자라면 2000만원까지이다. 부부간 이전은 6억원, 기타 친족은 500만원까지 증여해도 세금이 없다. 단 매 10년 단위로 동일인에게 증여받은 재산은 합산해 과세하므로 주의해야 한다.

무엇보다 주의할 점은 증여세는 자진신고라는 점이다. 증여받은 사람이 증여재산을 취득한 날(등기를 하는 경우 등기접수일)이 속하는 달의 말일부터 3개월 이내에 관할세무서에 신고하고 세금이 있다면 납부해야 한다. 만약 기간 내 증여신고를 하지 않았다가 향후 적발되면 증여세뿐 아니라 미신고가산세, 그동안의 미납부가산세까지 추가로 물어야 해 거액의 증여세 폭탄을 맞을 수 있다.

자녀의 결혼자금 혹은 교육자금을 목적으로 무심코 자녀명의로 가입한 금융상품은 없는지, 아니면 이미 지출한 것은 아닌지, 자녀를 위한 사랑이 증여세 폭탄으로 돌아오기 전에 전문가와의 상담을 권유한다.

16

노후 준비:
빠르게 준비할수록 더 나은 선택

　따사로운 햇살과 새들의 지저귐에 아침잠을 깨고 자그마한 텃밭에서 갓 따온 싱싱한 채소로 식탁을 차리는 전원주택 생활. 사랑하는 사람과 석양이 지는 수평선을 바라보며 여유롭게 마시는 차 한잔. 생각만으로도 기분 좋아지는 이런 상상들은 누구나 기대하는 노후의 모습일 것이다.

　다행스러운 것은 평균수명의 연장으로 이러한 꿈을 이룰 시간이 길어졌다는 점이다. 하지만 안타깝게도 우리가 그리는 노후와는 다르게 현실은 그리 녹록하지 않다는 점이다.

　노후를 준비하는 방법은 모두가 이미 알고 있다. 저축과 연금 상품을 활용해 고정적인 연금 자산을 만들어 두는 것이다. 저축이란 많이 하면 할수록 좋다는 것은 알지만 당장의 생활비나 자녀 교육비 같은 지출에 밀려 나중으로 미루게 된다.

특히 노후는 아주 먼 미래라고 느껴져 더더욱 우선순위에서 밀리게 된다. 물론 상대적으로 오랜 시간이 남은 것은 맞지만 오히려 노후 준비는 빨리 시작할수록 유리하다는 것을 명심해야 한다.

연금보험을 예로 들어보자. 30세와 40세 남자가 각각 S생명 연금보험에 가입해 매월 20만원씩 10년간 납입한 후 60세부터 종신연금을 받는다고 가정하자. 금리가 연 2.06% 지속된다고 하면 60세 시점에 지급받는 연금액은 30세 가입자의 경우 매년 약 125만원, 40세 가입자는 103만원을 받을 수 있다. 모두 동일한 보험료를 납입했더라도 가입 시점의 나이에 따라 지급받는 연금의 수준은 달라진다.

동일한 조건임에도 연금액이 다른 이유는 가입 나이에 따라 투자되는 시간이 다르기 때문이다. 30세 가입자는 10년 동안 보험료를 납입한 후에도 60세가 되기까지 20년이라는 시간 동안 이자를 계속 받게 된다. 즉 빨리 가입할수록 이자를 받을 수 있는 기간이 길어져 같은 보험료를 내더라도 향후 더 많은 연금을 받을 수 있다. 때문에 노후는 최대한 빨리 준비하는 것이 정답이다.

노후 준비에 적합한 상품은 적금이나 예금처럼 만기에 목돈을 수령하는 상품보다 연금상품을 활용하는 것이 좋다. 만기에 목돈을 수령하면 즉시 생활비로 소진할 확률이 크기 때문이다. 이런 이유로 노후 준비는 철저하게 연금 수령을 목적으로 하여 별도로 준비하는 것이 좋다.

연금상품은 은행·증권·보험사 모두가 취급하지만 종신토록 연금을 지급하는 곳은 생명보험사가 유일하므로 참고하도록 하자. 비교적 빨리 시작해서 장기간 투자하는 것이 효과적인 만큼 중도에 해지하면 무용지물이다.

　최근 연금보험은 매월 납입하는 보험료 외에 비상시적으로 여유자금을 납입하는 기능을 갖춘 상품이 많다. 따라서 무리하지 말고 적정한 수준에서 가입한 후 여유자금은 추가납입 기능을 활용하는 것이 안전하다.

　나를 알고 적을 알면 백전백승이라 했다. 따라서 우선 나의 재정 상태부터 점검하고 여러 상품을 비교 분석해 가입해야 노후 준비를 제대로 할 수 있다. 아주 먼 미래인 것 같지만 언제 시작하느냐에 따라 나의 노후는 달라진다. 지금 바로 내 지갑부터 살펴보자. 생각 없이 습관적으로 마신 커피 영수증이 있지는 않은가.

17

복권에 당첨되면 세금은 얼마나?

　토요일 오후면 북새통을 이루는 곳이 있다. 달콤한 한탕주의의 유혹, 인생역전의 꿈을 이뤄줄 복권판매소다.

　복권이 한탕주의만을 부추기는 무익한 존재라 생각할 수 있겠지만 추첨을 기다리는 동안의 설렘과 기대만으로도 몇천 원의 투자가치는 충분한 것 같다. 물론 과유불급(過猶不及), 단순한 재미가 아닌 지나친 집착이라면 곤란하지만 말이다.

　그런데 이 복권 당첨금이나 이벤트 경품, 공모전에 입상해 받은 상금에 세금을 낸다는 사실을 아는 사람은 많지 않다. 때문에 생각보다 당첨금이 적게 들어왔거나 경품 수령을 위해 별도의 세금을 납부하라는 연락에 당황한다.

　'제세공과금 본인 부담' '세금 별도' 등의 글귀를 명시하긴 하지만 관심 있게 살펴보지 않고 무심코 지나쳤을 확률이 높다. 이러한 당첨금·경품 등에 부과되는 세금은 기타소득세인데 이것이 무엇이며 얼마나 내는지 알아보자.

기타소득세는 월급이나 사업소득처럼 정기적인 소득이 아닌 일시적인 소득이나 수입에 부과하는 세금이다. 당첨금·경품·상금·현상금·포상금·위약금·해약금, 주인 없는 물건 등을 소유하게 됐을 때, 슬롯머신 등의 당첨금품, 아마추어 창작품의 사용료나 양도 대가, 저작권의 인세, 고용관계 없이 제공한 용역에 대한 임금 등에 부과된다.

쉽게 말해 지속적·반복적·직업적 소득이 아닌 일회성 수입에 부과하는 세금이다. 같은 기타소득세여도 소득의 종류별로 공제한도·세율·다른 소득과의 합산(종합소득세 대상) 여부가 다르다.

복권·슬롯머신 당첨금 등은 3억원까지는 20%, 3억원을 초과하면 초과금액에 30%를 적용한다. 반면 일용근로자의 소득은 6%의 비교적 낮은 세율을 적용한다. 여기에 기타소득세의 10%가 지방소득세로 추가된다.

소득 종류에 따라 필요경비와 세율이 각기 달라 다소 복잡하게 느끼겠지만 사례로 살펴보면 쉽게 이해된다. 복권 당첨금을 예로 들어보자. 복권을 1만원에 구입해 3억원이 당첨되면 복권구입비 1만원을 공제한 2억9999만원에 세율 20%를 곱한 5999만8000원이 기타소득세이다. 여기에 지방소득세 10%가 추가되므로 세금은 총 6599만7800원이 된다.

반면 당첨금이 5만원이거나, 아르바이트로 일당 10만원을 받을 경우 각각 건별 5만원 미만, 일용근로자 1일 10만원 공제에 해당돼 세금이 없다. 이때 한 가지 주의할 점은 복권이나 슬롯머신 당첨금품과 같은 몇몇을 제외하고 필요경비 공제 후 금액이 300만원을 초과하면 종합소득세 신고대상이다.

재미있는 사실은 뇌물이나 알선수재 및 배임수재로 인하여 받는 금품도 기타소득세 대상이라는 점이다. 이처럼 세금은 우리의 생활과 매우 밀접한 관련이 있고 복권과 같은 요행에는 비교적 많은 세금을 내게 된다.

따라서 자금 계획을 세울 때에는 반드시 세금을 고려해야 하며 평소 세금에 관심을 가지는 것이 좋다. 복권에 당첨되기는 어렵지만 절세의 방법은 조금만 관심을 기울이면 찾을 수 있기 때문이다.

18

보험 선택의 신중한 과정

"묻지도 따지지도 않고 가입해드립니다." 인자한 모습의 원로배우를 모델로 선풍적인 인기를 끌었던 한 보험의 광고 문구다.

여전히 광고 모델로 활동해서겠지만 해당 배우와 관련한 기사 등에 여전히 광고 문구가 패러디되는 것은 물론 배우의 이름을 붙여 고령자 대표 보험으로 불릴 만큼 이 문구의 위력이 대단하다. 대부분 희화화되고 있긴 하지만 사실은 굉장히 중요한 내용을 내포하고 있는 심오한 문구다.

보험은 자동차보험이나 화재보험과 같이 특정 사물의 피해를 보상하기도 하지만 대부분 사람을 대상으로 한다. 우리가 통상적으로 보험이라 부르는 것은 보험에 가입한 사람이 질병에 걸리거나 사망할 때 약정한 보험금을 지급하는 보장성상품을 말한다.

이때 보험의 대상이 되는 사람을 보험용어로 피보험자, 보험에 가입하는 사람을 계약자라 하고 피보험자와 계약자가 동일한 것이 일반적이다. 대부분 자신의 보험을 직접 가입하기 때문이다. 그러나 당사자의 동의와 같은 일정 요건을 갖추면 타인을 피보험자로 보험에 가입할 수 있는데, 부모가 자녀 건강을 보장해 주는 보험에 가입한다거나 자녀가 부모님을 위해 보험에 가입하는 때 등이다.

보장성보험은 주로 사망 보장을 중심으로 암·뇌출혈·심근경색과 같은 특정한 질병에 걸렸을 때 약정한 금액이나 수술비·입원비 등을 지급하는 구조다. 때문에 보험회사에서는 피보험자의 건강상태에 관심을 두지 않을 수 없다.

이미 질병에 걸려 있거나, 질병을 앓았던 사람이라면 건강한 사람보다 다른 질병에 걸리거나 사망할 확률이 높기 때문이다. 또는 본인이 질병에 걸렸다는 사실을 알고 보험금을 받고자 보험에 가입하는 부작용을 방지하는 방편으로 피보험자의 건강상태를 살펴보고 가입을 거절할 수 있다.

이런 과정을 가입심사라 하는데 선천적 질병이 있거나 꾸준하게 복용하는 약물이 있을 때 등은 보험회사가 가입을 거절하거나 향후 발생할 수 있는 관련 질병을 보장하지 않는 조건 또는 보상할 보험금의 한도를 낮춰 가입을 허락하기도 한다.

묻지도 따지지도 않는다는 점은 이러한 심사과정 없이 무조건 가입이 가능하다는 뜻으로 이를 무심사보험이라 한다. 주로 고령자가 가입대상으로 당뇨·고혈압·암 등의 치명적인 질병을 앓고 있다 하더라도 가입이 가능하다. 그러나 일반적인 보장성 보험과는 다소 성격이 달라 묻지도 따지지도 않고 무작정 가입하면 곤란하다. 보험회사는 따지지 않더라도 본인에게 적합한 보험인지 꼼꼼히 따져봐야 한다.

무엇보다 무심사보험은 질병에 걸렸어도 가입할 수 있는 반면 다른 보험에 비해 보험료가 비싸다. 나이가 많더라도 건강하다면 심사를 거쳐 일반적인 보험보다 저렴하게 가입할 수도 있기에 묻지도 따지지도 않고 가입이 가능하다는 달콤한 문구에 현혹되면 곤란하다.

여러 보험을 철저하게 비교해 보고 가장 최선의 보험에 가입절차를 밟아보고, 거절됐을 경우에만 차선책으로 고려할 것을 권장한다. 결론적으로 보험은 묻고 따져본 후 가입하는 것이 정답이다.

19

고소득 전문직을 위한 보장설계

부부가 맞벌이를 하고 있는 전문직 종사자인 경우에는 고소득에다 현금흐름이 좋은 관계로 일반적인 보장설계를 무시하는 경우가 많다. 그러나 소득수준이 높은 반면에 자녀를 위한 교육비 지출과 생활비 규모가 크기 때문에 부부 중 한 사람의 사망이나 중대한 질병으로 경제활동을 계속하지 못할 경우 발생하는 경제력 상실은 가계에 큰 영향을 미칠 수밖에 없다.

아울러 문제없이 부부가 전문직을 계속 이어 간다면 재산규모는 일반인에 비하여 급격하게 증가할 가능성이 많아 상속문제가 발생할 확률이 높으므로 상속에 대비한 준비도 해야 할 것이다.

고소득 전문직의 경우 향후 상속과 자금출처조사 등을 고려하여 수입과 지출을 각자 관리하는 것이 효율적이다. 만약 재산을 편의상 한 사람 명의로만 관리한다면, 부동산을 취득할 때 자금출처를 명확히 소명하기 곤란하여 증여세가 과세될 수 있음을 주의하여야 한다.

현행 상속세는 유산세 방식으로 사망자인 피상속인에 대한 전 재산을 기준으로 합산과세하는 제도이고, 과세표준에 따른 세율 구조는 재산규모에 따라 10~50%의 초과누진세율로 과세하고 있기 때문에 한 사람 명의로만 재산을 관리할 경우 거액의 상속세를 납부해야 하는 불이익을 당할 수도 있다.

또한, 금융자산 규모가 커질 경우에는 금융소득 종합과세 문제도 발생할 수 있으므로, 소득은 소득원천별로 관리하는 것이 유리하다. 사업소득의 종합소득세 과세표준이 2억원이 넘는 고객이 금융소득 종합과세에 해당되면 2천만원이 넘는 금융소득은 최고 49.5%(지방교육세 포함)로 과세된다. 따라서, 금융소득이 연간 2천만원이 넘지 않도록 금융상품 포트폴리오를 수립하여야 하는 것은 매우 중요하다고 본다.

고소득 전문직 종사자의 보장설계 목적으로 가장 유용한 상품이 종신보험이다. 그런데 종신보험 가입에도 기술이 필요하다. 단순히 가장의 유고에 따른 유가족의 부족자금을 보전하기 위한 것이라면 몰라도, 상속세 납부를 위한 것이라면 절세효과를 극대화하는 방법을 선택해야 할 것이다.

부부 각자의 소득원천별로 자산을 관리하고 있다면, 종신보험 설계 시에 계약자(보험료불입자)와 피보험자(보장대상자)를 서로 다르게 하는 것이 좋다. 즉, 계약자가 부인이면 피보험자는 남편으로 설계하는 방법이다.

부부 중 어느 한 사람이 먼저 사망하더라도, 자녀교육비 보장과 상속세 납부 재원마련의 필요성은 남아 있으므로 부부 각자가 상대방을 피보험자로 종신보험을 가입하여 리스크를 축소시킬 필요가 있다는 것이다.

20

변화와 재무설계

근래에 들어 가장 많이 쓰이는 말을 찾아보자면 아마 '변화 (Change)'가 아닐까 싶다. '변화'라는 의미를 사전에서 찾아보면 '사물의 성질, 모양, 상태 따위가 바뀌어 달라지는 것'이라고 한다. 사전적 표현으로만 보면 변화는 단순히 현재 상태에서 '달라지는 것'만을 의미한다.

그런데 우리는 '변화'라는 말들을 왜 이렇게 많이 쓸까? 특히 기업들은 '변화만이 살길이다'라는 구호 아래 모든 직원들에게 '변화'를 주문하곤 한다. 변화는 단순히 무엇인가를 바꾸는 것이 아니라 거죽을 벗길 만큼의 완전한 탈바꿈의 경지다. 다시 말해 '변화'를 통해 전에 없던 새로운 삶을 사는 것이다. 소시민들 역시 새해가 될 때마다 '변화'를 꿈꾸고 이것이 자신의 삶에 긍정적인 영향을 미치기를 소망한다.

즉, '변화'를 통해 삶의 질을 한 단계 점프하고자 하는 것이다. 이렇게 볼 때 우리가 말하는 '변화'는 바로 '삶의 긍정적 변화'라는 말을 축약해서 쓰고 있는 것 같다.

이런 생각을 재무설계와 연결시켜 생각해 보겠다.

모든 사람들은 많은 재무적 문제점을 가지고 살아간다. 내 집 마련, 결혼자금, 교육자금, 노후자금, 그리고 세무적 문제에 이르기까지 인생에서 참 다양한 재무적 문제점들이 우리를 기다린다.

우리는 그러한 요소들로 인해 넘어지기도 하고 좌절하기도 하고 때로는 어렵게 넘어서기도 한다. 그러면서도 좀 더 나은 삶에 대한 희망의 끈을 놓지 않고 변화의 필요성을 절감하기도 한다.

여기서 재무설계의 역할이 시작된다.

계절이 변하면 계절에 맞는 옷으로 갈아입어야 하듯이 경제환경이 변하면 돈을 관리하는 방법에도 변화가 필요한 것이다. 재무설계란 요즘과 같은 저성장 기조에 접어든 경제환경에서 돈을 효율적으로 관리하는 방법을 말한다.

경제가 고성장하는 시기에는 높은 수익률을 기대하며 부동산과 같은 자산에 공격적으로 투자하는 방법이 효과적이었다. 하지만, 요즘과 같은 저성장 시기에는 향후에 있을 중장기 재무 목표를 설정하고, 재무 목표에 따라서 투자 기간에 적합한 금융상품 등을 선택해 필요 목적자금을 하나하나씩 준비해 나가는 재무설계 방법이 가장 효과적이라고 할 수 있다.

과거 고성장 시기와 같은 투자 방법은 적합하지 않다. 경제환경 및 시기에 맞지 않는 자산관리 방법은 겨울철에 여름옷을 입고 다니는 것과 마찬가지이다. 시기에 맞지 않는 자산관리 방법은 나의 땀과 눈물의 결정체인 자산에 돌이킬 수 없는 큰 손해를 입힐 수도 있다.

가구를 만들 때 많이 사용하는 나무 중 하나가 오동나무이다. 오동나무는 1년에 1~2.5m씩 자라 다른 나무에 비해서 성장 속도가 빠르고, 무게가 가벼우며, 방습과 방충에 강해서 장과 같은 가구를 만들기에 가장 적당한 나무라고 한다.

그래서 우리 선조들은 딸이 태어나면 뒤뜰에 오동나무를 심었다고 한다. 딸이 자라서 시집을 갈 때쯤 그것을 베어 가구를 만들어 보내기 위해서이다. 재무설계도 "태어난 딸을 위해서 오동나무를 심는 것"과 마찬가지이다.

이처럼 금융 및 경제환경 변화에 따른 효율적인 자산관리 방법인 재무설계를 통해서 좀 더 나은 삶을 위한 긍정의 변화가 시작될 수 있는 것이다. 그렇게 본다면 '우리 인생에서의 변화의 시작은 곧 재무설계'가 아닐까?

21

보장자산을 위한 준비 전략

스티브 잡스, 혁신의 아이콘으로 불리며 재능, 돈, 명예 모든 걸 가졌지만 그도 피할 수 없었던 단 한 가지가 있다. 그것은 바로 질병의 위험이다. 스티브 잡스는 전 세계 발병률 1%라는 희귀 췌장암으로 운명을 달리하였다.

규칙적인 생활과 운동, 바른 식습관 등 조금만 주의를 기울이면 질병을 예방할 수 있다. 하지만 완전히 해방되는 것은 아니다. 더욱이 질병은 경제적 문제를 동반하기에 더 위험하다.

대부분 갑자기 일할 수 없게 되면, 당장의 생활비부터 문제되기 때문이다. 특히 가장이라면 경제적 위험이 치명적일 수 있다. 이에 다음에서 든든한 보장자산 마련 솔루션 3가지를 소개하고자 한다.

첫째, 보장자산 마련의 대표적인 상품은 종신보험이다.

종신보험은 대부분 원인이나 기간에 상관없이 사망시점에 약정된 보험금을 지급한다. 만약 갑작스럽게 가장이 사망할 경우 유가족은 보험금을 통해 경제적 대책을 마련할 시간을 벌 수 있다.

보장자산은 많이 준비할수록 좋지만 자신의 소득 수준을 감안해야 한다. 향후 보험료가 부담스러워져 중도해지하면 무용지물이기 때문이다. 종신 보장자산은 일반적으로 본인의 연소득에 3~5배수를 준비하는 것이 적정하다.

다만, 가정 경제를 혼자 책임지는 외벌이의 경우 보다 넉넉히 준비하는 것이 좋다. 만약 적정규모를 준비하기에 보험료가 부담스럽다면 일정 기간만 보장해주는 정기보험이나 정기특약을 활용한다.

정기보험(특약)은 약속한 기간 동안 보장받은 후 종료되므로 종신보험보다 보험료가 저렴하다. 최근 종신보험은 사망보험금에 투자수익을 더하여 주는 변액형이나 일정 기간 이후 연금이나 저축형으로 전환 가능한 상품도 있어 선택의 폭이 넓어졌다.

둘째, 질병으로 인한 치료비는 실손보험으로 준비한다.

실손은 실제로 내가 지출한 병원비, 약제비 등의 90%를 돌려받을 수 있는 상품이다. 또 암 같은 큰 질병뿐 아니라 감기 같은 작은 질병도 보장받는다. 실손보험의 또 다른 장점은 필요한 보장만 스스로 선택하여 가입한다는 점이다.

질병의 종류뿐 아니라 진단비, 수술비, 입원비, 통원비 등 보험금 종류도 선택할 수 있어 효율적이다. 다만 실제 손해를 보상하는 실손형 특약은 가입 이후 주기적으로 보험료가 인상된다는 점에 유의하여야 한다. 따라서 무조건 저렴한 보험을 가입하기보다, 특약의 종류와 보장내용을 꼼꼼히 살펴본 후 가입하는 것이 바람직하다.

셋째, 중대한 질병은 CI보험으로 대비한다.

CI(Critical Illness)보험이란 보장하는 중대한 질병의 종류를 정해놓고 발병 시 비교적 거액의 보험금을 지급하는 보험이다. 암, 심장, 뇌질환 같이 고액의 치료비가 필요한 질병과 당뇨, 고지혈증, 치매 등 장기간 치료나 간병이 필요한 질병을 주로 보장한다. 따라서 보장하는 질병의 종류는 제한적이지만 많은 보험금을 지급하므로 투병으로 인한 2차적 경제위험을 줄이는 데 적합하다.

특히 치매와 같이 장기간병이 필요한 질병은 연금처럼 치료비를 나누어 지급받는 특약도 있다. CI보험 역시 투자 결과에 따라 보험금이 변동하는 상품과 종신보험에 CI를 함께 보장하는 통합종신형도 있으니 가입이 부담되면 이러한 상품을 활용한다.

과유불급. 보장자산은 '만약'에 대비하기 위함이니 적당히 준비한다. 종신을 포함한 가족 전체의 보장보험료는 총수입의 8~10% 이내가 적절하다. 특히 나이가 들수록 보험료가 비싸지고 필요를 느낄 때 가입이 어려울 수 있으니 건강할 때 미리, 나를 위한 투자라 생각하고 지금 바로 실천하도록 하자.

22

바람직한 저축계획 세우기

불볕더위가 기승인 여름은 차가운 음료, 아이스크림, 수박 등이 생각나게 만드는 계절이다. 하지만 더위를 날리는 더 좋은 비법이 있으니 바로 휴가계획을 세우는 것이다. 시원한 바다, 맛난 먹거리 등 상상만으로도 즐거우니 말이다. 무작정 떠나는 여행도 좋겠지만 계획하는 동안의 즐거움도 크다. 아울러 철저한 계획은 과다한 경비 지출까지 막을 수 있어 '일석삼조'라 하겠다.

저축에 있어서도 계획이 제일 중요하다. 계획 없이 한 저축도 목돈은 되겠지만 쉽게 쓰고 다시 저축하는 패턴을 반복하게 한다. 반면 목적과 필요시기에 맞춰 저축계획을 세우면 합리적인 지출을 할 수 있고 보다 높은 수익을 만들 수 있다. 바람직한 저축계획은 무엇보다 저축기간을 구분하여 설계하는 것이 중요하다.

저축기간은 단기 · 중기 · 장기로 구분할 수 있는데 각 기간별로 적합한 금융상품과 참고사항을 소개하면 다음과 같다.

단기저축은 주로 1~3년 미만의 저축을 말한다. 주로 여행경비나 개인컴퓨터 같은 고가품 구입을 위한 이벤트자금 마련에 적합하다. 대표적인 상품은 시중은행의 정기적금이고 평균 1~2%대 금리가 일반적이다.

저축은행은 0.5% 이상의 추가수익을 기대할 수 있으나 안전성을 고려하여 우량금융기관을 선택하는 것도 중요해졌다. 만기 1년 이상의 저축에 가입할 경우 1,000만원까지 세금우대(9.5%) 혜택을 받을 수 있다는 점을 활용하면 좋다. 최근에는 추가금리를 제공하는 온라인 전용 상품들도 많이 출시되어 있으니 활용하도록 하자.

중기저축은 5년 전후의 저축을 말한다. 전세자금 · 주택구입자금 · 결혼자금 등 일정 규모 이상의 자금을 마련하는 데 적합하다. 따라서 안정성이 높고 금리가 낮은 상품보다 다소 적극적인 투자가 필요하다. 주식 · 채권 등에 직접 투자하는 방법도 있지만 위험성이 높은 만큼 간접투자상품에 매월 일정액을 투자하는 것이 효과적이다.

하지만 중도에 긴급자금이 필요할 경우 즉시 현금화할 수 없다는 점이 불편하다. 이럴 경우에는 인출과 납입이 자유로운 변액유니버셜보험을 활용하는 것도 좋다. 긴급자금이 필요할 때 해지하지 않아도 중도인출이 가능하고 시장상황에 따라 여러 종류의 펀드로 변경할 수도 있다.

장기저축은 주로 10년 이상의 저축을 말한다. 노후자금을 위한 연금상품이 대표적이다. 연금은 보험·은행·증권사에서 취급하며 소득공제혜택 유무에 따라 세제적격과 세제비적격 연금으로 구분된다.

세제적격은 퇴직연금을 포함하여 연 400만원 한도로 소득공제를 받을 수 있다. 하지만 5년 이내에 해지할 경우 2.2%의 가산세가 부과됨을 유의해야 한다. 세제비적격은 소득공제가 되지 않지만 연금 수령 시 5.5%의 연금소득세가 면제되는 특징이 있다. 연금상품은 대부분 비슷하지만 생명보험사 연금상품만 사망 시까지 수령하는 종신형이 있는 것이 특징이다.

저축은 계획도 중요하지만 실천해야만 의미가 있다. 따라서 무리한 계획에 얽매이기보다 실천 가능한 수준에서 시작하도록 하자. 시작이 반이다. 멋진 휴가를 상상하며 휴가비 마련 계획부터 시작해 보는 것이 어떨까?

23

퍼즐 맞추기와 재무설계

우리는 인생을 살면서 많은 일들을 경험한다. 기쁨에 겨울 때도 있지만 슬픔에 눈물을 흘릴 때도 있다. 때로는 열광하기도 하지만, 어느 순간 인생의 짐이 버거워 좌절하기도 한다. 이렇듯 인생은 여러 가지 감정을 만나고 오롯이 이것을 정화해나가는 하나의 과정이다. 그 과정 속에서 우리는 인생의 참맛을 알아가기도 한다.

언젠가 기차를 타고 지방에 출장을 갈 때의 일이다. 기차 복도 너머 옆자리에서 한 아이의 목소리가 들려왔다.

"어휴, 이것부터 하면 안 되지!

그림이 안 맞잖아!

그럼 이게 여기에 들어갈 수 있어?"

고개를 돌려 바라봤더니 남매로 보이는 두 아이가 퍼즐을 맞추면서 이야기하는 중이었다. 아마 여동생이 맞추는 퍼즐이 마음에 안 들어 오빠가 훈수를 두자 여동생은 자기 뜻대로 하겠다고 우기는 듯했다. 이후 남매는 서로 말다툼도 하고 의논도 해가면서 결국 퍼즐을 다 맞추었다.

인생을 때로는 퍼즐에 비유하기도 한다. 여러 조각이 얽히고설켜 큰 그림을 이루듯이, 작은 사건·사고 하나하나가 연결돼 인생 전체를 구성해 나가는 것과 같기 때문이리라.

퍼즐을 맞추기란 여간 어려운 게 아니다. 우선 전체 그림이 어떻게 생겼는지를 머릿속으로 그려봐야 한다. 작은 퍼즐조각 하나하나가 다른 조각과 어떻게 연결되는지도 봐야 한다. 간혹 비슷하게 생긴 퍼즐조각을 잘못 맞춰 나중에는 틀린 곳을 찾아야 할 때도 있다. 그러니 애초에 첫 조각을 맞출 때부터 집중해야 한다.

그럼 어떻게 하면 인생이라는 퍼즐을 잘 맞출 수 있을까?

물론 정답은 없다. 어떤 사람은 구석부터 맞추기도 하고, 어떤 사람들은 그림 하나하나를 맞춰 연결하기도 하니까 말이다. 하지만 쉽게 할 수 있는 방법은 있다.

혼자보다는 둘이, 둘보다는 셋이 퍼즐을 맞추는 것이 한결 수월하다. 퍼즐을 맞춰본 경험을 가진 사람과 같이 한다면 보다 빠른 시간 안에 정확히 퍼즐을 완성할 수도 있다. 우리가 인생을 살면서 친구에게 고민을 털어놓거나, 때로는 인생상담을 위해 전문가를 찾기도 하듯이 말이다.

재무설계도 마찬가지다. 은퇴·투자·세금·부동산·상속·증여 등 다양한 분야에서 전문가의 도움을 받아 각 자금의 목적에 맞게 종합적으로 준비한다면 좀 더 쉽게 재무상황을 점검하고 효과적으로 자산을 불릴 수 있을 것이다.

인생이라는 퍼즐을 전문가의 도움으로 쉽게 풀어나갈 수 있다고 상상해보자. 그렇다면 재무설계가 결코 복잡하고 지루한 일로 여겨지진 않을 것 같다. '살면서 숱하게 마주치는 재무관련 문제를 어떻게 풀어갈까'에 대한 해답을 주는 것이 재무설계의 역할이다.

그런 점에서 재무설계는 인생의 퍼즐을 좀 더 쉽고 빠르게 맞추는 데 함께할 동반자가 될 수 있다고 확신한다. 망설일 필요 없이 지금 당장 자신에게 맞는 재무설계 전문가를 찾아 만나볼 일이다.

24

사용처를 모르면 자식이 세금 낸다

퇴직금이나 상속 전에 양도한 재산은 민법상으로는 상속재산이라고 볼 수 없지만 상속세법에서는 세 부담의 공평을 위해서 유산과 같이 추정하여 상속재산에 포함시켜 과세한다.

따라서 실질적으로는 상속재산인 간주상속재산과 사망 10년 전에 미리 증여한 증여재산도 상속재산으로 보며, 죽기 전에 팔아버린 재산의 처분자금도 어디에 사용하였는가를 조사하고 죽기 전에 빌린 돈도 어떻게 사용되었는지를 조사하여 불분명할 경우에는 상속재산으로 추정하여 합산과세되므로 자식이 세금을 내게 되는 것이다.

사망 전에 상속재산을 줄이기 위하여 재산을 팔거나 채무를 지는 경우를 방지하기 위한 것으로 다음의 경우에 그 사용용도를 입증하지 못할 때에는 그 금액을 상속받은 것으로 간주한다.

이때 처분한 재산이나 부담한 채무에 대한 사용·용도는 통상적으로 80% 이상만 입증하면 된다. 피상속인의 사망 1년 이내 재산종류별(부동산/부동산에대한권리, 예금/금융자산, 채무, 기타자산 등)로 2억원 이상을 처분하거나 인출한 경우 2년 이내에 5억원 이상 그 사용·용도를 상속인들이 입증하지 않으면 추정상속재산으로 산입되어 상속세를 부담하게 된다.

따라서 1년 이내 2억원 미만이거나 2년 이내 5억원 미만인 경우에는 추정상속재산에 포함되지 않는다. 그러나 1년 이내 2억원 미만이라 할지라도 과세관청에서 조사하여 상속인들에게 흘러갔다는 것을 증빙하게 되면 상속세를 과세한다는 것을 유의하여야 한다.

- 사망 전 1년 이내에 처분한 재산으로 재산 종류별로 2억원 이상인 것
  (2년 내 5억 이상)

- 사망 전 1년 이내에 부담한 채무액이 2억원 이상인 것
  (2년 내 5억 이상)

피상속인이 채무를 부담한 경우로서 그 부담한 채무의 합계액이 상속개시 전 1년 이내에 2억원 이상인 경우와 2년 이내에 5억원 이상은 그 용도가 객관적으로 명백하지 아니한 경우에는 이를 상속받은 것으로 보아 추정하는 것이며 이 경우 채무에는 임대보증금도 포함된다.

임대보증금의 경우 임대차 계약을 체결하여 보증금을 받을 때마다 판단하는 것으로, 1년 이내 또는 2년 이내에 임대차 계약이 갱신된 경우에도 그 갱신으로 인한 임대보증금도 채무의 합계액에 포함되는 것이다. 다만 증액된 사실이 없이 단순히 임대차 계약만 갱신한 경우에는 그 갱신한 임대보증금은 용도가 객관적으로 명백한 경우에만 해당된다.

25

보험 제대로 준비하는 방법

요즘 들어 보험이 곧 '가족 사랑의 실천'이라는 인식을 반영한 광고가 많아졌다. 이러한 인식 전환에도 불구하고 불황 때만 되면 퇴출 1순위로 보험이 거론되곤 한다. 이 중 혜택을 바로 체감할 수 없는 사망보장보험의 자리는 더욱 위태롭다.

본인에게 큰 사고는 없을 것이라는 편향적인 기대와 함께 여유가 될 때 다시 준비하면 된다는 생각이 일상을 지배한다. 그러나 위험은 언제나 우리 주변에 도사린다. 보험을 과분하게 준비하고 해지하느니, 하나라도 제대로 준비해 유지하는 것이 더 중요하다는 전문가의 의견에 귀 기울일 필요가 있다.

만약 가장이 사망하면 유가족은 갑작스러운 소득의 상실로 경제적 어려움을 겪게 된다. 특히 아버지의 수입에 전적으로 의존하는 외벌이 가정이라면 가장의 상실은 곧 가계소득의 전면적인 중단을 의미한다.

　사망보장을 준비해뒀다면 수령한 보험금으로 유가족이 경제적인 대책을 마련할 시간을 벌 수 있다. 재무전문가들은 가장의 연소득에 최고 3~5배 이상을 사망보장으로 준비할 것을 조언한다. 그러나 사망의 종류와 보장의 범위가 상품마다 다르니 이 점은 꼼꼼히 살펴봐야 한다.

　손해보험사는 사망의 종류를 상해사망·질병사망으로 구분한다. 상해사망이란 예기치 못한 우연하고 급격한 외부의 요인으로 일어난 사고로 사망한 경우를 말한다. 질병사망은 질병으로 사망한 것을 일컫는다. 생명보험사는 상해와 유사한 재해사망, 그 외 일반사망으로 구분한다.

　홍수·태풍·지진 등 천재지변과 자연재해로 인한 사고 및 법정전염병은 재해사망보험으로, 자연사나 숙환(오래 묵은 병)은 일반사망보험으로 보장한다. 쉽게 말하면 천재지변을 제외한 상해사망과 질병사망에만 국한돼 보장하는 손해보험사와는 달리 생명보험사가 보장의 범위가 넓어 거의 모든 사망에 대해 보장받을 수 있다는 이야기다.

　보통 상해나 재해로 사망할 확률이 낮기도 하거니와 보험사에서도 상해·재해로 인정하는 경우가 드물다. 실제 사고가 난 후 상해·재해사망에 해당하는지를 두고 잦은 논란이 벌어진다.

　따라서 상해·재해보다는 일반적인 사망의 보장이 얼마인지, 보장되지 않는 범위는 없는지 확인한 후 가입하는 것이 좋다. 앞서 언급한 사망보장의 적정규모는 상해·재해사망이 아닌 일반사망에 지급되는 보험금을 기준으로 연소득의 3~5배수란 점을 다시 한번 상기해 보자.

사망보장의 대표적인 상품은 생명보험사에서 판매하는 종신보험이다. 대부분의 종신보험은 사망시기·원인과 상관없이 사망시점에 약정한 보험금을 지급한다. 평생 사망보장을 받을 수 있는 대신 보험료가 다소 비싸다는 단점이 있다.

사망보장보험은 당장 그 혜택을 체감할 수 없다. 그렇다고 차일피일 미루다 보면 준비하기가 어려워지는 것이 사망보장보험이다. 또 나이가 들수록 보험료가 비싸지고, 질병으로 가입이 거절될 수 있기 때문에 가급적 빠른 시기에 사망보장보험에 가입하는 것이 바람직하다.

26

100세 시대 보장자산 준비방안

　우리는 왜 보장성 보험상품에 가입할까? 일반적으로 암과 같은 주요 질병, 상해를 당했을 때 생각지도 못한 큰 의료비 지출을 대비하기 위해서 일 것이다. 하지만 '100세 시대'를 맞이하여 노후생활과 관련해 보장성 보험상품의 중요성이 다시 한번 강조되고 있는 것이 현실이다.

　한국보건사회연구원 자료에 의하면 남녀 평균 65세 이후에 평생 진료비의 50% 이상을 사용한다고 한다. 이것은 준비한 노후자금을 진료비로 모두 소비할 수도 있다는 이야기다. 이처럼 노후생활을 위해서는 노후자금 못지않게 보장자산을 효율적으로 준비하는 것도 노후준비의 중요한 한 가지 요소라고 이야기할 수 있다. 그렇다면 '100세 시대'를 대비해 어떻게 보장자산을 준비해야 할까? 크게 나누면 다음의 두 가지 사항을 고려해 보아야 한다.

첫 번째는 보장기간이다.

아무리 보장내용이 좋다고 하더라도 보장기간이 본격적인 보장시기인 65세보다 짧다면 보장자산으로서 큰 매력이 있다고 할 수 없다. 과거 보험상품의 주요 질병의 보장기간은 60세부터 80세까지인 상품이 대부분이었다.

하지만 현재 판매되고 있는 보험상품의 주요 질병의 보장기간은 평균수명의 연장에 따라서 보장의 내용별로 차이는 있지만 최대 100세까지 보장한다. 평균수명이 점점 늘어나고 있는 현시점에서 가입하고 있는 보장성상품의 보장기간을 점검해서 '100세 시대'를 대비해야 하겠다.

두 번째는 보장내용이다.

한국인의 주요 사망원인이 되는 질병은 암, 뇌혈관질환 및 심장질환 등이다. 따라서 보장상품에 가입할 때는 이러한 질병의 진단자금을 꼭 포함시켜야 한다. 통계청 자료에 의하면 질병당 평균 치료비용이 암은 약 3천만원, 뇌졸중은 약 2천만원, 급성심근경색증은 약 5천만원 내외 정도인 것으로 파악되고 있다. 하지만 이것은 어디까지나 평균비용이고 개인별 상황에 따라서 차이가 크게 발생할 수 있다는 것이다.

특히 은퇴 전 생계를 책임지고 있는 가장의 경우 치료비용 외에 소득활동이 불가능하게 되어 생활비를 대신 할 수 있는 자금 또한 필요하다. 따라서 주요 질병의 진단자금은 월 소득에서 무리가 되지 않을 정도의 수준에서(월 소득의 약 10~15% 내외) 가능한 크게 가입하는 것이 바람직하다.

일반적으로 기 가입 보장상품을 분석하다 보면 안타까울 때가 많다. 납입보험료 대비 보장내용이 괜찮다고 볼 수 있는 고객이 전체 가운데 20%가 채 되지 않기 때문이다. 60세가 넘어서면 새로운 보험상품에 가입하는 것이 어려워진다. 가입이 가능하다고 해도 가입할 수 있는 보장크기에 제한이 생기고, 월 납입보험료가 높아져 가입하기가 부담스러워지기 때문이다.

'100세 시대'를 대비해 기 가입한 보험증권을 찾아서 보장기간과 보장내용을 확인하기 바라며, 주위에 있는 보험전문가와 상의하여 부족한 부분을 꼭 보완하기 바란다. 보장자산도 성공적인 은퇴준비의 중요한 한 가지 요소라는 것을 잊지 말자.

27

동메달에서 배운 교훈

글을 쓰는 지금은 '2024 파리 올림픽'이 한창이다. 나라마다 응원전도 대단하지만 메달을 놓고 경쟁하는 선수들의 열기도 무더위 만큼이나 뜨겁다.

미국 코넬대 심리학과 연구진이 1992년 바르셀로나 올림픽 은메달리스트 23명과 동메달리스트 18명의 표정을 보고 심리상태를 분석한 결과 다음과 같은 사실을 알게 되었다.

비통함과 탄식의 표정은 0점, 환희의 표정은 10점으로 점수를 매겼는데 은메달을 딴 선수는 평균 4.8점에 불과한 반면 동메달을 거머쥔 선수는 7.1점을 기록했다. 동메달리스트가 은메달리스트보다 더 큰 행복을 느꼈다는 것이 이 연구의 결론이었다.

올림픽에서 메달 색깔은 운동선수가 노력한 보상과 연결되기 때문에 금메달·은메달·동메달 순으로 그 가치를 인정받곤 한다. 그런데 동메달리스트가 은메달을 목에 건 선수보다 더 행복해했다니 과연 어떻게 된 것일까.

사실 이런 모습은 우리 주변에서도 꽤 볼 수 있다. 시험에 차석으로 합격한 사람보다 겨우 합격한 사람이 결과에 더 기뻐하고 수익률 10%를 얻은 고객보다 원금손실을 피해 간 고객의 만족도가 높다. 이런 현상을 심리학에서는 '대비효과(contrast effect)'라고 한다.

영국 사상가 존 로크(John Locke)는 "미지근한 물은 손을 담그기 전에 뜨거운 물을 만졌는지 차가운 물을 만졌는지에 따라 차갑게 느껴지거나 뜨겁게 느껴질 수 있다"고 말했다. 이른바 '대비효과'의 원조로 여겨질 만한 발언이다.

위에서 언급한 올림픽 이야기도 마찬가지다. 은메달이 동메달보다 객관적인 가치는 더 높을지 몰라도 은메달리스트는 금메달을 못 따 비통함을 느꼈을 것이고, 동메달리스트는 3위 안에 들어 가까스로 메달을 따냈기 때문에 환희에 벅차올랐을 것이다. 또한 시험에 차석으로 합격한 사람은 수석을 놓쳐 불만스러운 반면, 겨우 합격한 사람은 불합격자 명단에 오르지 않은 것만으로도 기뻤을 것이다.

우리의 삶은 비교의 연속이다. 하지만 애석하게도 그 비교는 나보다 더 나은 사람, 나보다 더 뛰어난 사람과 비교를 하는 것이 대부분이다. 그래서 우리는 비교로 인해 우울해하기도 하고 때로는 자학하는 지경에까지 이른다.

하지만 살다 보면 아래를 내려다보면서 안도감을 느끼는 '비교'가 위를 올려다보며 상대적 박탈감에 시달리는 '비교'보다 더 나은 것을 경험할 때가 있다. 동메달리스트가 현재의 상태를 받아들이고 더욱 발전된 모습으로 서기 위해 노력하는 모습을 찬찬히 상기시켜보면 무한경쟁에 빠져 자기보다 나은 사람과 끊임없이 비교하고 있는 자신이 얼마나 어리석었는지를 깨닫게 된다.

투자도 마찬가지다. 마음속 기준을 어떻게 잡느냐에 따라 만족과 불만족이 결정된다. 고수익만을 좇는 사람은 항상 자신이 정한 높은 기준이 비교대상이기 때문에 늘 불안감에 휩싸일 수밖에 없다. 그렇게 하다 보면 '내가' 투자를 하는 것이 아니라 '나를' 투자하는 주객전도 상황을 맞이하기도 하고 때로는 자신도 모르게 위험의 경계를 넘나들기도 한다.

그런 상황을 이미 맞이했다면 투자는 벌써 실패한 것이나 다름없다.

28

국민연금: 노후준비의 출발점

과거 자녀의 숙명으로 치부되던 노인부양 문제가 사회문제로 떠오른 지 오래다. 국민연금은 은퇴 후 국민들의 기초생활을 보장할 목적으로 도입됐다. 그러나 국민연금에 대한 부정적인 인식과 우려의 목소리가 높은 것도 사실이다. 연금 수령 대상자인 노인인구의 증가로 재원이 고갈돼 연금을 받지 못할 수 있다는 불안이 팽배해 있다.

결론부터 말하자면, 국민연금은 국가가 최종적으로 지급을 보장하기 때문에 국가가 존재하는 한 종신토록 지급을 보장받을 수 있다. 국민연금은 보험처럼 소득활동을 하는 동안 미리 일정액의 보험료를 납부하고 특정 시점에 이르면 이를 연금으로 받는 형태다.

민간보험상품과 견줘 국민연금은 자율적인 개인의 선택이 아닌 가입이 강제되는 의무보험의 성격을 갖는다. 가입대상이 공무원·군인·사립학교 교직원 연금에 가입하지 않은 국민 모두이기 때문이다. 그뿐만 아니라 세금이나 다른 공과금과 마찬가지로 미납할 경우 연체금(보험료의 3~9%)이 가산되고, 일정 기간 계속 납부하지 않으면 재산 압류처분 등으로 강제 징수할 수 있다.

이런 이유 때문인지 국민연금을 세금처럼 인식하는 경향이 있다.

세금은 국가의 운영경비로 사용되지만 국민연금은 가입자에게 지급되므로 세금의 성격과는 다르다. 또한 본인이 납부한 보험료에 수익률을 가산하여 지급받으니 국민연금은 자신의 노후를 위한 투자라고 생각하는 것이 바람직하다.

국민연금 의무가입 연령은 이 제도가 도입된 1988년 이후 지금까지 18세 이상 60세 미만으로 변함이 없다. 하지만 노후에 국민연금을 타는 수급개시 연령은 2013년에 61세로 오른 이후 5년마다 1년씩 늦춰진다. 따라서 2033년에는 65세가 돼야 노령연금을 받을 수 있다.

국민연금연구원 보고서 등에 따르면 국민연금은 가입기간에 낸 보험료 총액보다 최소 30%에서 최대 160%를 더 받게 된다. 보통 민간보험 상품은 보험료에서 각종 운영비와 관리비·설계사 수당 등을 제한 후 이자를 덧붙여 연금으로 지급하지만 국민연금은 이러한 제반비용이 들지 않는다.

물가상승률을 반영한다는 점도 국민연금의 장점으로 빼놓을 수 없다.

1965년 50원 정도 하던 짜장면 한 그릇 값이 이제는 5000원

짜리 한 장으로도 사 먹기가 빠듯해졌듯이 화폐의 가치는 하락하기 마련이다. 물가상승률이 매년 3%라고 가정하면 지금의 100만원은 20년 후엔 약 55만원의 가치를 지닌다. 만약 현재 예상 연금액이 100만원이라면 국민연금은 20년 후 100만원의 가치에 해당되는 약 180만원을 연금으로 지급한다.

적은 금액이라도 노후에 고정적인 수입이 발생하는 것은 매우 중요하다. 국민연금 가입이 노후준비의 첫걸음이라 해도 과언이 아닌 이유다.

피할 수 없다면 즐겨라. 기왕에 국민연금 보험료를 납부하는데 눈살을 찌푸리기보다는 얼마나 연금불입액이 늘었는지 기대감을 가져보는 것은 어떨까.

29

'도전'이 주는 감동과 성공 원칙

TV에서 인기를 끌고 있는 예능프로그램을 보다 보면 한 가지 공통점을 발견할 수 있다. 그것은 바로 프로그램의 기본 콘셉트가 '도전'과 맞닿아 있다는 것이다. 어떤 프로그램은 제목 자체에서 '도전'을 기본 모토로 하고 있고, 또 다른 프로그램은 죽기 전에 해야 하는 것이라는 제목으로 출연자들이 배우면서 성취해 가는 과정을 그리고 있다.

이런 프로그램이 인기를 끌고 있는 이유는 아마 두 가지 때문이 아닐까 생각한다. 첫째는 서툴게 도전하는 과정에서 보여주는 '웃음' 코드이고, 또 하나는 그 과정에서 '간접 경험'을 제공해 시청자들에게 대리만족을 주는 것이다. 그리고 이것은 예능프로그램이 시청자들의 눈을 사로잡기 위한 기본 전략이기도 하다.

그런데 예능프로그램의 기본을 허무는 전혀 다른 프로그램도

봤다. 남자 연예인에게서 흔히(?) 볼 수 있는 식스팩의 근육질도 아니고 운동신경이나 체력도 일반인과 전혀 다를 바 없는 출연자들이 일반인으로는 꿈도 꾸지 못할 프로레슬링에 도전한 것이다. 하지만 출발은 다른 프로그램과 다를 바 없었다. 프로레슬링에 문외한인 도전자들이 보디슬램 · 엘보드롭 · 헤드시저스 같은 고난도 기술을 좌충우돌 배우는 과정에서 시청자들에게 '웃음'과 '경험'을 전달해주는 예능프로그램의 기본 콘셉트에 충실했기 때문이다.

그러나 시간이 지나면 지날수록 출연자들은 자신이 하고 있는 도전에 빠지게 되고 웃음이 바탕이 되면서도 거짓 없이 진실성을 대변해주는 프로레슬링 다큐멘터리가 되어 버렸다. 그리고 지친 몸을 추켜세우면서 모든 미션을 성공하고, 결국 경기가 끝난 후에는 모든 출연자들이 서로 격려하며 눈물을 터뜨리고 만다. 자신이 해냈다는 성취감과 부상의 위험에서 서로 믿고 의지하며 어려움을 헤쳐나간 것에 대한 고마움의 눈물 말이다. 그리고 이것을 보는 시청자들도 웃음을 훌쩍 뛰어넘어 '성공을 위한 도전'이 주는 가슴 뭉클한 '감동'을 선사받게 된다.

그럼 우리의 삶은 어떨까. 태어나면서부터 모든 것을 잘하는 사람은 없다. 그렇기 때문에 우리는 어떤 분야에 땀 흘리며 도전하여 성공한 사람들에게 전문가의 칭호를 붙이면서 그들이 하는 말이나 행동에 권위를 부여한다. '전문가'라 함은 그들이 성공했다는 이유보다는 성공을 위해 도전하고 노력했다는 것을 인정하는 사회적 합의와 다르지 않다.

투자도 마찬가지이다. 우리가 성공을 하기 위해서는 반드시

'도전'해야 하고 노력해야 한다. 세상 모든 부자에게서 찾을 수 있는 공통점이 바로 '그들이 투자를 했다'는 간단한 사실이라는 것은 우리에게 무엇을 말하는 것일까. 우리는 지금 "실패한 일을 후회하는 것보다 해보지 못하고 후회하는 것이 더 바보스럽다"라는 탈무드의 격언을 되새길 필요가 있을 것 같다.

도전하고 노력할 것인가, 아니면 지나간 시간에 구속되어 후회와 미련에만 갇혀 있을 것인가는 본인의 선택에 달려 있다. 새로운 도전에 힘찬 파이팅을 보낸다.

30

나비효과와 성공투자

    많은 분들이 '나비효과'라는 말을 들어보신 적이 있을 것이다. 나비효과란 나비의 날갯짓처럼 작은 변화가 폭풍우와 같은 커다란 변화를 유발시키는 현상이다. 말하자면 오늘 서울에서 공기를 살랑이게 한 나비의 날갯짓이 다음달 베이징에서 폭풍우를 몰아치게 할 수도 있듯이 작은 사건이 예상치 못하게 큰 사건으로 나타난다는 뜻이다.

    그런데 이 나비효과라는 말은 곧잘 투자 분야에서 쓰이기도 한다. 물리학에서 생긴 이 말이 투자에서 잘 쓰이는 이유는 무엇일까. 그것은 아마 두 가지 이유에서 비롯되지 않았을까 생각한다. 하나는 어떤 결과의 원인이 전혀 예상하지 못한 분야나 부문에서 비롯될 수 있다는 '불확실성'을 나타내기 위해서이고, 다른 하나는 전 세계의 경제와 금융시장이 하나로 묶여 있다는 '글로벌화'를 나타내기 위해서라는 것이다.

개념적으로 볼 때 불확실성이란 어떤 상황에 대한 정보가 없어 의사결정을 내릴 때 기준이 없는 상태를 의미한다. 세계 경제의 글로벌화는 2차 대전 이후 세계를 형성해 온 가장 강력한 추세 가운데 하나이다. 지난 반세기 동안 상품과 서비스의 국제교역은 가속적으로 중요성을 강화시켜 왔으며, 이러한 현상은 국제 금융거래에도 현저하게 나타나고 있다.

1990년대만 해도 미국과 일본의 주식시장 움직임에서 코스피(KOSPI · 종합주가지수)의 움직임을 예측할 수 있었고 IT광풍이 불어닥칠 때만 해도 전 세계의 IT업종은 담합이라도 한 것처럼 일제히 주가가 오르는 동조화 현상을 보이기도 했다. 그런데 언제부터인가 이러한 일종의 '법칙'이 깨지기 시작했다. 철강업계 선두기업을 보유한 우리나라에서 철강종목의 움직임을 보기 위해서는 글로벌 경쟁기업의 움직임을 살펴야 함은 물론 철광석 생산국가인 호주 · 브라질 · 러시아 시장의 움직임도 읽어내야 하는 어려움이 생겼다. 아울러 자국 농산물 시장가격을 예측하기 위해서는 미국 · 러시아 · 남미의 기후를 관측해야 하기도 한다.

이렇듯 우리의 삶은 우리가 느끼든 느끼지 못하든 복잡하게 됐고, 그 속에서 투자자로서 살아남기란 더욱 힘든 일이 돼버렸다. 바로 경제나 금융 분야의 나비효과 때문이다. 그러면 우리는 어떻게 투자해야 할까. 그 해답은 바로 경제의 움직임을 바라볼 줄 아는 '통찰력'에 있는 것 같다. 통찰력은 꿰뚫어보는 것이다. 단편적인 관점이 아니라 전체적인 관점에서 바라보는 것을 말한다. 이에 비해 이성은 배운 지식 · 경험 · 기억 · 선입관으로 사물을 바라보는 것을 말한다. 학창 시절 선생님께서 학생들을 가르칠 때 큰 그림을 그린 후에 가르치거나 우리가 어떤 분야에서 개론을 먼저 배우고 각론을 나중에 배우는 것과 같은 이치일 것이다.

그렇게 본다면 어느 하나에 얽매이기보다는 전체의 흐름을 짚어내는 것만이 성공하는 투자의 올바른 길이 될 것이며, '불확실성'과 '글로벌화'를 의미하는 '나비효과'는 통찰력 있는 투자자에게 두려움보다는 오히려 기회를 가져다주는 행운의 단어가 될 수도 있을 것이다.

31

'교토삼굴'의 지혜를 배우자

성공하는 투자에 대한 여러 가지 격언 중에서 '달걀을 한 바구니에 담지 마라'라는 말이 있다. 이는 달걀을 한 바구니에 담으면 외부의 충격을 받았을 때 한 번에 모두 깨져 버릴 수 있기 때문에 여러 바구니에 나누어 담아야 한다는 의미로 투자에 조금이라도 관심이 있는 사람이라면 누구나 한 번쯤은 들어보았을 것이다.

같은 의미로서 삶의 지혜를 잘 실천하고 있는 동물인 토끼에 대해 이야기해 보고자 한다. 어릴 적부터 읽어 왔던 동화 속에서 토끼는 지혜롭고 영리한 동물로 묘사되곤 했다. 지혜로운 토끼는 위험에 대비해서 세 개의 굴을 파놓는다고 한다. 만일의 위험에 대비해 숨을 곳을 미리 여러 개 마련해 놓은 것이다. 그래서 생긴 말이 '교토삼굴(狡兔三窟)'이다.

우리가 살아가는 세상에는 수많은 위험이 존재하고, 사업이나 업무에서도 다양한 위험이 존재한다.

투자를 할 때에도 마찬가지다. 심지어 가장 안전하다고 여겨지는 은행 예금에도 위험은 있다. 단지 위험도가 다른 금융기관에 비해 좀더 낮을 뿐이다. 그렇게 본다면 주식이나 부동산 같은 것에 투자를 할 때 투자자들이 감수해야 할 위험은 얼마나 크겠는가.

따라서 우리는 투자에 있어서 리스크(위험) 관리 차원의 포트폴리오(위험 대비 분산투자법)를 마련해야 하는 것이다. 이런 의미에서 본다면 토끼야말로 삶의 포트폴리오를 가장 잘 실천한 동물이라고 해도 과언이 아닐 것이다.

세상에는 언제까지나 안전하게 돈을 벌게 해 주는 투자 수단이란 존재하지 않는다.

투자자금이 크든 작든 한 종목이나 한 가지 상품에 올인(전부를 투자)하는 것은 어떠한 이유에서라도 바람직하지 않다. 최소한 자산을 3등분해 안정적인 자산과 공격적인 자산 등에 골고루 분산 투자해야 손실위험을 최소화할 수 있다는 말이다.

재테크는 자산을 조금이라도 불릴 때 그 의미가 있다. 적어도 은행의 정기예금 이자율이나 물가상승률보다는 높은 수익을 얻어야 제대로 된 재테크라 할 수 있는 것이다.

하지만 높은 수익에는 반드시 높은 위험이 뒤따른다. 담보대출을 끼고 투기지역의 부동산을 매입하거나 직접 주식투자를 하면 큰 수익을 얻을 수도 있지만 그만큼 위험도 높다. 즉 고위험을 감수하면 고수익을 얻을 수 있지만 위험도가 낮은 안전한 투자를 원한다면 고수익은 포기해야 한다는 것이다.

국책 은행에 예금하듯 안전하면서도 주식형 펀드처럼 높은 수익을 안겨주는 상품이란 현실적으로 존재하기가 매우 어렵다. 재테크가 어려운 이유도 여기에 있다. 성공확률이 매우 높은 투자 상품이라 해도 100% 과신할 수는 없다. 실패할 확률이 항상 존재하기 때문에 한곳에 올인하는 투자는 절대 금물이다. 여러 상품에 분산 투자한다면 적어도 전체 재산을 날리거나 엄청난 부채를 지게 되는 극단적인 사태는 피할 수 있다.

주식투자로 계속해서 승승장구하는 재야의 고수라 하더라도 치명적인 한두 번의 투자실패가 몰락의 길을 걷게 하는 것이 주식시장의 속성이다. 그래서 분산투자야말로 재테크라는 자동차를 안전하게 운행하게 만드는 에어백 같은 장치라고 말할 수 있는 것이다.

한치 앞도 예측할 수 없는 변화하는 세상에서 성공 투자법을 알아내기란 매우 어려운 일이다. 아울러 정보에서도 불리한 개인 투자자가 성공하기란 더욱 어렵다. 그리고 어느 한곳에 올인한 투자자라면 지금처럼 불안한 시장 상황에서 얼마나 가슴을 졸이게 될지도 명심해야 한다. 요즘처럼 변화무쌍한 시대에 토끼가 보여준 '교토삼굴의 지혜'를 다시 한번 떠올려 보는 것도 좋지 않을까.

32

부자 되는 첫걸음은 '안정성'

재테크 강연을 하면서 가끔 청중들에게 즐겨 하는 질문이 하나 있다. "여러분! 부자들은 과연 어떠한 방법으로 돈을 모았을까요?" 여러 가지 답변들이 있지만 '부모로부터 물려받은 것' 또는 '부동산 투자를 통해서'라는 답변이 비교적 많다.

현실은 어떨까. '2023 한국 부자 보고서'에 의하면 한국 부자가 현재의 자산을 축적한 가장 주된 방법 1위는 사업체 운영 (38.8%)이었다. 그다음으로 상속 및 증여(26.3%)와 부동산 투자 (21.0%)가 뒤를 이었다. 부동산과 부모로부터 물려받은 자산으로 부를 축적한 부자들도 있지만 사업체 경영으로 자수성가한 부자들도 우리가 생각한 것 이상으로 많다는 사실을 알 수 있다.

이처럼 우리에게는 부와 돈에 대한 잘못된 선입견들이 많은데 돈을 모으는 과정에서는 어떤 선입견들이 있는지 살펴보도록 하자.

첫 번째는 "3~5년 이후에 필요한 중기 목적자금은 직·간접 투자형 상품으로 준비한다"이다. 일반적으로 중기 목적자금을 준비할 때는 원금손실이 발생할 수는 있지만 높은 수익을 기대할 수 있는 주식형 직·간접 상품에 가입한다. 단기적으로 주가가 하락할 수는 있지만 3년 이상 투자할 경우 주식시장이 상승할 것이라는 일반적인 기대에서다. 하지만 이것은 정확하게 이야기하면 그럴 수도 있고 아닐 수도 있다. 목적자금이라는 것은 정확한 시기에 정확한 금액을 필요로 한다.

주식시장은 높은 기대수익을 통해 목적자금 이상을 준비할 수도 있지만 2008년도에 있었던 서브프라임 모기지 사태와 같은 상황이 발생해 난처한 일을 당할 수도 있다. 따라서 중기 목적자금은 기대수익은 낮더라도 투자 기간에 따른 정확한 금액을 예측할 수 있는 예·적금 상품을 활용하는 것이 좋다.

두 번째는 "투자상품에 가입할 때는 수익성을 우선적으로 고려하여 선택한다"이다. 투자상담사 교재에는 투자상품을 선택할 때에 '수익성보다는 안정성이 우선한다'고 나와 있다. 예를 들어 1억원을 투자해 50% 손실이 발생되면 원금이 5,000만원으로 줄어든다. 그렇다면 5,000만원이 1억원이 되기 위해서는 몇 %의 수익률이 필요한가. 50%의 2배인 100%의 수익률이 필요하다. 우리는 투자상품에 투자할 때 수익성만을 생각하고 원금손실의 가능성은 생각하지 않는다.

부자들은 수익성보다 안정성을 더 중요하게 생각한다. 하지만 가난한 사람일수록 안정성보다는 수익성을 더 중요하게 생각한다. 그 이유는 부자는 투자하는 돈이 많아 1% 수익에도 큰 소득이 발생하지만 가난한 사람은 투자한 돈이 적어 1% 수익에는 별 변화가 없기 때문이다.

정확한 시기, 정확한 금액의 목적자금은 예측이 가능한 금융 상품으로 준비해야 하는 것임을 꼭 기억하자. 금융상품을 가입할 때는 수익성보다 중요한 것이 안정성임을 기억하자. 그리고 수익 률에 집중하기보다는 목돈을 먼저 모으는 것이 우선순위임을 기억하자. 불확실한 10% 기대수익이 아닌 확실한 1%의 수익을 좇아가는 것이 부자가 되는 첫걸음이다.

33

후회하지 않는 투자, 후회 없는 삶

생각해보면, '후회'라는 말처럼 자주 쓰이는 말은 없는 것 같다. 인생이 항상 '선택의 갈림길'이라는 점을 생각해 볼 때 어쩌면 당연한 일인지도 모르겠다. 정답이 없는 인생을 살면서 후회하지 않는다면 그것은 아마 전지전능한 신(神)만이 가능한 일인지도 모른다.

우리의 주변으로 시선을 옮겨 보겠다. 우리는 어떤 일을 해서도 후회하지만 하지 않아서도 후회하고, 선택해서 후회하기도 하지만 선택하지 않아서 후회하기도 한다.

아무리 훌륭한 선택을 했다 하더라도 시간이 흐르고 나면 후회하는 마음이 조금씩 들곤 한다. 어쩌면 후회는 일상생활이 되어버린 것인지도 모른다. 그러면 투자할 때는 어떨까?

투자자에게 후회는 필연적인 것인지도 모른다. '아! 그때 그 주식을 샀어야 하는데', '그때 부동산을 사지 말았어야 하는데' 하는 것처럼 투자에서의 후회는 투자를 실행했을 때도 나타나지만, 투자를 실행하지 않았을 때에도 나타난다.

이런 투자자의 후회는 지금과 같이 변동성이 큰 시장상황에서 더 많이 나타나게 되고 그 후회의 빈도나 깊이 또한 커질 수밖에 없는 것이다.

채권왕 빌 그로스는 "주식투자의 시기는 끝났다."라고 말했지만 여전히 주식은 매력적인 투자처이다. 펜실베이니아대학 와튼스쿨의 제레미 시겔 교수는 다우존스가 지난 200년간 연평균 7%의 실질성장률을 기록했고 앞으로도 최고의 투자처가 될 것이라고 말한다.

단 한 가지의 조건이 있다. 단기적인 이익에 흔들리는 것이 아닌 장기적인 안목으로 투자를 해야 한다는 점이다. 장기투자와 더불어 투자의 3대 원칙인 분산투자, 적립식투자를 병행한다면 성공적인 투자는 가능할 것이다.

투자자들의 주변에는 늘 '후회'의 목소리가 들린다. 하지만, 최선(最善)의 선택이 아니라면 차선(次善)의 선택이 있듯이, '후회'의 정도를 아예 없앨 순 없지만 최소화할 수는 있다. 그러기 위해서는 무엇이 필요할까?

그것은 바로 '욕심을 버리고 꾸준한 자기 노력으로 금융시장을 통찰할 만한 실력을 갖추는 것'이다. 금융시장을 보는 통찰력을 기르는 일! 지금과 같은 경제상황에서 '후회'의 정도를 최소화하는 것은 현명한 투자자가 갖추어야 할 최고의 덕목이 아닐까 생각한다.

34

신혼부부를 위한 재테크 전략

'인생의 또 다른 시작인 결혼'

시작의 기대와 설렘으로 많은 계획들을 구상하는 데 무엇보다 저축계획이 중요하다. 과거와 달리 취업시기가 늦어지고 정년은 당겨져 경제활동 기간이 짧아졌음은 물론이고 평균수명은 늘어 긴 노후를 보내야 하기 때문이다.

재테크의 시작은 자금의 목적과 시기에 맞는 포트폴리오를 구성하는 것이다. 일반적으로 인생의 4대 이벤트로는 결혼·주택마련·자녀교육·은퇴를 꼽는다. 무계획적인 저축은 이벤트마다 다시 시작하게 되므로 불안정하고 비효율적이다. 인생의 새로운 출발선상에 선 신혼부부를 위한 효과적인 재테크전략을 소개하면 다음과 같다.

먼저 주택마련 자금은 펀드와 적금으로 준비하자.

우선 본인이 목표하는 주택규모를 정한 후 구입시기와 물가상 승률을 감안하여 저축금액을 설정한다. 비교적 장기간 준비가 필 요하므로 월 적립식 펀드에 최소 5년 이상 꾸준히 투자하도록 한 다. 적금은 시중은행보다 다소 금리가 높은 지역 농·축협을 비 롯한 제2금융권을 활용하되, 원리금의 합이 예금자보호 한도인 5,000만원을 넘지 않는 것이 좋다.

다음으로 은퇴 후 노후자금은 생명보험사 연금으로 준 비하자.

의학의 발달로 평균수명이 계속 늘어나고 있는 요즘 같은 상황 에서는 종신연금이 효과적이다. 연금상품은 은행·증권·보험사 모두 취급하지만 종신연금은 생명보험사가 유일하다. 또한 생명보 험사 연금상품에는 부부 모두가 사망할 때까지 연금을 지급하는 부부형도 있어 배우자의 사망에 따른 위험에 대비할 수 있다.

마지막으로 자녀교육 자금은 변액유니버셜보험으로 준비하자.

변액유니버셜보험은 원하는 만큼 자유롭게 납입하고 언제든 지 인출이 가능한 유동성이 뛰어난 상품이다. 자녀교육 자금은 매월 꾸준히 필요하고, 자금의 규모도 매우 변동적이다.

따라서 만기까지 인출이 어려운 예·적금이나 펀드로 준비하 기에는 부적합하다. 변액유니버셜보험의 경우 납입한 금액을 펀드에 투자하여 높은 수익을 기대할 수 있고, 만일 연금전환이 가능한 상품을 가입하면 교육자금으로 사용하고 남은 금액은 노후자금으로 활용할 수 있어 유용하다.

저축의 적정규모는 총소득의 20~30% 이상이다. 자녀가 태어나면 양육비가 발생하여 가정의 경제활동에 제약이 생길 수 있으므로 신혼부터 최대한 많이 저축하는 습관이 필요하다. 또한 비상예비자금이나 자투리 금액도 매일 이자를 지급하는 CMA(자산관리계좌) 통장을 활용하는 것이 좋다.

35

재산상속에도 철저한 계획이 필요하다

자연인의 사망이나 사망에 준하는 실종선고 등으로 법률상 상속인이 피상속인(사망자)의 재산과 재산권에 관한 권리와 의무를 무상으로 물려받는 것을 상속(相續)이라 한다.

이럴 경우 재산을 상속받는 사람에게 과세하는 세금이 상속세(相續稅)이다. 재산상속 계획이 없다는 사실은 사망하는 피상속인에게는 단순한 비극이지만 남아있는 가족에겐 시간과 비용과 노력을 들여서 해결해야 하는 곤란한 과제의 시작이다. 특히 유언서(遺言書)조차도 없이 사망하는 사람들에겐 국가가 법정상속인에게 민법에 명시된 대로 재산을 분배하도록 되어 있는데 그런 결과가 사망한 피상속인이 원하는 바였는지는 의문이다.

재산상속 계획에 있어서 제일 중요한 것은 본인의 목적이 무엇인가를 분명히 하는 일이다. 여러 가지 목적 중에서도 가장 기

초가 되면서 중요한 두 가지 사항에 대해서만 정리하면 다음과
같다.

첫째, 배우자와 자녀의 생활보장(生活保障)이다.

보통 부부들은 한 사람이 사망하는 경우 남은 배우자의 생활
을 위하여 충분한 돈을 마련하기를 원한다. 통상 부부들은 직업
을 가지지 않는 배우자를 위하여 평생에 걸쳐 저축을 하든지 아
니면 생명보험을 설계하여 이러한 자금을 마련하는 경우가 많다.

둘째, 상속세 절감에 대한 세무전략(稅務戰略)을 수립하는 것이다.

상속이 개시되면 법이 정하는 방법에 따라서 상속재산에 대한
평가가 이루어지고 이에 따라 과세가액이 결정되는 것이다. 그런
데 이 시점에서 세금을 줄이는 방법은 극히 제한적이다. 편법이나
무리수를 두는 경우가 허다하여 오히려 특별 세무조사를 받거나
여러 차례 불편한 조사과정을 겪게 되는 사례가 종종 있다는 것
이다.

따라서 사전에 철저한 계획을 수립하여 과세가액(課稅價額)을
줄이고 또한 어느 정도의 사전증여(死前贈與)를 실행하여 상속개
시 당시의 재산총액을 줄이는 것이 더욱더 현명한 방법이라고 판
단된다. 사전증여에도 여러 가지 방법이 있는데 지면관계상 가장
대표적인 "부담부증여(負擔附贈與)"에 대하여만 소개하면 다음과
같다.

부담부증여란 증여받는 사람이 이에 대한 반대급부로 증여자의 채무를 부담하거나 인수하는 것을 말한다. 한편, 배우자 간 또는 직계존비속 간의 부담부증여는 우선 세법상 부담부증여가 아닌 것으로 추정하므로, 증여의 사실관계를 입증하기 위해서는 아래와 같은 요건을 갖추어야 함을 주의해야 한다.

(1) 채무가 실질적으로 수증자에게 이전되었다는 사실을 적극적으로 입증하여야 한다.
(2) 증여일 현재 채무를 상환할 수 있는 경제적 능력을 갖춘 자에게 증여하여야 한다.

결론적으로 관련 분야 전문가와 충분한 대화를 나누어 개인별 의지(意志)와 상황(狀況)에 맞는 체계적이고 장기적인 설계가 이루어지는 것이 가장 중요함을 다시 한번 강조하는 바이다.

36

상속세 제대로 알아보기

우리나라에서 가장 비싼 세금이 무엇일까? 정답은 바로 상속세이다. 상속세는 최고세율 50%로 부자 세율이라 일컫는 소득세 최고세율 45%보다 높다. 물론 부동산의 미등기자산 양도 때 적용하는 세율이 70%로 가장 높지만 다소 징벌적 의미가 내포돼 있어 일반적이지 않다. 단순 세율의 차이보다 더 중요한 점은 소득세나 양도세는 발생한 소득이나 차액에 대해서만 세율을 적용하지만, 상속세는 전 재산에 대해 적용하므로 원금 손실을 면할 수 없다는 점이다.

세계적인 유명 명품 가방업체 회장과 프랑스 인기 배우들이 줄줄이 상속세를 피해 국적을 옮기는 사례만 봐도 상속세의 위력을 알 수 있다. 재미있는 사실은 우리나라 상속세가 프랑스뿐 아니라 영국·독일 등 다른 선진국보다 높은 세계 최고 수준이라는 점이다. 하지만 사람은 누구나 영원할 수 없다 보니 상속은 누구도 피해갈 수 없다. 따라서 상속세에 대해 더 자세히 알아보고 효율적인 절세전략을 수립하는 것은 중요하리라 여겨진다.

상속세란 피상속인(=망자)의 사망으로 상속인(자녀 등 상속재산을 받는 사람)이 무상으로 피상속인의 재산을 이전받을 때 내는 세금이다. 금융재산(현금·예금 등)과 부동산, 유가증권(주식·채권 등) 등 피상속인의 모든 자산이 해당된다. 이때 대출이나 공과금 등 부채가 있으면 먼저 차감하고 상속세를 계산한다.

그러나 상속재산에 바로 상속세율을 적용하는 것은 아니고 금융재산상속공제·배우자상속공제·기초공제·일괄공제 등 여러 공제를 먼저 적용한다. 이후 남은 재산금액(이하 과세표준액)을 기준으로 상속세율을 적용해 상속세를 산출한다.

우리나라 상속세율은 누진세를 적용한 5단계 구간으로 돼 있고, 최저 10%(과세표준 1억원 이상)부터 10%포인트씩 올라가 최고 50%(과세표준 30억원 이상)가 적용된다. 상속재산은 상속이 발생한 날(상속개시일)을 기준으로 평가해 세금을 부과하지만, 자동 부과가 아니라는 점을 주의해야 한다. 상속인이 상속개시일이 속한 달의 말일부터 6개월 이내에 담당세무서에 신고·납부해야 하며 누락 때 미신고가산세가 적용된다.

상속세의 납부 방법은 현금이 원칙이다. 하지만 내야 할 세금이 1000만원을 초과하면서 부동산과 유가증권 가액이 총 상속재산의 절반을 초과하면 물건으로도 납부(이하 물납)할 수 있다. 물납은 부동산이나 유가증권 등으로 가능하다.

상속세는 6개월 안에 내야 한다. 이 때문에 금액이 많을수록 상속받은 부동산을 활용해서 상속세를 내는 것이 일반적이다. 하지만 원하는 시기에 즉시 부동산을 현금화하는 방법은 헐값으로 급매하거나 담보대출을 이용하는 방법뿐이다. 이 경우 시세와의 차액만큼 손해를 보게 되고, 대출은 한도가 제한적이며 이자 등의 비용이 발생해 결국은 손실을 피할 수 없다.

따라서 즉시 현금화가 가능한 금융상품으로 준비하는 것이 현명하다. 실제로 자산가들은 상속세 재원을 은행 예·적금이나 수시 입출 통장뿐 아니라 종신보험과 같은 다양한 금융상품을 활용해 준비하고 있다. 하지만 금융상품에 따라서는 즉시 현금화하기 어렵거나 잘못 준비하면 이자소득세 같은 또 다른 세금이 과세되는 등 2차적인 문제가 발생할 수 있는 만큼 주의해야 한다.

상속세를 준비할 때는 반드시 전문가의 상담을 받아 보는 것이 좋겠다. 어차피 피할 수 없는 세금이라면 조금만 관심을 기울여 미리 대처하는 것이 현명한 방법이지 않겠는가?

37

당신은 낭만주의자? 우리는 현실주의자

찬바람이 불고 나뭇잎이 떨어지기 시작하면 당신은 무엇이 생각나는가? 옛 애인이 생각나는가? 그렇다면 당신은 몸과 마음에 여유가 있는 '로맨티스트(낭만주의자)'일 것이다. 하지만 나는 '로맨티스트'는 아닌가 보다.

옛 애인보다는 과연 올해엔 내가 낸 소득세의 얼마를 환급받을 수 있을까 하며 '연말정산'이 먼저 생각나니 말이다. 비단 나뿐만이 아니다. 이때가 되면 소득공제를 받을 수 있는 세제 적격연금 상품에 대한 관심이 부쩍 많아지고 가입률 또한 높아지니까 말이다.

세제 적격연금 상품이란 국가가 개인이 노후자금을 미리 준비할 수 있도록 유도하고자 가입한 사람에게 '세액공제'라는 혜택을 주는 연금상품을 말한다. 즉 이 상품에 가입하면 납부한 세금에서 일정한 금액을 제외해 주기 때문에 소득세가 줄게 된다.

연간 급여 5,500만원 이하 근로자(종합소득 4,000만원 이하)의 경우 세액공제율이 16.5%로, 총급여 5,500만원 초과 근로자(종합소득 4,000만원 초과)보다 공제율이 3.3%포인트 더 높다. 아울러 연간 납입한도(400만원)보다 많은 금액을 연금저축에 넣었다면 초과분을 다음해 연말정산으로 이월해서 세액공제(납입연도 전환특례제도)를 받을 수 있다.

그렇다면 어떤 세제 적격연금 상품에 가입해야 할까?

세제 적격연금 상품은 은행의 연금신탁, 증권사의 연금펀드, 그리고 생명보험사와 손해보험사의 연금저축 등 4가지다. 은행의 연금신탁은 다른 상품에 비해 상대적으로 수익률이 낮고, 종신연금 기능이 없어서 다른 세제 적격연금 상품보다 가입률이 적은 편이다. 따라서 금융기관별 장·단점을 잘 비교해서 선택하는 것이 필요하다.

일반적으로 공격적인 성향을 가진 고객은 주식으로 운용되는 증권사의 연금펀드를 선택하고, 안정적인 성향을 가진 고객은 생명보험사와 손해보험사의 연금저축에 가입하는 것이 좋다. 손해보험사 상품은 생명보험사 상품에 비해서 운용수익률(공시이율)은 상대적으로 조금 높지만, 생명보험사 상품처럼 종신연금 수령은 불가능하다.

연금저축은 개인의 안정적인 노후 생활을 보장하기 위해 만들어진 금융상품이다. 노령인구가 빠르게 늘어나고 개인의 평균 기대수명도 증가하자 국민연금 및 퇴직급여 제도만으로는 안정적인 노후 생활 보장이 어려울 수 있다는 생각에서 도입됐다. 이러한 취지를 살리기 위해 세액공제 혜택을 부여하고 있다.

세제 적격연금 상품은 세액공제 혜택이 크지만, 이를 받기 위해서 무리하게 가입해선 안 된다. 가입 후 세액공제 혜택을 받게 되면 만 55세 이전에 해약할 수 없고, 만 55세 이후에 5년 이상의 연금 형태로만 지급받아야 한다.

따라서 노후자금 이외의 기타 목적자금으로는 활용할 수 없다. 만약 이것을 어기면 세액공제 혜택을 받은 금액보다 더 많은 기타소득세가 부과되기 때문이다. 이런 사실을 알지 못한 채 단순히 세액공제 혜택만을 바라보고 무리하게 가입한 적지 않은 사람들이 중도해지 등으로 많은 손해를 보고 있다.

은퇴 전 소득의 70% 정도를 연금으로 지급받는 대표적인 나라가 스위스다. 스위스는 국민연금·퇴직연금 등과 같은 우리나라와 비슷한 연금구조를 갖고 있다. 하지만 개인연금 가입비율에서 우리나라와 큰 차이를 보인다. 스위스 은퇴자들은 개인연금 가입비율이 80% 정도 되는 반면 우리나라는 스위스의 절반 수준에도 미치지 못하는 것으로 조사되고 있다.

금융사별 세제 적격연금 상품 특징을 더 자세히 살펴보고 나에게 적합한 세제 적격연금 상품을 선택해 세액공제 혜택과 함께 앞으로 다가올 나의 노후를 준비하는 것이 현명한 생각이라 판단된다.

38

장애인을 위한 생활 자금 마련 방법

장애인 자녀를 둔 부모님의 공통적인 관심사항이 있다. 다름 아 닌 자신이 사망한 후에도 자녀가 정기적인 생활자금을 받으며 안 정적으로 생활하는 데 부족함이 없었으면 좋겠다는 것이다. 보건 복지부에 따르면 장애인 수는 268만명으로 추정되며, 인구 1만명 중 장애인은 561명으로 장애출현율이 5.61%인 것으로 조사됐다.

그렇다면 장애인 자녀를 둔 부모들이 가장 효과적으로 그 목 적을 달성하는 방법은 없을까? 세제 혜택을 받으면서 금융상품을 활용해 장애인을 위한 안정적인 생활자금을 마련하는 방법은 크 게 두 가지로 생각해 볼 수 있다.

첫째는 신탁상품을 활용하는 것이다.

'신탁'이란 재산을 금융기관에 이전시키고 금융기관으로 하여금 그 재산을 관리하게 하는 것을 말한다. 즉, 장애인이 부모나 친족으로부터 재산을 증여받아 금융기관에 이전한 다음 수익자를 해당 장애인으로 설정해 놓으면 사망 때까지 재산운용의 이익을 안정적으로 지급받으며 생활자금으로 활용할 수 있다.

신탁상품의 장점은 금융상품 등 재산의 운용을 전문금융기관에 위탁하는 만큼 안정적인 운용은 물론 수익창출이 가능하다는 점이다. 특히 수익자를 장애인으로 설정하면 신탁자산의 5억원까지는 증여세를 면제받을 수 있다는 점도 큰 강점이다.

신탁한 재산은 금융기관과의 협의를 통해 정기예금·채권 및 주식 관련 상품 등으로 운용할 수 있지만, 장기간 지속적으로 이익을 창출해야 하기 때문에 대부분 손실이 발생하지 않는 안정성 자산 위주로 운용하는 것이 일반적인 운용방법이다. 따라서 안정적인 수익창출은 가능하나, 물가상승에 따른 신탁재산 및 수익에 대한 가치 하락에 대비해야 하는 것도 염두에 둬야 한다.

둘째는 연금상품 활용이다.

연금상품의 장점은 장애인이 생존할 때까지 연금 수령이 가능하고, 변액연금 등 일정 조건이 충족되면 원금이 보장되는 안정성이 높은 투자상품으로도 운용할 수 있다는 것이다. 따라서 물가상승에 따른 자산과 수익에 대한 가치 하락에 대비할 수 있다. 무엇보다도 장애인을 보험금 수익자로 지정하면 연간 4,000만원을 한도로 받는 보험금에 대해서는 증여세 면제혜택을 주고 있다. 일반적으로 성년 자녀가 부모로부터 증여세를 면제받을 수 있는 한도가 10년간 5,000만원인 것과 비교해 본다면 혜택이 매우 큰 셈이다.

하지만 장애 정도에 따라 장애인 본인의 '피보험자' 설정이 불가능해 계약체결이 안 되는 경우도 발생하는데, 이때엔 나이가 비슷한 장애인의 형제나 자매들을 '피보험자'로 설정하면 생활자금이 필요할 때 연금 수령을 할 수 있다. 그리고 최근엔 '피보험자' 기준요건이 약화되고 있어 과거보다 장애인을 '피보험자'로 설정하는 것은 어렵지 않다.

장애인의 생활자금을 위해 임대 및 수익 부동산을 활용하는 것은 바람직하지 않다. 장기적으로 부동산의 리모델링, 매도 및 재임대 등의 관리 문제가 발생하기 때문이다. 하지만 금융상품은 부동산에 비해 상대적으로 관리가 쉽고, 세제 혜택도 주어지는 것이 특징이다. 앞에서 살펴본 바와 같이 장애인을 위해 '신탁상품'과 '보험상품'을 처한 환경에 따라 적절히 활용한다면 비과세 혜택은 물론 안정적인 자산운용과 수익창출을 통해 장애인의 생활자금을 효과적으로 준비할 수 있을 것으로 여겨진다.

39

농지연금을 활용한 노후자금 준비

장수는 본디 인류의 오랜 소망이었다. 현대의학의 빠른 발전으로 장수는 더 이상 소망만은 아니다. 그러나 높은 물가와 심각한 전세난, 육아 및 사교육비 부담 등의 사회적 문제로 미래가 마냥 밝은 것만은 아니다.

2022년 통계청 자료에 따르면 노인 10명 중 4명 이상이 경제적 고통을 받고 있는 것으로 나타났다. 따라서 준비되지 않은 장수는 오히려 고통일 수 있다.

통계청의 같은 자료에 의하면 우리나라 가구 평균 자산현황이 금융자산 24.9%, 부동산 75.1%로 부동산에 치중되어 있는 것으로 나타났다. 내 집 마련이 삶의 가장 큰 목표이자 이벤트였던 사회적 분위기에 따른 결과일 것이다.

농가의 경우 사정은 더욱 심각하다. 젊은이들이 도시로 이동하면서 고령화가 더욱 급격해졌고 농촌인구가 줄어들면서 농지의 거래 역시 자연스럽게 감소하였다. 농가 자산의 대부분이 농지인 점을 고려한다면 고령 농업인의 노후 문제가 심각할 수밖에 없다는 것을 알 수 있다. 이에 농지연금에 대해 소개하고자 한다.

농지연금은 고령 농업인이 소유한 농지를 담보로 하여 매월 연금을 받는 제도이다. 이 제도는 농업인의 은퇴 후 안정적인 노후 생활을 지원하기 위해 2011년에 도입되었다. 농지를 한국농어촌공사에 담보로 맡기고 생활자금을 지급받는 형태로, 일종의 농촌형 역모기지 제도이다

농지연금의 주요 장점은 다음과 같다.

첫째, 안정적인 노후 생활 보장

고령 농업인이 소유한 농지를 담보로 매월 일정 금액의 연금을 지급받을 수 있도록 해준다. 이를 통해 농업인들이 은퇴 후에도 안정적인 소득을 유지할 수 있다.

둘째, 재산세 면제혜택

농지가격이 6억원 이하인 경우 연금을 받는 동안 재산세를 면제받을 수 있으며, 6억원이 넘는 농지는 6억원 한도 내에서 세금을 덜어준다. 이는 연금 수령자의 세금 부담을 크게 줄여준다.

셋째, 압류보호

연금액 중, 월 185만원까지 압류 위험으로부터 보호받을 수

있는 수급 전용 계좌를 이용할 수 있어, 경제적으로 어려운 상황에서도 연금 수령액을 안전하게 보호받을 수 있다.

넷째, 임대형 우대상품

농지를 농지은행에 임대하고 농지연금에 가입하면 월 지급금을 5% 추가로 받을 수 있다. 이는 농지를 임대하고 싶은 농업인에게 추가적인 소득을 제공해준다.

다섯째, 다양한 지급 방식 선택 가능

종신형, 기간정액형, 전후후박형, 수시인출형, 경영이양형 등 다양한 지급 방식 중에서 자신의 상황에 맞는 방식을 선택할 수 있다. 이는 수급자의 개별적인 재정 상황과 필요에 맞춰 연금을 효율적으로 수령할 수 있도록 해준다.

여섯째, 농지가격 변동에 따른 보호

가입 후 농지가격이 오르거나 내려도 가입 시점에 결정된 연금액을 받는다. 이는 농지가격의 변동에 대한 불확실성을 제거해준다.

농지연금은 신청연도 말일 기준으로 농지 소유자가 60세 이상이어야 한다. 영농경력 5년 이상인 농업인이면 신청할 수 있다. 담보로 할 수 있는 농지는 실제 영농에 이용되며, 공부상 지목이 전·답·과수원인 총 면적 3만㎡(약 9000평) 이하의 신청인 소유

농지여야 한다.

농지은행 사이트에 접속하여 온라인으로 신청할 수 있다. 이경우 공동인증서 또는 휴대폰 인증이 필요하다. 농지연금 가입 신청 후에는 공단에서 신청인의 자격요건 충족여부와 담보농지 감정평가를 거쳐 승인 및 지급개시 여부를 결정하게 된다. 구체적인 절차는 상담을 통해 안내받을 수 있다.

40

간접투자 원칙 '적립식 · 3년 이상 유지'

시험에 합격하려면 효과적인 학습방법이 필요하고 효과적인 학습방법이란 공부의 핵심원칙을 찾아내는 것이라고 할 수 있다. 그렇다면 투자에는 어떠한 핵심원칙이 있을까? 최근에는 투자자들이 시간과 전문성을 요하는 직접투자보다는 전문가들이 운용하는 펀드를 활용한 간접투자 방식을 많이 선호하고 있다. 간접투자도 공부와 마찬가지로 원칙이 있다. 성공적인 투자를 위한 효과적인 간접투자 핵심원칙에 대해서 함께 살펴보기로 하자.

첫 번째는 매월 적립식으로 최소 3년 이상 운용하는 것이 중요하다.

주식형 펀드의 경우 높은 수익률을 기대할 수 있지만, 동시에 주식시장이 하락할 경우 원금에 손실이 발생할 수 있다. 원금손실을 최소화하기 위한 방법은 코스트 에버리지 효과를 노려 매월 적립식으로 투자하는 것과 투자 기간을 최소 3년 이상 하는 것이다. 코스트 에버리지 효과란 '매입단가 평준화 효과'라고도 하는데 주식시장이 떨어질 때도 펀드 매입좌수를 늘릴 수 있어 하락시장에 대비할 수 있다. 그리고 투자 기간을 최소 3년 이상 하는 것은 원금에 손실이 발생할 경우 원금이 회복될 수 있는 시간을 얻기 위해서다.

두 번째는 본인의 투자 성향과 펀드의 세부적인 내용을 확인하는 것이다.

'상대를 알고 나를 알면 백전백승'이라는 격언이 있다. 펀드 투자도 마찬가지로 본인이 어떠한 투자 성향인지를 파악하는 것이 중요하다. 내가 어느 정도까지 위험을 감수할 수 있는지, 기본적으로 공격적인지, 중립적인지, 안정적 성향인지를 파악해 주식과 채권형의 비율을 결정하는 것이다. 그리고 펀드를 선택하기에 앞서 펀드의 세부 지표를 확인해야 한다. 세부 지표란 펀드의 규모·운용기간·운용사와 펀드매니저 스타일·위험·수익률·수수료 등을 말한다. 적절한 규모(1000억원 이상)의 펀드를 선택하고 운용기간에 있어서도 상승장과 하락장을 모두 경험하면서 꾸준히 시장수익률 이상을 낸 통상 3년 이상 운용된 펀드를 선택하는 것이 좋다.

세 번째는 사후관리와 모니터링이다.

원하는 펀드를 선택해 가입하고 나면 자신이 투자하고 있는 펀드가 제대로 운용되고 있는지 살펴봐야 한다. 이때 운용의 성패, 투자 스타일의 변화, 자금 흐름의 안정성 등을 모니터링해야 한다. 투자 스타일과 자금 흐름은 1개월에 한 번 정도, 리밸런싱 작업은 1년에 한 번 정도 실시하는 것이 좋다. 여기서 리밸런싱이란 최초에 자신이 정한 투자 비중을 유지하도록 재조정하는 것을 의미한다. 예를 들어 주식형펀드 50%, 채권형펀드 30%의 투자비중 원칙을 갖고 투자한 자산이 가격 변화로 각각 40%, 40%로 변해 있다면 최초의 50%와 30%의 비중이 되게 추가매입과 환매를 병행하는 것이다.

지금의 금융환경은 글로벌하고 매우 역동적이다. 과거의 투자 경험을 회상하며 습관적으로 투자하기보다는 앞에서 살펴본 간접투자 핵심원칙에 따라서 투자를 한다면 위험을 줄이면서 안정적으로 높은 수익률을 기대할 수 있을 것이다.

41

인생 제2막의 시작과 재무설계

우리 인생에서 봄이 갖는 의미는 뭘까? 혹독한 겨울이 끝나고 마침내 찾아오는 봄은 새로운 시작이자 도전이다. 학생 입장에서 본다면 봄은 한 학년 올라가 만나는 새로운 학기를 의미한다. 직장에서 은퇴한 사람이라면 봄은 제2의 인생을 시작하는 계절이다.

재무설계는 인생 제2막을 시작하는 사람들에게 필요한 과정이다. 학교를 졸업하고 직장생활에 막 뛰어든 사회초년생, 전직이나 이직을 결심한 만년 직장인, 은퇴를 코앞에 둔 예비 은퇴자 등 모든 투자자에게 재무설계는 필수다. 재무설계라는 말을 들으면 재산과 소득이 많은 부자만 해당된다고 오해할 수 있지만 오히려 소비할 때 하나하나 따져봐야 하는 일반 사람들에게 더 중요하다. 계획을 세우지 않고 공부하는 학생이 우등생이 되기 힘든 것처럼 재정 계획을 세우지 않은 투자자는 성공할 수 없다.

재무설계는 삶의 목표를 설정하고 이를 달성하기 위해 재무적 및 비재무적 자원을 관리하는 과정이다. 재무설계라는 이름 때문에 자칫 금전적인 부분만 신경 써야 한다고 생각하기 쉽다. 하지만 우리가 추구해야 할 인생의 목표에는 재무적인 요소와 비재무적인 요소가 모두 포함돼 있다는 점을 기억해야 한다.

그렇다면 재무설계에 있어서 가장 중요한 것은 뭘까. 가장 우선시해야 되는 것은 자신이 원하는 삶이다. 자신이 원하는 삶의 모습과 방식을 충분한 시간을 들여 따져봐야 한다.

목표가 정해졌다면 그다음 단계는 본인의 재무적 상황을 객관적으로 분석하는 것이다. 먼저 자산·부채·수입·지출 등 재무적 자료와 투자 성향 및 가치관 등 비재무적 자료를 수집·분석한 다음 이를 바탕으로 계획을 짜야 한다. 자신의 재무적인 상황에서 문제점은 무엇인지, 수입과 지출은 어떻게 변하는지 점검해야 한다. 저축 현황을 점검하고 불필요한 지출을 파악한 다음 어떻게 개선할 수 있는지 장단점에 관한 종합적인 검토가 필요하다.

검토가 끝났다면 본인에게 맞는 재무설계 방법을 찾아야 한다. 단기·중기·장기 목표로 구분해 세우고 최적의 금융상품을 골라서 실행하는 것이 좋다. 하지만 개인이 일일이 복잡한 금융시장 동향과 수많은 상품을 분석하기란 쉽지 않으므로 재무설계 전문가와 상의해 진행하는 것을 추천한다. 재무설계는 계획을 세우고 이를 실행하고 반성하는 과정까지 모두 포함한다.

재무설계는 각자가 처해 있는 재무상황을 어떻게 하면 더 긍정적인 방향으로 바꿀 수 있을지 고민하는 과정이다. 용기 내서 인생 제2막에 도전하는 모두에게 재무설계를 추천한다.

42

수익성 vs 안정성: 무엇이 더 중요한가?

투자에서 가장 중요한 요소는 무엇일까? 그 답은 안정성이다. 금융상품을 선택할 때 높은 수익률에만 집중하기보다는 그에 따른 위험성을 함께 고려해야 한다. 다음의 사례들을 통해 수익성과 안정성 중 무엇이 더 중요한지를 다시 한번 생각해보는 계기가 되기를 바란다.

2013년 9월 24일, 동양증권 서울 본점에는 400명에 달하는 고객들이 몰렸다. 이는 2011년 저축은행 뱅크런 이후 동양그룹의 유동성 위기설로 인한 대규모 펀드 인출 사태인 '펀드런'의 시작이었다. 저금리 기조가 지속되면서 고객들은 조금이라도 더 높은 금리를 추구하기 시작했고, 상대적으로 금리가 높은 증권사 금융상품에 관심을 가졌다.

특히 종합자산관리계좌(CMA)는 하루만 맡겨도 높은 금리를 제공하는 인기 상품으로 자리 잡았다. 하지만 이러한 상품들 중에는 원금 손실의 위험이 존재하는 경우도 적지 않다. CMA는 안전성이 높은 국·공채 등을 편입하여 운용되며, 원금 보장이라는 장점이 있지만, 반대로 기업어음(CP)은 원금 손실의 위험이 크기 때문에 주의가 필요하다. 동양증권 사태는 이러한 위험성을 다시 한번 일깨워주었다.

또한, 2019년의 라임자산운용 사건은 금융기관의 안정성이 얼마나 중요한지를 잘 보여준다. 라임자산운용은 다양한 고수익 상품을 판매했지만, 결국 투자 자산의 부실이 드러나면서 대규모 환매 중단 사태가 발생했다. 많은 투자자들이 큰 손실을 입었고, 이 사건은 투자자와 금융기관 간의 신뢰를 크게 흔들었다.

이 사건은 고위험 금융상품에 대한 신중한 접근이 필요하다는 점을 다시 한번 상기시켜주는 좋은 사례라고 할 수 있다. 라임자산운용의 부실이 알려지면서, 투자자들은 다른 금융기관으로 예금 및 투자금을 인출하기 위해 대규모 이동을 시작했다. 이는 금융업계가 보다 투명하고 안정적인 금융시장을 구축하기 위한 노력을 기울이게 하는 계기가 되었다.

결국, 화폐 가치의 하락 속에서도 0.1%의 금리에도 많은 돈이 움직이는 현실 속에서 우리가 잊지 말아야 할 것은 투자의 제1원칙은 수익성이 아닌 '안정성'이라는 점이다. 예를 들어, 1억원을 투자해 50% 손실이 발생하면 원금은 5000만원으로 줄어들게 된다. 이 금액을 다시 원금으로 회복하기 위해서는 100%의 수익이 필요하다. 이는 높은 수익률보다 안정성이 얼마나 중요한지를 잘 보여준다.

결론적으로, 투자에서 가장 중요한 것은 안정성이다. 금융상
품을 선택할 때는 높은 수익률에만 집중하지 말고, 그에 따른 위
험성도 함께 고려해야 한다. 이 세상에 공짜는 없음을 잊지 말아
야 한다.

43

보험 관련 주요 세제의 핵심포인트

최근 소득 수준이 향상되고 선진국화가 진행됨에 따라 보험 상품의 다양성이 높아지고 있다. 이에 따라 보험 가입의 필요성과 준비가 더욱 중요해졌다. 보험을 통해 순수한 보장을 받을 뿐만 아니라 노후를 계획하고 세제 혜택을 적극적으로 활용한다면 여러 가지 장점을 동시에 누릴 수 있다. 그렇다면 보험과 관련된 주요 세제 혜택은 무엇일까?

우선 보장성 보험에 대한 세액공제를 살펴보자. 근로소득자가 보장성 보험에 가입하면 불입한 보험료의 12%를 세액공제받을 수 있으며, 생명 및 손해 보험료의 한도는 100만원이다. 기본공제 대상자(연간 소득금액이 100만원 미만인 자)가 피보험자인 경우, 만기에 환급되는 금액이 납입 보험료를 초과하지 않는 보험에 대해 연간 100만원까지 공제가 가능하다.

근로자의 기본공제 대상자가 보험계약자로 된 계약이라도, 근로자가 실제로 보험료를 납부하는 경우에는 공제가 인정된다. 그러나 맞벌이 부부가 서로 기본공제 대상자가 아닐 경우, 근로자가 계약자이면서 피보험자인 경우에만 소득 공제를 받을 수 있다. 계약자가 근로자 본인이고 피보험자가 배우인 경우에는 두 사람 모두 소득 공제를 받을 수 없다.

개인사업자가 보장성 보험에 가입한 경우, 불입한 보험료를 종합소득 신고 때 공제 신청해도 인정되지 않는다. 이는 보장성 보험 공제 혜택이 근로소득자에게만 적용되기 때문이다.

둘째, 연금보험의 세액공제도 중요한 요소다. 근로자 및 개인사업자가 계약자이자 피보험자로 세제 적격 연금저축에 가입하면 연간 저축금액의 12%를 세액공제받을 수 있으며, 한도는 400만 원이다. 소득 수준에 따라 절세 효과가 다르게 나타나는 점은 소득수준이 높을수록 연금저축의 강점으로 작용한다. 2000년 12월 31일까지 가입한 개인 연금저축은 연간 불입금액의 40%까지 소득 공제를 받을 수 있다.

세제 적격 연금저축보험은 2001년 1월 1일 이후 가입한 보험으로, 만 18세 이상의 계약자가 분기마다 300만원 이내의 보험료를 10년 이상 납입해야 하며, 계약 기간 만료 후 만 55세 이상부터 5년 이상 연금을 지급받는 조건이 따른다. 중도해지 시 기타소득세(22%)나 해지가산세를 납부해야 할 수도 있으므로 가입 전 충분한 안내가 필요하다.

마지막으로 보험금과 관련된 상속 및 증여세 문제도 간과할 수 없다. 보험계약자와 수익자가 다른 경우 보험금 지급 시 상속세나 증여세 문제가 발생할 수 있다. 생존보험금 지급 시 배우자는 6억원, 자녀는 5000만원(미성년자는 2000만원)까지 비과세되지만, 이 한도를 초과하면 증여세를 납부해야 한다.

특히 사망보험금의 경우, 보험계약자와 수익자가 다르면 상속세 문제가 발생할 수 있다. 계약자가 피보험자인 보험에서 상속인에게 지급되는 사망보험금은 상속세법에 따라 상속재산으로 간주되어 상속세 과세대상에 포함된다. 그러나 보험료를 납입할 능력이 있는 상속인 중 한 명이 계약자와 수익자로 하여 피상속인의 사망으로 지급받는 보험금은 상속세 과세대상에서 제외된다.

이처럼 보험과 관련된 다양한 세제 혜택을 잘 활용하는 것은 매우 중요하다. 보험 가입 시 보장성과 세제 혜택을 함께 고려하여 현명한 재정 관리를 할 필요가 있다.

44

연금상품을 활용한 노후준비 전략

"불로장생"이라는 말이 있다. 인간의 영원한 욕망을 표현하는 이 말은 오늘날 현대의학의 발전으로 인해 현실에 한 발짝 더 다가섰다. 하지만 장수가 현실이 되면서 그 이면에 도사린 수많은 위험도 함께 따라오고 있다. 노령에 따른 질병 위험, 조기 실직, 빈곤 등은 이제 심각한 사회문제로 대두되고 있다. 따라서 노후준비는 더 이상 선택이 아닌 필수가 되었다.

노후준비는 단순하게 말해, 노후에 사용할 자금을 미리 마련해 두는 것이다. 직장인들은 매월 받는 급여를 통해 목돈을 마련하기 위해 최대한 오래, 많은 금액을 꾸준히 저축해야 한다. 하지만 급여 수준과 소득 기간에는 한계가 있으므로, 무리한 저축보다는 효율적이고 전략적인 저축계획이 필요하다.

현재 금융기관에서는 노후준비를 위한 다양한 상품들이 제공되고 있다. 대표적인 노후준비 금융상품은 연금상품이다. 법적 근로요건을 충족한 근로자는 국민연금에 의무적으로 가입하게 되며, 국민연금은 현 소득의 절반 이하 금액을 노후연금으로 지급한다. 하지만 소득대체율이 점차 낮아지고 있기 때문에 부족분은 개인연금으로 보완하는 것이 바람직하다. 종신연금으로 준비해 두면 장수하는 경우에도 평생 걱정 없는 노후 생활이 가능하다.

연금저축보험은 근로자 및 개인사업자가 계약자이자 피보험자로 가입할 수 있으며, 연간 저축금액의 12%를 세액공제받을 수 있다. 소득 수준에 따라 절세 효과가 다르게 나타나지만, 소득 수준이 높을수록 연금저축의 강점이 크다. 연금저축보험은 여유자금을 추가로 납입할 수 있어 원금을 늘리고 이자수익을 기대할 수 있다. 단, 세액공제형 연금보험은 납입시점에서 공제받는 대신 연금을 받을 때 연금소득세를 내야 한다.

만약 세금 문제가 염려된다면 세제비적격연금보험을 고려하는 것이 좋다. 세제비적격연금보험은 세액공제 혜택은 없지만, 연금을 받을 때 소득세가 면제된다. 10년 이상 유지하면 불어난 이자에 대해서도 세금이 없기 때문에 절세효과가 크다. 이 상품은 은행 금리보다 비교적 높은 금리를 제공하는 공시이율형과 펀드에 투자하는 실적형이 있어 투자 성향에 따라 선택할 수 있다. 특히 사회초년생에게는 장기투자가 가능한 실적형을 활용해 높은 수익률을 기대할 것을 권장한다.

노후준비는 투자 기간에 따른 복리효과로 인해 빨리 시작할수록 유리하다. 특히 보험료 인상이 예정되어 있고, 연금도 점차 감소할 전망이므로 지금이 바로 노후준비를 시작할 최적의 시기다. 보험사에 문의하여 투자 계획에 따른 예상 연금액을 알아보고, 주저하지 말고 전문가의 조언을 구해 현명한 노후준비 전략을 세워야 한다.

45

개인연금 준비는 선택 아닌 '필수'

　은퇴 후 노후대비 생활자금을 마련하기 위해 사람들이 가장 선호하는 금융상품은 무엇일까? '2023년 보험소비자 설문조사'에 따르면, 국민연금이 38.5%로 가장 높은 선호도를 보였다. 그 뒤로는 은행예금이 16%, 퇴직연금이 13%, 보험사 연금보험이 12%를 차지했다. 이는 많은 사람들이 노후 생활자금 마련을 위해 국민연금에 의존하고 있음을 의미한다.

　노후 생활자금 준비 시 고려해야 할 중요한 요소는 크게 두 가지다. 첫째, 정확한 노후기간을 예측할 수 없으므로 종신토록 수령할 수 있는 상품을 선택해야 한다는 점이다. 둘째, 장기간 사용해야 하는 자금이므로 물가상승에 따른 연금액 가치 하락을 고려해야 한다는 점이다.

　국민연금은 이 두 가지 기능을 모두 갖추고 있다. 종신토록 연금을 수령할 수 있으며, 매년 물가상승률을 반영해 연금을 지급한다. 또한, 정부가 보증하는 만큼 그 어떤 금융상품보다 안정성이 높다. 그렇다면 국민연금만으로 노후자금 마련이 충분할까?

이 문제의 해답은 해외의 '공적연금 개혁' 사례에서 찾을 수 있다. 2020년, 프랑스에서는 연금개혁에 반대하는 총파업이 일어났다. 이는 프랑스 정부가 연금재원의 고갈을 막기 위해 연금 수급연령을 65세에서 67세로 연장하는 법안을 발표한 데 대한 반발이었다. 프랑스뿐만 아니라 독일, 영국, 일본 등에서도 공적 연금재원의 고갈을 막기 위해 연금 보험료를 인상하고, 수급연령을 연장하는 등의 조치를 취하고 있다.

한 국가의 고령화 정도는 65세 이상 인구가 전체 인구에서 차지하는 비율로 나타난다. 65세 인구가 전체 인구 대비 7% 이상이면 '고령화사회', 14% 이상이면 '고령사회', 20% 이상이면 '초고령사회'로 분류된다. 프랑스는 '고령화사회'에서 '초고령사회'로 진입하는 데 약 100년이 소요될 것으로 예상된다. 반면, 우리나라는 단 26년 만에 '초고령사회'로 진입할 것으로 전망된다. 이는 세계에서 유례를 찾아볼 수 없을 정도로 빠른 속도다.

고령화 속도가 우리나라의 4분의 1 수준인 프랑스도 공적연금의 변동성으로 사회 혼란을 겪고 있는 지금, 우리나라의 공적연금은 얼마나 신뢰할 수 있을까? 만약 예정된 연령에 국민연금을 수령하지 못하게 된다면 어떤 대안을 갖고 있는가?

노후자금 준비를 잘하고 있는 선진국들의 경우, 개인연금 가입 비율이 높다. 독일과 미국의 개인연금 가입 비율은 53~64%, 일본은 67%인 반면, 우리나라는 전체 인구 대비 15% 수준에 불과하다. 국민연금의 장점인 '종신수령'과 '물가상승률에 따른 연금액 상승' 기능에 더해 개인연금을 추가로 준비한다면 국민연금 수급연령 등의 변동성에 보다 안정적으로 대비할 수 있다.

결론적으로, 개인연금 준비는 선택이 아닌 필수다. 안정적인 노후를 위해 지금부터 개인연금 준비에 대한 관심과 준비가 필요하다.

46

'국민보험' 제대로 알고 가입하자

최근 '국민'이라는 수식어가 대중에게 인기가 많은 대상에 붙여지는 현상이 눈에 띈다. 예를 들어, 인기 코미디 프로그램의 강아지 인형은 국민 애완견, 올림픽에서 좋은 성적을 거둔 선수는 국민 동생, 예능 프로그램에서 활약한 음악인은 국민 할매로 불리기도 한다. 이처럼 사람뿐만 아니라 자동차, 휴대전화, 과자 등 여러 제품과 서비스에 '국민'이라는 수식어가 붙고 있다.

이런 흐름 속에서 대중성이 높기 어려운 금융상품 중에서도 '국민보험'이라 불리는 보험이 있다. 바로 의료실비보험이다. 의료실비보험은 진료비, 수술비, 약제비 등 본인이 지출한 의료비의 최대 90%를 돌려받는 보험으로, 흔히 실손보험이라고도 한다.

의료실비보험은 감기 같은 작은 질병부터 암, 치매, 성인질병까지 폭넓게 보장한다. 국민건강보험(의료보험)에서 보장하지 않는

내시경, 특수검사, 자기공명영상(MRI) 등 고가의 검사비도 보장하기 때문에 인기가 높다. 금융위원회에 따르면 2023년 3월 기준 2,564만 명이 가입했고, 매년 300만 명씩 가입자가 증가하는 등 국민보험의 인기를 입증하고 있다.

그러나 국민보험이라고 해도 꼼꼼히 살펴봐야 할 점이 있다. 첫째, 보장범위를 확인해야 한다. 의료실비보험은 폭넓게 보장하지만 임신, 출산, 비만, 비뇨기계 장애, 미용목적의 성형수술, 보신용 약제비 등은 보장하지 않는다. 보장내용은 보험사마다 다르기 때문에 가입 전 반드시 보장하지 않는 항목을 확인해야 한다.

둘째, 보험료 부분을 고려해야 한다. 실손보험은 의무적으로 부가된 사망보장에 가입하고 특약으로 실손보장을 선택해야 한다. 사망보장을 크게 설정할수록 보험료도 비싸진다. 다른 종신보험 등으로 사망보장이 충분하다면 사망보장을 최소한으로 설정하는 것이 효율적이다. 가입 목적이 의료비 보장인지 전체적인 보장인지 판단하고 적정한 보장금액을 설정해야 한다. 실손보험의 특약보험료는 갱신형과 비갱신형이 있다. 갱신형은 가입 시 보험료가 저렴하지만, 3년마다 보험료를 재산정해 인상될 수 있다는 점을 유의해야 한다. 보험료가 오르지 않는 비갱신형 특약이 있는지 확인하고 가입하는 것이 좋다.

끝으로, 중복가입 여부를 반드시 살펴봐야 한다. 실손보험은 실제 지출한 의료비를 보장하는 보험이므로 여러 개의 실손보험에 가입해도 보장받는 금액은 동일하다. 즉, 중복으로 가입하면 보험료만 이중으로 내는 셈이 된다. 이미 가입한 실손보험(특약)이 있는지 확인하는 것이 중요하다.

의료비는 나이가 들수록 더 많이 지출되기 때문에 보험료는 어릴수록 저렴하다. 또한, 금융위가 발표한 '실손의료보험 종합개선 대책' 중 일부는 가입자에게 불리하게 작용할 전망이다. 입원비 보장한도가 90%에서 80%로 줄어들고, 보험료 갱신주기도 3년에서 1년 단위로 변경되었다. 따라서 아직 가입하지 않았거나 가입할 계획이라면 서둘러 가입하는 것이 좋겠다. 마지막으로, 낸 보험료는 연 100만원 한도로 소득공제 혜택도 있으니 '보장'과 '공제'라는 두 마리 토끼를 잡는 것은 어떨까?

47

경제위기와 '재무설계' 운용의 유효성

　"그때를 아시나요" 영화 제목이 아니다. 2012년 9월 11일, 한국은 국내 최초로 30년 만기 국채를 발행했다. 국채란 정부가 자금을 조달하기 위해 발행하는 채권으로, 일정 기간 동안 이자를 지급하고 만기 시 원금을 상환하는 증서다. 이번에 발행된 30년 만기 국채는 매년 약 3%의 고정된 이자를 지급하며, 30년 뒤에 원금을 돌려주는 조건이다. 이 국채는 발행 직후 며칠 만에 모두 판매될 정도로 큰 인기를 끌었다. 이러한 현상을 통해 두 가지 중요한 사실을 확인할 수 있다.

　첫째, 우리나라에 대한 신뢰도가 매우 높다는 점이다. 30년 만기 국채는 장기적으로 자금을 맡길 수 있을 정도로 발행 주체에 대한 신뢰가 필요하다. 세계적으로 30년 만기 국채를 발행한 국가는 22개국에 불과한데, 한국이 23번째로 이 명단에 이름을 올린 것은 상당한 의미가 있다. 이는 한국 경제의 안정성과 신뢰도가 국제적으로 인정받고 있음을 보여준다.

둘째, 현재의 저성장·저금리 기조를 반영한다는 점이다. 2023년 7월 현재, 우리나라 제1금융권의 1년 만기 정기예금 금리는 연 2.5% 수준이다. 30년 만기 국채의 금리와 큰 차이가 없다. 그럼에도 불구하고 많은 투자자들이 30년 만기 국채에 몰리는 이유는 무엇일까? 이는 많은 사람들이 장기적으로 금리가 더 떨어질 가능성이 크다고 판단하기 때문이다. 현재 1년 만기 정기예금 금리가 연 2.5%지만, 앞으로는 더 낮아질 것으로 예상하기 때문에 30년 동안 연 3%의 확정 금리를 제공하는 30년 만기 국채를 선호하는 것이다.

우리나라에 대한 신뢰도가 높아진 것은 긍정적인 소식이지만, 저성장·저금리 기조는 환영하기 어렵다. 한국 부모들은 자녀의 교육과 결혼 자금에 대한 관심과 투자가 매우 높은 편이다. 그러나 이런 상황에서 한정된 자금으로 노후 생활 등의 목적 자금을 준비하는 일은 쉽지 않다.

재무설계에서는 목적 자금별 설계가 중요한데, 이는 크게 세 가지 요소에 영향을 받는다. 첫째는 정기적으로 적립하는 금액, 둘째는 운용수익률, 셋째는 투자 기간이다. 매달 적립하는 금액이 크고 운용수익률이 높으면 짧은 시간 내에 목적 자금을 마련할 수 있다. 그러나 대부분의 사람들은 소비와 소득 수준이 고정되어 있어 적립 금액을 크게 늘리기 어렵다. 또한 저성장·저금리 기조에서는 높은 운용수익률을 기대하기 어렵다.

그렇다면 해결책은 무엇일까? 바로 투자 기간을 조절하는 것이다. 예를 들어, 1억원을 1년 안에 모으는 것은 어렵지만, 5년 안에 모으는 것은 상대적으로 쉽다. 고성장·고금리 시기에는 운용수익률에 집중하는 재테크 방식이 유효했지만, 저성장·저금리 시기에는 투자 기간에 집중하는 재무설계 방식이 효과적이다.

재무설계의 핵심은 투자 기간에 있으며, 이 투자 기간의 핵심은 재무 목표 설정에 있다. 결혼 자금, 주택 자금, 자녀교육 자금, 노후자금 등 앞으로 필요한 재무 목표를 설정하고, 이를 위해 하루빨리 준비하는 것이 중요하다. 고성장·고금리 시대의 관념에서 벗어나, 현재의 경제 환경에 맞춘 재무설계를 통해 목표를 차근차근 달성하는 지혜가 필요하다. 이제는 무계획적으로 생활하는 것을 멈추고, 체계적인 재무설계를 통해 미래를 대비해야 할 때다.

48

효과적인 펀드 투자 전략

최근 펀드 투자에서는 금융시장의 불확실성을 극복하고 지속 가능한 수익을 추구하기 위해 여러 전략이 중요시되고 있다. 이를 위해 몇 가지 핵심 전략을 자세히 살펴보겠다.

첫째로, 적립식 투자와 장기투자가 주목받고 있다. 주식시장의 변동성을 고려할 때, 월 정액으로 투자를 계속하며 시장이 하락할 때 추가 매입을 통해 평균 매입 단가를 낮추는 전략이 효과적이다. 이는 투자자가 장기적인 시장 성장을 반영하고 원금을 보호할 수 있도록 도와준다. 특히 투자 기간을 최소 3년 이상 유지하면 단기적인 변동성을 넘어서는 데 도움이 된다.

둘째로, 개인의 투자 성향을 정확히 파악하고 그에 맞는 포트폴리오를 구성하는 것이 핵심이다. 각자의 위험 수준과 수익 목표를 고려하여 주식과 채권 비율을 조정하며, 최근에는 환경, 사회, 지배구조, ESG(Environment Social Governance) 기준을 반영한 투자도 더욱 중요시되고 있다. 이러한 가치를 고려한 투자는 투자자의 관심과 필요를 충족시킬 수 있다.

셋째로, 투자 포트폴리오의 사후 관리와 리밸런싱은 지속적인 성공을 위해 필수적이다. 초기에 설정한 투자 비율을 유지하고 정기적으로 재조정함으로써 시장 변동에 따른 리스크를 줄이고 안정적인 수익을 추구할 수 있다. 또한, 펀드의 운용 상태나 투자 전략의 변경 사항을 지속적으로 모니터링하고 필요시 조정하는 것이 중요하다.

마지막으로, 금융시장의 주요 변수(예: 금리 변동)를 신속하게 반영하고 적절히 대응하는 것이 중요하다. 시장 분석을 통해 투자 전략을 최적화하며, 기술적 분석과 기본적 분석을 통해 신중하게 투자 결정을 내리는 것이 투자 성공의 열쇠이다.

이러한 전략들은 최근 금융시장의 동향과 투자자들의 요구를 반영하며, 안정적인 수익을 추구하고자 하는 투자자들에게 큰 도움이 된다. 개인의 금융 목표와 투자 계획을 명확히 하고, 전략적 접근을 통해 지속적인 성장을 이루는 데 중요한 역할을 한다.

49

바람직한 펀드 선택 방법

펀드 투자는 개인의 재무 상태와 투자 목표에 따라 달라진다. 수많은 펀드 중에서 자신에게 맞는 펀드를 선택하는 방법과 평가 기준에 대해 알아보자.

먼저, 자신의 재무 상태를 철저히 점검해야 한다. 수입과 지출을 따져보고 투자 가능한 자금의 규모를 파악하는 것이 선행돼야 한다. 빚을 내서 투자하는 것은 가급적 자제해야 한다. 빚으로 투자할 경우 투자 심리가 조급해지고, 단기적으로 큰 수익을 벌어들이기 위해 큰 위험을 감수하게 될 수 있기 때문이다.

다음으로, 투자 자금의 목적과 기간을 명확히 해야 한다. 예를 들어, 단기적으로 여유 자금을 굴리는 것인지, 10년 후 주택 마련 자금으로 사용할 것인지, 아니면 노후 대비가 목적인지를 확인해야 한다. 이를 통해 투자 기간과 목표 수익률을 설정할 수 있다.

투자자의 성향을 파악하는 것도 중요하다. 기대하는 투자 수익률과 감수할 수 있는 투자 위험 수준을 확인해야 한다. 이를 위해 투자자 정보 확인서를 활용할 수 있지만, 상황을 단순화시킨 측면이 있다는 점도 고려해야 한다.

자신의 재무 상태와 투자 성향을 기반으로 펀드 유형을 결정해야 한다. 주식형, 혼합형, 채권형 등 다양한 유형 중에서 선택할 수 있다. 투자 성향과 기간에 따라 여러 유형의 펀드에 분산 투자하는 것도 한 방법이다. 펀드의 투자 전략과 투자 대상을 확인하고, 펀드의 비용과 과거 운용 성과 등을 꼼꼼히 검토하는 것이 중요하다.

펀드를 선택한 후에는 펀드를 판매하는 회사를 선정해야 한다. 자산 운용 결과는 자산 운용사에 달려 있지만, 서비스가 좋은 판매회사를 선택하는 것이 바람직하다. 좋은 서비스는 펀드에 대한 충분한 설명과 투자자의 궁금증을 성실하게 해결해 주는 것이다.

펀드를 선택할 때는 수익지표와 위험지표를 함께 고려해야 한다. 펀드의 운용 성과는 벤치마크(benchmark)와 비교해 평가되는데, 벤치마크는 펀드의 투자 성과를 측정하기 위해 미리 정한 기준 지수를 말한다. 예를 들어, 국내 주식형 펀드는 코스피(KOSPI), 배당주 펀드는 배당지수(KODI), 채권형 펀드는 채권지수(3년 만기 국고채 수익률)를 기준으로 삼는다.

그러나 펀드를 평가할 때 수익률만 고려해서는 안 된다. 펀드의 위험도 중요한 평가 기준이라는 점을 잊어서는 안 된다. 표준편차는 펀드의 위험을 측정할 때 가장 많이 쓰이는 지표로, 수익률의 변동폭이 큰지 작은지를 숫자로 나타낸다. 수익률이 동일하다면 변동폭이 작은 펀드가 안정적이다. 베타계수도 표준편차와 더불어 대표적인 위험 지표로, 시장 수익률에 대해 펀드가 얼마나 민감하게 반응하는지를 수치로 나타낸다.

펀드를 평가할 때는 수익률과 위험을 동시에 고려하는 것이 중요하다. 수익률과 위험을 동시에 고려하는 위험조정 성과 지표를 활용하면, 벤치마크에 비해 높은 수익을 꾸준히 기록하는 펀드, 수익률이 유사할 경우 표준편차가 낮은 펀드, 위험조정 수익률(샤프지수, 젠센알파, 정보비율 등)이 높은 펀드를 선택할 수 있다.

펀드의 수익지표와 위험지표는 과거 데이터를 근간으로 산출된 것이기 때문에 앞으로의 성과를 예측한다고 보기는 어렵다. 그러나 상승장과 하락장에서 장기적으로 꾸준히 양호한 성과를 유지한 펀드가 선호되는 것은 사실이다. 우리나라에 설정된 펀드 수가 1만 개를 넘는 상황에서 펀드 선택의 폭은 다양해졌지만, 펀드 선별은 더 어려워졌다고 할 수 있다.

개별 펀드 선택의 기준으로는 과거 운용 성과 외에도 펀드운용 전략, 지속적인 자금 유입 여부, 펀드 보수 등이 있다. 펀드가 어떤 전략을 가지고 운용되는지를 확인하는 것이 중요하다. 주식 편입 비율, 업종별 분포, 종목 수 등의 정보를 숙지하면 시장 상황에 따른 펀드의 수익률 방향을 예측하는 데 도움이 될 수 있다.

펀드로 자금이 지속적으로 유입되는지 확인하는 것도 필요하다. 자금이 꾸준하게 유입되면 긍정적이지만, 자금이 계속 줄어들면 위험 신호로 볼 수 있다. 펀드 보수가 적정한지도 점검해야 한다. 펀드 스타일과 성과가 비슷하다면, 보수가 낮은 펀드를 선택하는 것이 수익을 높이는 방법이다.

　펀드 투자설명서는 펀드의 운용 전략, 투자 대상, 투자 위험 등 중요한 내용을 담고 있다. 투자설명서를 꼼꼼히 읽고 펀드의 개요, 관련 회사, 투자 전략과 위험, 수수료와 세금, 환매 등 필수 정보를 확인해야 한다. 투자설명서를 통해 펀드에 대한 전반적인 이해를 돕고, 이를 바탕으로 현명한 투자 결정을 내릴 수 있다.

　펀드 선택은 투자자의 재무 상태, 투자 목표, 투자 성향을 고려하여 신중하게 이루어져야 한다. 위의 방법과 요령을 참고하여 자신에게 맞는 펀드를 선택해 성공적인 투자를 실현하시기 바란다.

50

부자가 되는 첫 번째 비결 '지출관리'

인터넷에서 '부자'라는 단어를 검색하면 수천 건의 책이 등장한다. 이는 돈과 부의 관심이 얼마나 높은지를 보여주는 지표이다. 그중에서도 미국의 연구자 토머스 J. 스탠리는 백만장자들에 대한 연구를 통해 부자가 되는 비결을 밝혀냈다. 그의 연구 결과에 따르면, 부자가 되는 핵심은 바로 효율적인 지출관리, 즉 절약이라고 할 수 있다.

평범한 생활 속에서 절약하는 것이 부자가 되는 첫 번째 비결이다. 대다수의 백만장자들은 고급 브랜드의 옷을 입고 비싼 차량을 타며 고급 음식을 먹는다고 생각할 수 있지만, 사실 그들은 상대적으로 저렴한 옷을 입고 중고차를 타며 간단한 식사를 선호하는 사람이 많다. 예를 들어, 워런 버핏처럼 미국의 투자자들 중 하나는 매우 저렴한 옷을 입고 있는 것으로 알려져 있다. 그는 과소비를 피하고, 저축을 증가시키기 위해 주요 원칙으로 지출을 관리하고 있다.

소비에 있어서 우리는 종종 광고나 사회적 기대에 영향을 받는다. 우리는 명품 브랜드나 해외여행과 같은 것들이 성공과 품위의 상징이라고 생각하기 쉽다. 하지만 이러한 소비는 종종 지출을 초래하며 재정 건강을 해치는 요소가 될 수 있다.

따라서 지출관리는 단순히 돈을 아끼는 것 이상의 중요성을 가지고 있다. 실제로 효과적인 지출관리는 계획적이고 체계적인 소비 패턴을 만들어내며, 이는 장기적인 재정 건강을 유지하고 증진시킬 수 있다. 예를 들어, 매달 정해진 예산을 세우고 가계부를 작성함으로써 우리는 어떤 지출이 불필요한지를 파악하고 효과적으로 관리할 수 있다. 이는 보다 적은 돈으로, 보다 많은 가치를 창출하는 데에 중요한 역할을 한다.

결론적으로, 지출관리는 단순한 절약 이상의 의미를 가지고 있다. 그것은 당신이 미래를 위해 더 나은 재정적 결정을 내리는 데 도움을 줄 수 있다. 과거의 소비 패턴을 돌아보고 현재의 소비 습관이 미래의 재정 건강에 어떤 영향을 미칠 수 있는지 고민해 보라. 지금 당장 지출관리를 시작하여 미래에 대한 불안감을 줄이고 더 나은 금융 상황을 만들어 나가는 것이 중요하다.

51

건강한 노후를 위한 보장성 보험 준비

　최근 몇십 년간, 우리 사회는 급속히 고령화가 진행되고 있다. 이로 인해 평균수명은 계속해서 증가하고 있으며, 이는 우리가 더 긴 건강한 노후를 계획하고 준비해야 함을 의미한다. 그러나 평균수명 이상으로 중요한 것은 건강수명이다. 건강수명이란 질병이나 부상으로 인해 활동하지 못하는 기간을 제외한 기간을 의미하며, 이는 개인의 생활 질을 결정짓는 중요한 요소이다.

　우리나라의 평균수명은 83세로, 이는 세계적으로 보면 상당히 높은 편에 속한다. 그러나 건강수명은 73세에 그쳐 평균수명보다 10년가량 짧다(WHO, 2024). 이는 많은 사람들이 노화와 질병으로부터 비교적 긴 시간 동안 영향을 받는 현실을 반영한다.

　이러한 노후 생활을 준비하기 위해 필수적인 것은 바로 보장성 보험상품의 준비이다. 보장성 보험상품은 단순히 보장기간과 보장내용으로만 이야기되지 않는다. 가장 중요한 것은 개인의 건강 상태와 라이프스타일에 맞추어 효과적으로 선택하는 것이다.

첫째로, 보장기간을 고려해야 한다. 오래 살지만 건강한 기간을 더 늘리기 위해서는 보장기간이 평균수명보다 길어야 한다. 과거에는 보험상품의 보장기간이 60세에서 80세 정도로 제한되어 있었지만, 최근에는 100세까지 보장하는 상품도 나오고 있다. 따라서 보험 가입 시 보장기간을 신중히 검토하여야 한다.

둘째로, 보장내용이 중요하다. 특히 실손보험상품을 고려해야 한다. 실손보험은 질병의 종류와 상관없이 실제로 발생한 치료비를 보장해주며, 이는 매우 중요한 보장형태이다. 또한, 주요 사망 원인인 암, 뇌혈관질환, 심장질환 등에 대한 진단비용을 추가적으로 보장하는 것도 고려해야 한다. 이를 통해 급격한 의료비 부담으로부터 보호받을 수 있다. 보험 가입 시 월 소득을 기준으로 적정한 보장내용을 선택하는 것이 중요하다.

셋째로는 생명보험 상품과 손해보험 상품을 적절히 조합하는 것이다. 각 보험상품은 보장내용에 차이가 있기 때문에 한 가지 보험에만 의존하지 않고 두 가지 상품을 조합하여 가입하는 것이 바람직하다. 예를 들어, 뇌졸중과 같은 질병의 경우 생명보험 상품에서는 보장되지 않을 수 있지만, 손해보험 상품에서는 보장될 수 있다. 이러한 조합은 보다 완벽한 보호를 제공할 수 있다.

최근의 보험 시장 동향을 살펴보면, 보험상품의 납입보험료 대비 보장내용이 적절하지 않은 경우가 많다. 특히 나이가 들어가면서 새로운 보험상품에 가입하기 어려워지고, 가능하더라도 납입보험료가 높아지는 경우가 많아지는 실정이다. 따라서 어릴 때부터 신중하게 보장성 보험상품을 선택하고 가입하는 것이 중요하다.

마지막으로, 건강수명을 늘리기 위해서는 미리 건강관리를 철저히 해야 한다. 건강한 생활 습관과 정기적인 건강검진은 보장성 보험상품 이상의 가치를 제공할 수 있다. 그렇지만 예상치 못한 질병이나 사고로 인해 건강수명과 평균수명 사이의 시간이 길어질 수 있다는 점을 고려하여 보장성 보험상품에 가입해 두는 것이 노후준비의 필수 요소임을 명심해야 한다.

결론적으로, 보장성 보험상품은 단순한 금전적인 보호를 넘어서 개인의 건강과 생활 질을 지원하는 중요한 도구이다. 평균수명 이상의 건강한 노후를 계획하기 위해 보장성 보험상품의 선택과 가입이 반드시 필요하다.

52

매쉬 메리골드와 재무설계

이 글을 쓰고 있는 요즘은 더운 여름이 계속되고 있다. 어느 덧 봄이 지나가고, 자연은 연두색의 신록으로 변해가고 있다. 산에는 새 잎들이 지천을 따라 피어나며, 진달래와 철쭉, 개나리는 서로 경쟁하듯이 아름다운 꽃들을 피우고 있다. 길가에서는 넝쿨 속에서 라일락의 향기가 느껴진다. 자연은 우리에게 언제나 새로운 기대를 안겨주며, 그 속에서 우리는 인생의 변화와 희망을 찾게 된다.

이 자연의 아름다움 속에서 꽃 이야기가 나왔으니, 꽃말에 대해서도 이야기해 보고자 한다. 많은 이들은 어릴 적에 꽃말에 대해 서로 물었던 기억이 있을 것이다. 장미는 사랑을, 민들레는 이별을, 진달래는 첫사랑을, 라일락은 우정을 상징한다는 등의 꽃말이 익숙하다. 지금은 제가 가장 좋아하는 꽃의 꽃말을 알려드리려고 한다. 그 꽃은 바로 '매쉬 메리골드(Mash Marigold)'이다.

매쉬 메리골드는 봄이 시작될 무렵, 숲이나 늪에서 진한 노란색의 꽃을 피우는데, 이 꽃은 금잔화와 비슷한 모습으로 우리에게 익숙하다. 특히 이 꽃의 특별한 점은 그 꽃말이다. '반드시 오고야 말 행복'이라는 의미를 지니고 있다. 지금은 힘든 시기이지만, 미래에는 반드시 행복이 찾아올 것이라는 믿음을 담고 있다. 이 꽃말은 어떤 어려움이든 이겨내고, 더 나은 미래를 향해 나아가기를 의미한다.

현재 우리 사회에서는 경제적 문제로 인해 많은 사람들이 고통을 겪고 있는 사람들이 많다. 특히 경제적으로 힘든 상황에서는 '왜 나만 이런 고통을 받아야 하지?'라는 생각이 들기 마련이다. 그러나 이럴 때 우리는 단호하게 결심하고, 미래를 위한 준비를 시작해야 한다. 그중에서도 재무설계는 매우 중요한 역할을 한다.

재무설계는 우리가 현재의 경제적 상황을 평가하고, 미래를 위한 준비를 계획하는 과정이다. 저축과 투자를 통해 우리는 미래의 경제적 안정을 확보할 수 있고, 이는 결국 '반드시 오고야 말 행복'을 이루는 한 단계가 된다.

매쉬 메리골드의 꽃말은 우리에게 끊임없는 희망을 전한다. 어떤 어려움이든, 우리는 그것을 극복하고 더 나은 미래를 향해 나아갈 수 있다. 현재의 어려움을 이겨내기 위해 우리는 지금부터 행동을 취하고, 재정적인 안정을 위해 노력해야 한다. 이 모든 노력은 '반드시 오고야 말 행복'을 실현하기 위한 준비라고 할 수 있다.

그러므로 우리는 매쉬 메리골드처럼 현재의 어려움을 이겨내

고, 미래의 밝은 희망을 위해 준비하는 시간을 소중히 여겨야 한
다. 재무설계를 통해 우리의 미래를 계획하고, 힘든 시기를 극복
해 나가는 것이 우리의 목표이다. 바로 이러한 준비가 우리에게
'반드시 오고야 말 행복'을 선사할 것이기 때문이다.

53

상속세를 준비하는 현명한 부자

　평생 모은 재산은 사람마다 생명처럼 소중하게 여길 수 있다. 그러나 상속 시점에 많은 재산이 세금으로 징수된다면 억울할 수밖에 없다. 그래서 부자일수록 상속과 증여에 관심을 가지게 된다.

　상속과 증여는 재산을 가족이나 제3자에게 무상으로 이전하는 중요한 행위이다. 이는 단순히 재산 이전만을 의미하는 것이 아니라, 자신의 꿈과 희망도 함께 넘겨주는 행위이다. 갑작스러운 위험에 대비하는 방법 중 하나로 보험을 활용할 수 있다.

　보험설계는 가족에게 닥칠 수 있는 위험을 대비할 수 있는 유용한 수단이 된다. 상속과 증여는 실물재산의 이전이라는 측면에서 많은 이해관계가 발생할 수 있으므로 법적 요건을 철저히 준수해야 한다. 또한, 무상으로 부를 이전할 때 다른 소득에 비해 세금이 훨씬 더 많이 발생한다.

다음 사례는 보험을 활용한 상속설계의 한 예로서, 재무설계사의 차별성을 보여주는 좋은 사례라고 할 수 있다.

■ 홍길동 원장(45세)의 재산내역
 - 재산내역: 개인병원 상가 5억, 아파트 14억, 예금 1억
 - 가족사항: 노모, 배우자, 자녀 2명(15세, 10세)

홍길동 원장님은 나이가 들어가면서 주변 지인의 부음을 접할 때마다 남의 일 같지 않다고 느끼게 되었다. 세무사 친구와 사후 문제를 이야기하던 중, 유족들이 상속세를 낼 현금이 부족할 수 있다는 설명을 듣고 고민에 빠졌다.

현재 상황에서 상속이 개시되면 총재산 21억에 대한 상속세는 1억 4,250만원이 발생한다. 예금이 1억원이므로 상속세 납부에 4,250만원이 부족하게 된다. 만약 고액 사망보험금(5억원)을 지급하는 종신보험에 가입하였다면, 보험금도 상속재산에 포함되어 상속세는 약 1억 9,821만원이 발생한다. 예금 1억원과 보험금 5억원을 합하면 6억원의 재원이 마련되므로, 상속세를 납부하고도 4억원 이상이 남게 된다.

그러나 당장 상속이 개시되는 것이 아니기 때문에 실제로는 20년(65세) 또는 40년(85세) 뒤의 예상 상속세를 계산하고 준비하는 것이 현실적이다. 재산의 가치는 일정한 예상수익률을 가정하면 계속 증가하게 된다. 따라서 현재 20억원대인 재산이 50억원, 100억원 이상으로 불어날 경우, 엄청난 상속세가 부과된다.

상속세는 엄청난 재산을 가진 부자들만의 이야기가 아니다. 오랫동안 과세표준과 세율이 변경되지 않은 상황에서 화폐 가치

가 하락하여 상속세 납부 대상자는 점점 늘어나는 것이 현실이다. 재산 규모와 예상 상속세 증가액에 맞추어 적절한 보험 계획을 세워야 한다. 이를 위해 필요한 것이 자산관리이며, 이 일은 일반적으로 재무설계사가 담당한다. 훌륭한 재무설계사는 인생의 훌륭한 파트너가 될 수 있다.

54

미분양 아파트 기회인가, 위험인가?

미분양 아파트는 부동산 시장의 특정 상황에서 나타나는 선택지일 수 있다. 이러한 아파트는 일반적으로 일정 시간 동안 구매자로부터 외면을 받았거나, 입지나 가격 등 여러 요인으로 인해 시장에서 판매되지 못한 경우가 많다. 미분양 아파트를 고려할 때 주의해야 할 점들을 살펴보겠다.

첫째, 미분양된 이유를 파악하라

미분양 아파트가 왜 남아 있는지, 그 이유를 꼼꼼히 조사해야 한다. 입지나 교통여건의 불리함, 물건 자체의 문제, 또는 고분양가로 인해 구매자가 없는 경우 등이 있을 수 있다. 주변에 혐오시설이나 교통 불편 등이 있으면 장기적인 가치 상승 가능성이 낮을 수 있다.

둘째, 정확한 시세 파악이 필요하다

미분양 아파트는 과도한 토지 비용이나 건설업체의 마진 등으로 인해 비싼 분양가에 노출될 수 있다. 중도금 이자 후불제나 무이자 제도 등의 금융 혜택을 제공하면서도 실제 분양원가가 높을 수 있다. 주변 시세와 비교하여 적정 가격을 판단하는 것이 중요하다.

셋째, 현장 답사를 통한 하자 점검

미분양 아파트를 선택하기 전에는 반드시 현장을 방문하여 상태를 면밀히 점검해야 한다. 브랜드 인지도, 단지 규모, 입지 여건, 평형, 층, 향뿐만 아니라 경사도, 옹벽, 조망권, 일조권, 주차장 등의 하자 여부를 체크하는 것이 중요하다.

넷째, 과도한 판촉 활동에 눈멀지 말라

건설업체는 미분양 아파트 해소를 위해 고가의 경품을 제공하거나 개발 호재를 부풀려 홍보할 수 있다. 하지만 이러한 혜택에 현혹되어 적정 판단을 하지 못할 수 있다. 과도한 판촉 활동에는 경계할 필요가 있다.

다섯째, 오랫동안 미분양 상태인지 확인하라

미분양 상태가 오래될 경우 그 이유를 꼼꼼히 조사해야 한다. 초기 분양률이 저조하거나 잔여 가구가 많은 경우는 매우 신중하게 접근해야 한다. 이는 향후 거래나 가치 상승 가능성에 부정적인 영향을 미칠 수 있다.

　미분양 아파트는 잘 선택하면 좋은 기회가 될 수 있지만, 신중하지 않으면 큰 리스크를 안고 있는 선택일 수 있다. 따라서 여러 가지 요소를 면밀히 검토하고 전문가의 조언을 듣는 것이 중요하다.

55

대출로 내 집 마련··· 이것만은 기억하자

내 집 마련을 위해 은행 대출을 고려하는 경우, 몇 가지 중요한 점을 기억해야 한다. 다음은 대출을 고려할 때 주의해야 할 사항들이다.

첫째, 주거래 은행에서 대출 가능 여부 확인

주택담보대출을 받기 위해 먼저 자신이 선택한 은행에서 실제로 대출을 받을 수 있는지를 확인해야 한다. 특히 서울 및 수도권에서는 주택담보대출이 까다로울 수 있으므로, 자신의 소득과 상환 능력을 기반으로 실제로 필요한 금액을 빌릴 수 있는지를 정확히 파악해야 한다.

둘째, 적합한 대출 상품 선택

시중 은행의 일반 주택담보대출과 한국주택금융공사 모기지론 등 다양한 대출 상품 중에서 자신에게 가장 적합한 상품을 선택해야 한다. 단기적으로 이자만 지불하는 대출인지, 장기적으로 원리금 균등 상환 방식인지를 반드시 고려해야 한다.

셋째, 상환 방식과 거치 기간 확인

대출 상품에 따라 상환 방식이 다를 수 있으며, 이에 따라 매월 갚아야 할 금액이나 초기에 부담할 수 있는 상환금이 달라질 수 있다. 또한 거치 기간 동안 이자만을 지불하고 원금 상환을 연기할 수 있는 부분도 중요한 결정 요소라고 하겠다.

넷째, 부대 조건과 추가 비용 확인

대출 신청 시 발생할 수 있는 근저당권 설정비용, 인지세 등 추가 비용에 대한 이해가 필요하다. 또한 중도 상환 시 부과되는 중도 상환 수수료도 반드시 확인해야 한다. 중도 상환 수수료가 높으면 낮은 이자율에도 불구하고 실제로 지불해야 할 금액이 증가할 수 있다.

다섯째, 소득공제 가능 여부 확인

대출금의 일부는 소득공제를 받을 수 있는 경우가 있으므로, 직장인인 경우에는 이에 대한 혜택 여부를 꼭 확인하는 것이 좋다. 연말정산 시 소득공제를 통해 추가 환급금을 받을 수 있기 때문에 이를 고려하여 대출 상환 계획을 세우는 것이 필요하다.

　이상의 사항들을 고려하여 대출을 신청하고 나면, 장기적인 재정 계획과 함께 자신의 경제 상황을 잘 파악하고 관리하는 것이 중요하다. 이는 잠재적인 금융 리스크를 줄이고, 내 집 마련의 안정성을 확보하는 데 도움이 될 것이다.

56

부동산 매매 시… 이것만은 기억하자

부동산은 덩치가 큰 재산이다. 자칫하면 복잡한 법률관계에 휘말리게 되어 막대한 금전적·정신적인 피해를 볼 수도 있다. 하지만 크게 걱정할 필요는 없다. 어떤 일이든지 기본적인 사항만 잘 지키면 나중이 탈이 날 일이 없기 때문이다.

부동산을 사고팔 때도 마찬가지다. '부동산 계약의 당사자는 바로 나'라는 생각을 하고 꼼꼼하게 계약 전반을 챙기는 수고가 필요하다. 부동산 매매계약을 할 때 꼭 지켜야 할 사항은 다음과 같다.

첫째, 계약은 본인이 직접 한다.

계약할 때 특별한 경우를 제외하고선 본인이 직접 계약 당사자를 만나서 계약하는 것이 좋다. 계약서에 서명날인(署名捺印)할

때에도 주변 사람들의 말만 듣지 말고 본인이 직접 계약내용을
정확히 파악해야 한다.

둘째, 대금을 주고받는 것도 직접 챙긴다.

매매대금은 계약금과 잔금을 나눠 지불하도록 한다. 계약금은
계약 당일에, 잔금은 계약 1개월 후에 전달하는 것이 업계 관행이
다. 계약부터 잔금시점까지 기간이 1개월을 넘으면 중도금을 주
는 경우도 있다. 계약기간(契約期間)과 대금지급일(貸金支給日)은 당
사자가 자유롭게 정한다.

셋째, 이전서류는 직접 인장을 날인한다.

소유권 이전등기 서류에는 등기권리증(登記權利證)·인감증명
(印鑑證明)·매도증서(賣渡證書)·위임장(委任狀)·가족관계증명서
(家族關係證明書) 등이 있다. 인감도장을 남에게 맡기거나 백지위임
장·인감증명서 등을 남발하는 것은 삼가야 한다.

넷째, 특약사항은 내용을 분명히 해야 한다.

특약사항은 계약당사자가 계약내용 이외의 약정을 하고 싶을
때 계약서 마지막 부분에 표기(表記)하는 것을 말한다. 간혹 이러
한 특약사항이 전반적인 계약내용과 배치되는 상황이 발생하기
도 한다. 따라서 문구 등을 선정할 때 오해의 소지가 생기지 않도
록 정확한 표현을 써야 한다.

다섯째, 임대차 계약승계를 확인한다.

임대차 계약을 할 때 명도조건(明渡條件)과 함께 매수인, 현 임차인 간의 계약승계 사항을 필히 포함시켜야 한다. 더불어 '매도 후 임대차 재계약, 임차계약 해지 등과 관련해 임차인과 분쟁이 발생할 경우 '모든 책임은 매수인에게 있고 매도인에게 그 책임을 묻지 않는다'는 조항을 넣어두는 것이 좋다.

여섯째, 세금 납부시점 등을 잘 살핀다.

조세공과(租稅公課) 등의 부담은 거래대금의 완결일자나 소유권 이전등기 신청일자로 한다. 재산세와 종합부동산세의 과세기준일(課稅基準日)은 6월 1일이므로 달력 등에 표시해 두는 것이 유용하다. 매도증서 작성과 이에 따른 비용은 매도인이, 이전등기에 필요한 취득세 등은 매수인이 부담한다는 점도 알아둔다.

일곱째, 매매 전 물건을 확인한다.

등기부등본(登記簿謄本)이 공시하는 물건과 매수하려고 하는 물건이 동일한가를 꼭 확인해야 한다. 간혹 매수하려고 하는 물건과 등기부에 공시하는 물건이 일치하지 않는 사례가 발생하기 때문이다.

57

자녀 경제교육, 어떻게 해야 할까요?

경제는 우리 생활의 근간이다. 최근 성교육의 중요성이 부각되며 많은 부모들이 그 필요성을 인식하고 있지만, 자녀의 경제교육은 여전히 미흡한 실정이다. 경제교육은 단지 가정의 문제가 아니라 사회와 국가의 미래를 좌우하는 중요한 문제이다. 오늘날 부모의 안락한 삶이 오히려 자녀교육을 어렵게 만들고, 물질주의로 인해 내적 동기가 결여된 무기력한 아이들이 늘어나고 있는 현실에서, 우리는 어떻게 자녀를 책임감 있게 돈을 관리할 줄 아는 사람으로 키울 수 있을까?

자녀를 책임감 있고 정서적으로 건강하게 키우기 위해서는 다음과 같은 요인들이 잘 결합되어야 한다는 심리학적 연구 결과가 있다(에이린 갈로와 존 갈로, 심리학).

첫째, 돈에 대한 신비로움을 제거해야 한다. 자녀에게 돈의 개념을 명확히 설명하고, 돈이 어떻게 사용되는지 이해시켜야 한다.

둘째, 심리적 원리에 따른 돈의 이해가 필요하다. 돈이 단순한 물질적 가치가 아니라 심리적 만족과 연결된다는 점을 가르쳐야 한다.

셋째, 부모와 돈의 관계를 이해시켜야 한다. 부모가 돈을 어떻게 다루는지 보여주고, 올바른 금전관을 통해 자녀에게 본보기를 보여야 한다.

넷째, 부모의 메시지가 중요하다. 부모의 행동과 말을 통해 자녀에게 돈에 대한 긍정적인 메시지를 전달해야 한다.

부모는 자신의 돈에 대한 가치관을 명확히 하고, 자녀와의 대화를 통해 이를 표현하는 훈련을 해야 한다. 대화는 경제교육의 중요한 요소로, 자녀와의 돈에 대한 대화는 경제적 가치관을 형성하는 데 큰 역할을 한다.

잘 살든 못 살든 부모 노릇은 쉽지 않다. 부자라고 해서 부모 노릇이 더 쉬운 것은 아니다. 아이는 부모가 알아서 해결해 주어야 하는 '정신적인 문제와 돈 문제'를 끊임없이 직면하게 된다. 전통적인 가치관과 가족의 믿음이 희박해진 현대 사회에서는 물질적 풍요가 그 자리를 대신하고 있다.

풍요로움이 반드시 부자를 의미하지는 않는다. 만족할 줄 아는 아이가 진정으로 풍요로운 아이다. 신용카드 사용 증가와 부동산 담보 대출의 용이함으로 인해, 현대 사회는 '가상의 풍족함' 속에 많은 사람들이 살아가고 있다.

자녀의 경제교육에서 가장 중요한 것은 자녀와 돈에 대해 대화하고 돈의 윤리를 가르치는 것이다. 부모의 돈에 대한 태도와 행동은 자녀에게 직접적인 영향을 미친다. 따라서 부모는 올바른 금전관을 가지고 있어야 한다.

부모는 자녀와 돈에 대해 이야기하고 싶어 하지만, 자녀가 이를 받아들일 준비가 되어 있는지 확인해야 한다. 다음과 같은 상황에서 자녀와 돈에 대해 대화할 수 있다.

- 자녀가 장난감 가게나 식료품 가게에서 물건 가격을 물어볼 때
- 부모가 돈 문제에 대해 이야기하고 있을 때 그 주제에 대해 궁금해할 때
- 자녀가 우리 가족이 부자인지 물어볼 때
- 자녀의 친구가 비싼 선물을 받았을 때 자녀도 같은 것을 갖고 싶어 할 때
- 자녀에게 용돈을 주거나 용돈을 올려달라고 할 때
- 자녀가 가난한 사람들을 보고 질문할 때
- 자녀에게 은행 계좌를 만들어 줄 때
- 생활수준을 낮추어야 할 때
- 자녀가 덜 가진 사람들을 돕고 싶어 할 때
- 길에서 적선을 요구하는 사람을 볼 때

자녀에게 용돈을 주는 것은 자녀교육의 일환이다. 부모는 용돈을 자녀의 권리로 인식하고, 자녀와 대화를 통해 용돈의 필요성, 용돈의 지출 항목, 용돈의 액수, 용돈 사용 방식 등을 구체적으로 논의해야 한다.

처음으로 용돈을 줄 때는 일주일 단위로 주는 것이 좋으며, 청소년기에 접어들면 2주나 1개월 단위로 주는 것이 효과적이다. 특별한 집안일을 통해 여분의 돈을 벌 수 있는 기회를 주는 것도 필요하다. 그러나 일상적인 집안일과 용돈을 연관 지어서는 안 된다.

자녀의 용돈 사용 방식에 대해 간섭하지 않고 대화를 통해 해결하는 것이 중요하다. 자녀의 구매 선택을 비판하기보다는 용돈 이외의 일에 제한을 두는 것이 좋다. 용돈을 보상이나 처벌로 이용하는 것은 매우 위험한 생각이다.

부모는 자녀에게 돈에 대해 정직해야 한다. 자녀에게 없는 돈이라고 말하기보다는, 왜 그것을 사주지 않는지 설명하는 것이 좋다. 부모의 가치관을 설명하고, 자녀의 구매 요구와 그 가치관이 어떻게 관련되는지를 보여줘야 한다.

돈에 대한 대화를 회피하거나 특정 주제를 논의하지 않는 것은 자녀에게 부정적인 메시지를 전달할 수 있다. 자녀에게 목표 달성을 위한 뇌물을 제공하는 것은 건전한 교육 방식이 아니다. 또한, 돈을 나쁜 것으로 여기는 선입견을 심어주는 것도 자녀에게 부정적인 영향을 미칠 수 있다.

시간과 돈을 동일시하는 것도 피해야 한다. 자녀에게 모든 것에 금전적 가치를 부여하도록 압박하지 말아야 한다. 자녀에게 부유한 사람들에 대해 부정적인 발언을 하는 것도 자제해야 한다. 자녀는 부모의 말을 통해 돈과 부유함에 대한 인식을 형성하기 때문에, 부모는 돈에 대한 긍정적이고 건강한 가치관을 자녀에게 전달해야 한다.

자녀가 돈이나 부유함에 대해 부정적인 느낌을 가질 때, 그 감정을 존중하고 신중하게 다뤄야 한다. 돈은 책임감이며, 자녀에게 소비의 한계를 납득시키는 것도 중요하다.

자녀 경제교육은 부모의 올바른 금전관과 자녀와의 열린 대화를 통해 이루어져야 한다. 이 글이 자녀를 책임감 있고 경제적으로 지혜로운 사람으로 성장시키는 데 도움이 되길 바란다.

58

부모의 금전관: 자녀 경제교육에 어떤 영향?

부모의 '돈'을 바라보는 시각은 본인의 경제생활뿐만 아니라 자녀의 경제교육에도 매우 큰 영향을 미친다. 부모와 돈의 관계, 그리고 부모의 돈에 대한 선명한 가치관은 아무리 강조해도 지나치지 않다. 따라서 '올바른 금전관'의 확립이 본인의 경제생활이나 자녀의 경제교육에서 선행되어야 할 중요한 사항이다.

사람은 경제활동을 하면서 돈을 벌고, 사용하며, 관리하는 세 가지 측면에서 돈과의 독특한 관계를 형성하게 된다. 이러한 관계는 '어린 시절의 돈에 대한 가치관이 무엇이며', '그 가치관이 마음속에 어떻게 자리 잡고 있는가'라는 두 가지 중요한 요소에 의해 크게 좌우된다.

첫째, 돈 벌기는 경제활동을 통한 소득 창출 방법으로, 사람들은 회피, 안정, 탐욕의 세 가지 태도 중 하나를 갖게 된다. 지나치면 탐욕을, 무관심하면 회피를 하게 된다. 둘째, 돈 사용은 저축과 소비의 방법을 말하며, 구두쇠에서부터 안정적 소비, 충동적 과소비까지 다양한 접근 방식이 존재한다. 이 또한 지나치면 충동적 과소비로 지나친 절제는 구두쇠로 나타난다. 셋째, 돈 관리는 결제에서 투자까지의 행동을 포함하며, 지나친 관리에서 안정, 무질서한 관리에 이르는 다양한 방식이 있다. 이것을 도식화시키면 다음과 같다.

1. 돈 벌기: 경제활동을 통한 소득창출 방법
  - 회피 ――――――― 안정 ――――――― 탐욕

2. 돈 사용: 돈을 저축하거나 소비하는 방법
  - 구두쇠 ――――――― 안정 ――――――― 충동적 과소비

3. 돈 관리: 결제하는 것부터 투자까지의 행동
  - 지나친 관리 ――――――― 안정 ――――――― 무질서한 관리

경제생활을 하면서 돈 벌기, 돈 사용, 돈 관리 중 어디를 더 중요시하느냐에 따라 직업과도 많은 연관성을 나타낸다. 사업가는 대개 '돈 벌기'를 더 중요시하며, 금융·재무·재정 전문가는 '돈 사용'을, 회계·경리 전문가는 '돈 관리'를 더 중요하게 생각하는 경향이 높다.

일반적으로 부모가 자신의 금전관계에 대해 자각하고 있는 경우, 자녀도 자신의 금전관계에 대해 편안하게 느끼는 경향이 있다. 이러한 부모일수록 특권의식과 삶의 의욕이 저하된 부정적 태

도를 보이는 자녀를 기를 확률이 더 낮다.

자녀 연령에 따른 경제교육은 중요하다. 취학 전, 초등학교, 중학교, 고등학교 시기별로 차이점이 있다. 부모의 행동이 무의식 속에서 기억되기도 하고, 부모의 교육이 진정으로 필요하기도 하고, 자녀가 진짜 책임감을 배워야 할 주요한 시기이기도 하다.

취학 전 시기는 부모의 행동이 자녀의 무의식에 깊이 각인되는 중요한 시기이다. 이 시기에 저축의 개념을 자연스럽게 심어주는 것이 필수적이다. 부모의 행동과 태도는 자녀에게 큰 영향을 미치므로, 일상생활 속에서 저축의 중요성을 체험할 수 있도록 해야 한다.

초등학생이 되면 자녀는 처음으로 혼자서 구매를 시도하게 된다. 이때 부모의 교육이 매우 중요해지며, '용돈 주기'를 통해 돈의 개념을 가르치는 것이 필요하다. 가능한 한 빨리 용돈 교육을 시작하는 것이 좋다.

중학생과 고등학생 시기에는 자녀가 돈을 소비하고 저축하는 방법에 대한 책임감을 배워야 한다. 이 시기는 예산 관리, 저축의 중요성, 그리고 현명한 소비 습관을 배우는 중요한 단계이다. 부모는 이러한 지식과 태도를 자녀에게 지속적으로 가르쳐야 한다.

부모의 올바른 금전관과 자녀와의 열린 대화를 통해 자녀에게 경제적 지혜와 책임감을 심어주는 것이 중요하다. 이 글이 자녀를 책임감 있고 경제적으로 지혜로운 사람으로 성장시키는 데 도움이 되기를 바란다.

효율적인 자산관리 지혜

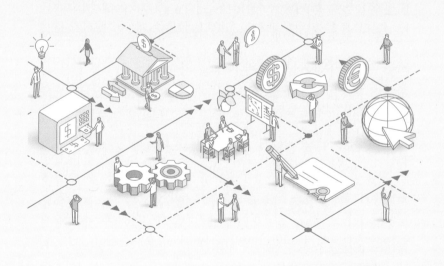

01

상속세 절세비법을 공개한다

일단 상속이 개시되면 상속재산 분산에 따른 상속세 절세전략은 더 이상 의미가 없다. 왜냐하면 상속세는 상속개시일 현재 확정된 피상속인(사망자) 명의의 상속재산을 기본으로 과세하기 때문이다. 따라서, 사전(死前) 상속재산 분산에 따른 상속세 절세전략은 사전증여와 사전처분의 방법으로 실행하고 이것은 향후 상속세를 절세하는 핵심사항이 된다고 하겠다.

첫째, 배우자에게 최대한 증여하라

배우자 간에는 10년 주기로 증여세 부담 없이 6억원씩 증여할 수 있다. 처음에는 6억원이 적은 금액이라 생각할 수 있어서 결혼 이후에 50년 동안을 계속해서 실행한다면 세금 없이 30억원을 증여할 수 있다는 것이다.

둘째, 향후 자산가치가 크게 상승할 재산부터 증여하라

증여 당시에는 저평가되어 있지만 향후 자산가치가 크게 상승할 것으로 예상되는 재산부터 사전증여하면 향후 자산가치가 크게 상승하였을 경우 증가한 가치는 사전증여로 인하여 수증자의 재산이 되므로 별도의 증여세 없이 이전하는 효과를 발생시킨다.

따라서 현재는 저평가되어 있지만 자산가치가 크게 상승할 부동산, 택지개발 예정지구, 재개발 또는 재건축 물건을 잘 발굴하는 것은 매우 중요하다.

셋째, 생명보험을 잘 활용하라

상속세법 제8조에서 피상속인 명의로 지급되는 보험금도 상속재산에 포함한다고 규정하고 있다. 따라서 상속세를 납부할 만큼 상속재산을 보유한 사람이 본인의 명의로 보험계약을 체결하고 보험료를 납부하는 경우에 향후 상속개시 당시 상속인이 수령하는 보험금은 간주상속재산으로 상속세를 과세한다는 것이다. 그러나 상속인이 실질적인 본인의 소득원으로 보험료를 납부하면서, 보험계약자와 수익자는 본인이 되고 피보험자는 피상속인으로 하는 보험계약을 가입하여 발생하는 생명보험금은 상속세 과세대상에서 제외될 수 있기 때문에 절세차원에서 매우 유용한 방안이 된다.

넷째, 배우자공제를 극대화하라

상속세 계산에서 배우자 공제액은 최하 5억원에서 최고 30억원을 한도로 공제받을 수 있다. 그러나 실제 공제액은 배우자에 대한 법정상속금액 범위 내에서 배우자가 실제 상속받는 금액이 된다. 따라서 배우자공제를 극대화하는 방안은 배우자에 대한 민법상의 법정상속금액을 계산하여 그 금액 이상을 배우자에게 실제 상속하는 것이 중요하다.

다섯째, 상속개시일로부터 6개월 이내에 신고하라

상속세는 상속개시일로부터 6개월 이내에 신고하면 산출세액의 일정액을 공제한다. 이것을 상속세 신고세액공제라고 한다. 신고세액공제는 신고기한 이내에 신고만 하고 상속세금을 납부하지 않아도 공제가 가능하다는 것이 장점이다.

02

증여세 절세비법을 공개한다

최근에는 사전증여가 일반화되고 있다. 왜냐하면 사후에 한꺼번에 재산이 상속될 경우에 누진과세가 적용되어 재산규모가 많을수록 엄청난 세금을 납부해야 하기 때문이다. 또한 상속세와 증여세의 세율구조가 동일하고 과세강화가 날로 심해지기 때문에 절세차원에서 적절한 재산분산과 함께 사전증여 제도를 활용하는 추세이다.

첫째, 현금보다 부동산 증여를 활용한다.

현금증여는 전체금액이 증여세 과세대상이 되지만 부동산은 실거래가액이 아닌 부동산 기준시가 일반적으로 과세대상이 되므로 세제상 저평가되는 절세효과를 가져온다. 물론 최근의 증여세 포괄주의로 인하여 주택과 같이 실제거래가액을 수시로 확인할 수 있는 부동산은 매매사례비교법에 의하여 실제가액으로 증여세를 과세하는 경우에는 유의하여야 한다.

둘째, 배우자증여를 활용한다.

현행법상 배우자에게는 10년 단위로 6억원 이하에 해당하는 재산을 증여하는 경우에는 증여세가 면제된다. 부부가 동시에 사망하지 않는 한 재산이 부부의 각각의 명의로 분산되어 있으면 향후 사망한 이후에 계산되는 상속세 과세가액을 분산시키는 효과를 발휘할 수 있다.

셋째, 자녀에게 회사를 물려주려면 사업초기에 주식을 증여한다.

법인체를 운영하는 사업가인 경우에는 사업초기에 비상장주식의 일부를 배우자나 자녀에게 사전증여를 한다면 증여세나 상속세를 크게 절감하는 효과를 발휘할 수 있다. 법인체가 번창하여 자산가치나 수익이 증가할수록 증여세의 규모는 증가하기 때문에 사업초기에 주식지분을 배우자나 자녀에게 증여한다면 절세효과는 더욱 커질 것이기 때문이다.

넷째, 부담부증여를 활용한다.

부담부증여(負擔附贈與)란 증여를 받은 사람이 증여재산에 끼어 있는 채무를 함께 부담하거나 인수하는 것을 말한다. 증여를 받는 사람이 이어받는 채무는 증여자의 증여재산가액에서 공제하고 증여세를 계산하므로 증여세 절세효과는 분명히 발생한다.

다섯째, 증여는 빠를수록 유리하다.

현행법상 증여세는 동일인의 경우 10년 단위로 합산하여 과세한다. 따라서 장기적인 계획에 의하여 자녀가 어릴 때부터 조금씩 미리미리 증여해 주는 것이 좋다. 미성년자의 경우에는 2천만원까지 성년자녀인 경우에는 5천만원까지 증여세가 면제된다.

여섯째, 증여받은 이후에는 반드시 증여세를 신고하라.

증여 사실을 인정받기 위해서는 증여한 후 3개월 이내에 증여받은 사람의 주소지 관할세무서에 반드시 증여세를 신고하여야 한다. 이때에는 증여세 면제 한도를 이용해서 과세미달로 신고하기보다는 납부세액이 조금 나오도록 해서 신고하는 것이 좋다고 본다.

03

금융소득종합과세 이해하기

　개인도 그러하듯 정부도 예산을 절감하는 데 한계가 있다. 결국 국가수익을 늘려야 하는데 실현 가능한 방법은 그리 많지 않다. 결국 증세, 세금을 많이 거두어 들이는 것도 방법이다.

　우리나라는 소득을 종류별로 분류하여 세금을 부과한다. 퇴직할 때 퇴직소득세, 부동산 등을 매도할 때 양도소득세를 각각 부과한다. 그러나 근로소득, 사업소득은 무조건 합산하여 과세하고, 그 외 이자소득, 배당소득, 연금소득, 기타소득은 일정 기준을 초과할 경우에만 합산하여 과세한다.

　이처럼 여러 소득을 합하여 과세하는 것이 종합과세이고, 이자나 배당 등 금융소득의 합이 개인별로 연간 2천만원을 초과하면 합산하여 과세하게 되는데, 이것이 바로 금융소득종합과세(金融所得綜合課稅)이다.

각각 과세하나 합하여 과세하나 무엇이 다른가 다소 의아할 수 있겠지만, 합산여부에 따라 납부할 세금이 크게 달라진다. 우리나라 소득세는 누진세율 구조로 이뤄졌기 때문이다. 현재 소득세율(지방소득세 포함)은 최저 6.6%에서 최고 49.5%까지 총 8구간으로 나뉘고, 과세대상 총액에 따라 적용하는 세율이 달라진다. 각 구간마다 세율이 급격하게 높아지기 때문에 과세대상 금액이 커질수록 보다 높은 구간의 세율을 적용받아, 결국 납부할 세금이 크게 늘어나게 된다.

2013년에 금융소득종합과세 기준이 연간 4천만원에서 2천만원 초과로 대폭 인하되었고, 금융소득종합과세 대상자도 종전 5만명에서 2021년에는 18만명으로 늘어나게 되었다. 더불어 금융소득종합과세 대상자는 국세청과 관세청, 금융정보분석원(Financial Intelligence Unit, FIU)의 관심대상이 될 수도 있다.

만약 배우자나 자녀의 건강보험에 피부양자로 등재된 사람이 금융소득종합과세에 해당되면 지역가입자로 전환돼 건강보험료를 납부하게 된다. 금융소득만 연간 2천만원을 초과하는 사람이라면 대부분 다른 자산도 많이 보유하고 있을 것이다. 지역건강보험료는 재산을 평가하여 보험료를 결정하기 때문에 적게는 월 몇십만원에서 수백만원의 보험료를 낼 수도 있다.

금융소득종합과세에 대비하는 절세 방안은 크게 3가지로 구분할 수 있다.

첫째, 이자지급시기를 조정하는 것이다. 만기를 조정해 이자가 일시에 지급되지 않도록 하는 것이 좋다.

둘째, 명의를 분산하는 것이다. 배우자 6억, 성인자녀 5천, 미성년자녀 2천만원까지는 증여해도 증여세가 없다. 다만 10년 이내 증여는 합산하므로 10년 단위 면세점 이내로 증여하여 명의를 분산하는 것이 유리하다.

셋째, 비과세 금융상품을 활용하는 것이다. 비과세 금융상품은 이자소득세 15.4%를 면제받을 뿐만 아니라 과세대상에서도 제외된다. 즉, 비과세 금융상품은 해당 요건만 충족하면 이자가 발생해도 금융소득종합과세에서 자유롭다.

무엇보다 3가지 방법을 상황에 맞추어 적절히 활용하는 것이 중요하다. 따라서 효율적인 재무설계를 해 줄 금융전문가를 만나는 것은 필요하다고 본다.

04

억울한 세금에 대한 구제방법

억울한 세금에 대하여 권리구제를 받을 수 있는 제도는 크게 나누어 '행정적인 제도'와 '법에 의한 제도'로 구분할 수 있다. 행정적인 제도는 국세청이 납세자 권익보호를 위해 억울한 세금을 행정적으로 자체 시정하여 주는 제도로서 '과세전적부심사제도(課稅前 適否審査制度)'와 '세금고충처리제도(稅金 苦衷處理制度)'가 있고, 법에 의한 제도로는 이의신청, 심사청구, 심판청구, 행정소송이 있다.

납세자가 과세전적부심사를 청구할 경우에는 결정 전 통지를 받은 날로부터 20일 이내에 통지서를 보낸 세무서장 또는 지방국세청장에게 청구서를 제출하여야 한다. 납세자가 청구서를 제출하면 이를 심사하여 30일 이내에 결정한 후 납세자에게 통지하는 것이다.

과세전적부심사청구는 행정적으로 시행하는 고지 전의 납세자 권익보호 장치로서, 국세기본법상의 이의신청이나 심사청구, 심판청구와는 별개의 것이다. 따라서 국세기본법상의 이의신청, 심사청구, 심판청구는 과세전적부심사청구와 관계없이 세금고지서를 받은 날로부터 90일 이내에 할 수 있다.

국세기본법에 따른 권리구제 절차로는 세무서 또는 지방국세청에 제기하는 이의신청, 국세청에 제기하는 심사청구, 재정경제부 국세심판원에 제기하는 심판청구가 있고, 감사원법에 따라 감사원에 제기하는 감사원 심사청구가 있으며 행정소송법에 의하여 행정법원부터 대법원에 이르는 행정소송이 있다.

이의신청(異議申請)

이의신청은 선택적 전심절차에 해당한다. 원칙적으로 국세불복쟁송절차는 1심으로 심사 또는 심판청구하는 것이다. 다만, 청구권자는 선택적으로 이의신청을 제기할 수 있다.

심사청구(審査請求)

심사청구는 행정소송의 필요적 전심절차이고 심판청구를 선택하지 아니한 경우로서 이는 당해 처분을 하였거나 하였어야 할 세무서장을 거쳐 국세청장에게 하여야 한다.

심판청구(審判請求)

심판청구는 국세에 관한 행정심판 절차에 있어서 심사청구를 선택하지 아니하는 경우로서 행정소송의 전심절차로서 세무서장을 거쳐 국세심판원장에게 하여야 한다.

감사원 심사청구(監査院 審査請求)

감사원 심사청구는 감사원 시정요구에 의한 처분 등 감사원 관계사항에 대한 국세불복절차이다. 감사원 심사청구를 제기하는 경우에는 국세기본법상의 조세불복 절차를 거친 것으로 본다.

이의신청, 심사청구, 심판청구, 감사원 심사청구 중 어느 방법을 선택하여도 된다. 다만, 지방국세청장이 결정한 사항에 대한 이의신청은 해당 지방국세청장에게 하여야 하며, 국세청장이 조사, 감사, 지시 등을 하여 결정한 사항에 대하여는 심사청구 또는 심판청구를 하여야 한다. 행정소송(行政訴訟)은 반드시 앞 단계의 구제절차를 거친 후에 제기하여야 한다.

구제를 요구하는 청구서류가 세무서에 접수된 다음 날로부터 이의신청은 30일, 심사청구는 60일, 심판청구는 90일, 감사원 심사청구는 3개월 안에 결정하여 통지한다.

05

국세의 소멸시효는 언제인가?

사람은 태어나서 언젠가는 사망한다. '불로장생(不老長生)'을 누구나 희망하지만 한 번 태어난 인생은 시간과 순서가 다를 뿐 반드시 사망하는 것이 현실이다. 세금도 하나의 생명체와 같다. 성립(成立)·확정(確定)·소멸(消滅)의 절차를 거치기 때문이다. 납세의무가 성립하면 확정을 한 이후 납부 등으로 의무가 소멸하는 것이 일반적이다.

납세의무가 성립했으나 확정되지 않는 경우도 있다. 이렇게 되면 미래를 알 수 없는 납부자는 평생을 불안해하며 살 수도 있다. 이런 것을 방지하기 위해 정부에서는 제척기간(除斥期間)·소멸시효(消滅時效) 등의 제도를 두고 있다.

일단 세금을 얼마나 내야 하는지 금액 등이 확정됐다면 납세자는 정해진 기일 안에 세금을 납부하여야 한다. 만약 납부하지 않는다면 과세관청은 납세고지(納稅告知)·독촉(督促)·체납처분(滯納處分) 등의 방법을 동원해 징수하려 할 것이다. 여기에 적용되는 것이 바로 '소멸시효'다. 국세 징수권은 행사할 수 있는 때로부터 5년간 유효(有效)하다.

그러나 소멸시효만 보고 5년만 버티면 납세의무가 사라진다고 생각하면 큰 오산이다. '중단(中斷)'과 '정지(停止)' 제도를 통해 소멸시효의 맹점을 어느 정도 보완할 수 있기 때문이다.

'중단'이란 지나온 기간을 무시하고 다시 5년의 징수권을 보장받는 것이다. 이 기간 동안 앞에서 언급했던 납세고지·독촉 외에 교부청구(交付請求)·압류(押留) 등을 주요 수단으로 활용할 수 있다. 예를 들어 체납기간이 3년이 지난 상태에서 국가가 납세고지서를 체납자에게 보낸다면 이를 받은 날부터 다시 5년이 지나야 소멸시효가 완성된다는 이야기다.

'정지'는 시효 기간 중에 권리를 행사할 수 없는 사유가 발생하면 그 기간만큼 시효를 유예시켜주는 것을 말한다. 분납기간·징수유예기간·체납처분유예기간·연부연납기간 외에 사해행위 취소의 소에 의해 소송이 진행 중인 기간 등을 들 수 있다.

결론적으로 말하면 누락한 세금이 있는 사람이 5년이 지난다고 해서 무조건 소멸시효를 인정받을 수 있는 것은 아니다. 적어도 제척기간(세목에 따라 5~15년)이 지나야 한다는 것이다. 또 중단과 정지 제도를 이용해 징수 가능한 기간이 연장될 수 있다는 점도 유념해야 한다.

'재테크=세테크'라는 말이 있듯이 현재의 자산증식에서 반드시 필요한 것이 세금상식일 것이다. 따라서 기본적인 세금지식은 누구나 필요한 재테크 상식이라고 할 수 있다. 하지만 모든 분야의 세금지식을 습득하기에는 다소 어려운 점이 있는 것도 현실이다. 그래서 복잡한 분야나 고차원적인 세금지식이 필요할 때를 대비하여 세무전문가 한 명 정도는 알아 두는 것도 필요하다.

06

부동산 보유세 핵심포인트

부동산을 활용한 재(財)-테크에서도 가장 중요한 사항으로 '세금(稅金)'이 부각되고 있다. 부동산의 자산가치 상승도 중요하지만 취득과 보유, 양도시에 적용되는 세금을 공제하고 난 이후의 순이익을 기준으로 투자수익을 따져보아야 하기 때문이다.

과거에는 양도시에 적용되는 세금이 제일 중요하여 이것만 잘 관리하면 되었고, 취득과 보유시에 적용되는 세금 규모는 크지 않았다. 그러나 최근에는 모든 세금에 적용되는 기준가액이 실거래가로 변경됨과 동시에 적용세율이 인상되어 세금을 어떻게 절세하느냐가 무엇보다 강조되는 시대이다. 특히, 부동산 보유세는 더욱더 투자자의 관심사항이 됨과 동시에 절세항목으로 대두되고 있다는 것이다.

부동산 보유세(재산세, 종합부동산세)의 제일 중요한 핵심사항은 과세기준일인데, 매년 6월 1일날 실제 명의자가 과세대상자라는 점이다.

재산세 및 종합부동산세의 경우 일정한 날을 기준으로 하여 당해 재산의 소유자에게 재산세 등을 과세하는데 이러한 일정한 날을 과세기준일(課稅基準,The basic data for taxation)이라 하며 과세기준일에 납세의무가 성립한다. 즉, 6월 1일 실질소유자가 당해연도 납세자가 되는 것이다. 따라서 과세기준일을 정확히 알고 있어야 취득시나 양도시에 매수자와 매도자 중 누구에게 보유세가 부과되는지 알 수 있다.

재산세(財産稅) 과세기준일 현재 공부상(公簿上)의 소유자가 매매 등의 사유로 소유권에 변동이 있었음에도 이를 신고하지 아니하여 사실상의 소유자를 알 수 없는 때에는 공부상의 소유자를 납세의무자로 본다.

재산세는 과세대상을 크게 주택, 토지, 건축물로 구분하고 있으며, 토지에 대해서는 시·군·구 관내의 토지를 인별로 합산하여 과세하고 주택 및 일반건축물은 물건별로 개별과세하는 체계로 되어 있다.

주택의 경우 재산세 납기일은 산출세액의 50%는 매년 7월 16일부터 7월 31일까지이고, 나머지 50%는 9월 16일부터 9월 30일까지이다. 재산세에 대한 부가세로서 재산세액의 20%에 해당하는 지방교육세가 동시에 부과된다는 사실도 기억해야 한다.

종합부동산세(綜合不動産稅)의 납세의무자는 주택의 경우 지방세법상 재산세 과세기준일 현재 주택분 재산세의 납세의무자로서 국내에 소유하는 재산세 과세대상 주택의 공시가격을 합한 금액이 6억원을 초과하는 자로 한다.

　토지는 지방세법상 재산세의 납세의무자로서 종합합산과세대상인 경우 당해 토지에 대한 공시가격을 합한 금액이 5억원, 별도합산과세대상인 경우 당해 토지에 대한 공시가격을 합한 금액이 80억원을 초과하는 자로 한다. 여기에서 공시가격(公示價格)이란 원칙적으로 개별주택가격, 공동주택가격, 개별공시지가 등을 의미한다.

　종합부동산세의 관할세무서장은 납부하여야 할 세액을 결정하여 당해 연도 12월 1일부터 12월 15일까지 부과징수한다. 종합부동산세를 신고납세방식으로 납부하고자 하는 납세의무자는 종합부동산세의 과세표준과 세액을 당해 연도 12월 1일부터 12월 15일까지 관할세무서장에게 신고·납부할 수 있다. 종합부동산세법에 의하여 납부하여야 할 종합부동산세액의 20%가 농어촌특별세로 함께 부과된다는 사실도 기억해야 한다.

07

'1세대 1주택 비과세' 활용 전략

주택을 소유하다가 팔게 되면 원칙적으로 양도소득세(讓渡所得稅)가 부과된다. 그러나 1세대가 국내에 1주택을 소유하고, 2년 이상 보유하다가 양도할 때에는 양도소득세가 과세되지 않는다. 다만 미등기 양도자산이거나 고가주택이 아니어야 한다. 아울러 주택양도 당시 조합원입주권을 보유한 자가 양도하는 주택이 아니어야 한다. 실제 거주목적 등 부득이한 사유로 조합원입주권을 보유한 경우는 제외한다.

1세대란 거주자 및 그 배우자가 그들과 동일한 주소(住所) 또는 거소(居所)에서 생계를 같이하는 자(거주자 및 그 배우자의 직계존비속 및 형제자매를 말하며 취학, 요양, 근무상 형편으로 본래의 주소에서 일시 퇴거한 사람을 포함)와 함께 구성하는 가족단위를 말한다.

양도소득세가 비과세되는 주택의 범위란 주택에 부수되는 토지로서 도시지역 내의 경우에는 건물이 정착된 면적의 5배 이내를 말한다. 도시지역 밖의 경우에는 10배를 넘지 않는 토지를 포함하며, 주택의 판정기준은 원칙적으로 사실상의 용도에 따른다.

양도소득세가 비과세되는 1세대 1주택이란 1세대가 양도일 현재 국내에 1주택을 보유하고 있는 경우로서 당해 주택의 보유기간이 2년 이상인 것을 말한다. 다만 임대주택, 공익사업의 수행을 위해 협의매수 또는 수용되는 경우, 해외이주 등의 경우, 부득이한 사유가 있는 경우에는 보유기간 및 거주기간에 관계없이 비과세되는 1세대 1주택으로 본다.

거주주택을 대체하기 위하여 또는 혼인으로 인하여 합가하거나 노부모 봉양을 위해 합가하는 경우 등에는 부득이하게 일시적으로 2주택이 된 상태에서 주택을 양도하는 경우가 발생할 수 있다. 이와 같이 부득이하게 일시적으로 2주택이 된 경우에는 1세대 1주택 비과세 특례규정을 적용한다.

국내에 1주택을 소유한 1세대가 그 주택을 양도하기 전에 새로운 주택을 취득하여 일시적으로 2주택이 된 경우, 종전의 주택을 취득한 날부터 1년 이상이 지난 후 다른 주택을 취득하고 다른 주택을 취득한 날부터 3년 이내에 1세대 1주택 비과세 요건을 갖춘 종전의 주택을 양도하는 경우에는 이를 1세대 1주택으로 보아 양도소득세를 비과세한다.

1세대 1주택자가 1주택을 가진 60세 이상의 직계존속을 동거봉양하기 위하여 세대를 합친 경우에는 세대를 합친 날로부터 10년 이내에 먼저 양도하는 주택(양도일 현재 비과세 요건 충족)에 대하여 양도소득세를 비과세한다.

1주택을 소유한 자와 1주택을 소유한 자가 서로 혼인을 하여 일시적으로 1세대 2주택이 된 경우에는 혼인한 날로부터 5년 이내에 먼저 양도하는 주택(양도일 현재 비과세 요건 충족)에 대하여 양도소득세를 과세하지 않는다.

08

'재산세'란 무엇인가?

　재산세(財產稅)는 일정한 재산에 대하여 부과되는 조세이다. 재산세는 지방세 중 구세 및 시·군세이며 보통세이다. 재산세는 토지, 건축물, 주택, 선박 및 항공기를 과세물건으로 하며, 납세지는 토지의 소재지, 건축물의 소재지, 주택의 소재지, 선박의 선적항 소재지, 항공기의 정치장의 소재지를 기준으로 한다.

　재산세 과세기준일 현재 재산을 사실상 소유하고 있는 자는 재산세를 납부할 의무가 있다. 공부상의 소유자가 매매 등의 사유로 소유권에 변동이 있었음에도 이를 신고하지 아니하여 사실상의 소유자를 알 수 없는 때에는 공부상의 소유자가 납세의무를 지며, 소유권의 귀속이 불분명한 재산의 사용자, 국가 등으로부터의 매수계약자, 신탁재산의 위탁자, 주된 상속인 등은 소유자가 아니더라도 납세의무가 있다.

토지·건축물·주택에 대한 재산세의 과세표준은 시가표준액에 대통령령이 정하는 적용비율을 곱하여 산정한 가액으로 한다. 표준세율은 누진세율(累進稅率)이 적용된다. 시장·군수는 조례가 정하는 바에 의하여 표준세율의 100분의 50의 범위 안에서 가감·조정할 수 있다. 동일한 재산에 대하여 2 이상의 세율이 해당되는 경우에는 그중 높은 세율을 적용한다.

과세기준일은 매년 6월 1일로 하고, 납기(納期)는 토지의 경우 매년 9월 16일부터 9월 30일까지, 건축물의 경우 매년 7월 16일부터 7월 31일까지, 주택의 경우 산출세액의 2분의 1은 매년 7월 16일부터 7월 31일까지, 나머지 2분의 1은 9월 16일부터 9월 30일까지, 선박과 항공기의 경우 매년 7월 16일부터 7월 31일까지로 한다.

재산세는 관할 시장·군수가 세액을 산정하여 보통징수방법에 의하여 부과징수하며, 토지, 건축물, 주택, 선박 및 항공기로 구분한 납세고지서에 과세표준액과 세액을 기재하여 늦어도 납기개시 5일 전까지 발부하여야 한다. 고지서 1매당 재산세로 징수할 세액이 2,000만원 미만인 경우에는 당해 재산세를 징수하지 아니한다.

납세의무자는 과세기준일로부터 10일 이내에 그 소재지를 관할하는 시장·군수에게 그 사실을 알 수 있는 증빙자료를 갖추어 신고하여야 한다. 시·군은 재산세과세대장을 비치하고 필요한 사항을 기재하여야 하는데, 재산세과세대장은 토지, 건축물, 주택, 선박 및 항공기 과세대장으로 구분하여 작성한다.

지방자치단체의 장은 재산세의 납부세액이 1,000만원을 초과하는 경우에는 납세의무자의 신청을 받아 당해 지방자치단체의 관할구역 안에 소재하는 부동산에 한하여 대통령령이 정하는 바에 의하여 물납을 허가할 수 있다. 지방자치단체의 장은 재산세의 납부세액이 500만원을 초과하는 경우에는 납부할 세액의 일부를 납부기한이 경과한 날부터 45일 이내에 분납하게 할 수 있다. 재산세에 대한 부가세로서 재산세액의 20%가 지방교육세로 부과된다.

09

'종합부동산세'란 무엇인가?

종합부동산세(綜合不動産税)는 매년 6월 1일인 과세기준일 현재 국내에 소재한 재산세 과세 대상인 주택 및 토지를 유형별로 구분하여 개인별로 합산한 결과, 그 공시가격의 합계액이 각 유형별로 공제금액을 초과하는 경우 그 초과분에 대하여 과세되는 세금이다.

2005년 고액의 부동산 보유자에게 지방세보다 높은 세율의 국세를 과세하여 부동산 보유에 대한 조세 부담의 형평성을 제고하고 부동산의 가격 안정을 도모함으로써 지방재정의 균형 발전과 국민경제의 건전한 발전을 기하기 위한 목적으로 제정된 종합부동산세법에 의거하여 도입된 세금이다.

토지 및 건물 소유자들을 대상으로 주소지가 속한 지방자치단체가 관할구역의 토지 및 건물을 대상으로 세금을 부과하는 재산세와 별도로, 국세청이 일정 기준을 초과하는 토지와 주택 소유자들의 전국 소유 현황을 분석하여 누진세율을 적용한다. 원래는 토지에만 부과하기로 하였다가 나중에 주택까지 대상에 포함시켰다.

과세 대상 부동산은 부속토지를 포함한 '주택', 나대지·잡종지 등을 포함한 '종합합산 토지', 상가·사무실 부속토지 등을 포함한 '별도합산 토지'의 세 가지 유형으로 구분한다. 2005년 시행 당시에는 공시가격 9억원을 초과하는 주택, 공시지가 6억원을 초과하는 토지, 공시지가 40억원 초과하는 별도합산 토지에 대하여 부동산 소유자 개인별로 과세하였다.

2006년부터 과세표준이 개인별 합산에서 세대별 합산으로 바뀌었다가 2008년 세대별 합산 방식이 위헌 판결을 받음에 따라 개인별 합산으로 환원되었다. 또한 2008년 12월 종합부동산세법 개정에 따라 과세표준도 주택은 종전의 공시가격 9억원 초과에서 6억원 초과로, 종합합산 토지는 공시지가 6억원 초과에서 5억원 초과로, 별도합산 토지는 공시지가 40억원 초과에서 80억원 초과로 변경되었다.

2018년 9월 13일 과열되는 주택시장을 안정시키기 위한 정부의 대책이 발표되면서 종합부동산세도 개편되었다. 이에 따라 주택의 과세표준 3~6억원 구간이 신설되었고, 3주택 이상 보유자와 조정 대상 지역의 2주택 보유자에 대한 세율도 올랐다.

2021년 종합부동산세 납세의무자는 주택의 경우 인별로 소유한 전국 주택의 공시가격 합계액이 6억원을 초과하는 자(단, 1세대 1주택자는 11억원을 초과하는 자)이다. 종합합산토지는 인별로 소유한 전국 종합합산토지(나대지 등)의 공시가격 합계액이 5억원을 초과하는 자, 별도합산토지는 인별로 소유한 전국 별도합산토지(주택을 제외한 건축물의 부속토지 등)의 공시가격 합계액이 80억원을 초과하는 자이다.

납부 기간은 매년 12월 1일부터 15일까지 15일간이다. 일시 납부를 원칙으로 하되 납부할 세액이 500만~1000만원인 경우에는 500만원 초과 금액을 분할 납부할 수 있고, 1000만원 초과인 경우에는 세액의 50% 이하를 분할 납부할 수 있다. 종합부동산세법에 의하여 납부하여야 할 종합부동산세액의 20%가 농어촌특별세로 부과된다.

10

보험금에 대한 중요한 법률상식

보험계약도 법률적인 계약이기 때문에 형식과 실질이 매우 중요하다고 본다. 그러므로 보험과 관련한 여러 가지 법률기준을 명확하게 이해하는 것은 무엇보다 중요하다고 하겠다. 따라서 일반인이 가장 궁금해하면서 대표적인 보험금 관련 법률지식을 정리하면 다음과 같다.

첫째, 보험금에도 압류가 들어올 수 있는지요?

보험계약으로부터 발생하는 채권은 성질상 또는 법률상 압류가 금지된 채권이 아니므로 당연히 압류의 대상이 될 수 있다.

채권자가 채무를 변제받기 위해 소송을 제기하려고 하거나 재산을 가압류할 태세를 보일 때 재산을 은닉하여 채권자의 강제집행 등으로부터 벗어나려는 목적으로 보험계약자를 변경하는 경우에 형사상 강제집행면탈죄(형법 제327조)의 죄책을 지게 되며 민사상으로는 채권자를 해하는 행위로써 채권자취소권(민법 제406조)의 대상이 되어 계약자 변경이 취소될 수 있다.

둘째, 사망보험금도 상속재산에 포함이 되나요?

피상속인의 사망으로 인하여 지급받는 보험금으로서 피상속인이 보험계약자가 된 보험계약에 의하여 지급받는 것은 상속재산에 포함이 되며 보험계약자가 피상속인 이외의 사람인 경우에도 피상속인이 실질적으로 보험료를 지불하였을 때에는 피상속인을 보험계약자로 보아 동일하게 적용된다.

즉 아버지가 보험계약자 및 피보험자이고 아들이 아버지의 사망시 수익자인 경우에 아버지의 사망으로 인한 사망보험금은 상속재산에 포함이 되며 아들을 보험계약자와 수익자로 하고 아버지가 피보험자로 되어 있다고 하더라도 아버지가 실제 보험료를 납입하였다면 이 경우에도 사망보험금은 상속재산에 포함이 된다.

하지만 아들이 본인의 소득으로 계약자와 수익자가 되면서 보험료를 납입한 경우에는 사망보험금이 상속재산에 포함되지 않으므로 절세차원에서 활용하면 좋을 것으로 판단된다. 이에 부합되는 대표적인 상품으로는 생명보험회사의 종신보험이라고 하겠다.

셋째, 보험계약으로 자녀에게 증여하면 증여세 과세대상이 되나요?

증여세를 피하기 위하여 증여의 형태를 띠지 않고 재산을 이전하는 방법을 모색하게 된다. 이를 방지하기 위해서 실질적으로

213

증여로 판단되는 재산의 이전에 대해서는 증여세를 과세한다. 이때 증여로 보는 재산을 '증여의제(贈與擬制)' 재산이라고 한다. 따라서 보험계약의 형식을 빌려 아버지가 아들에게 증여를 하였다면 이것도 증여세 과세대상이 된다는 것이다.

11

부자들의 금융자산 상속설계 노하우

저금리 상황에서는 이자에 의한 실질적 자산가치 보존이 어려워지게 되는 것이 사실이다. 그럼에도 불구하고 금융이자로 생활비를 충당하려는 고객들을 자주 보게 된다. 자산의 규모와 연령에 따라서 안전자산 선호가 필요하다고는 하나, 금융자산에 지나친 의존은 바람직하다고 할 수 없다. 단지 재무 목표 달성을 위한 자산 배분 및 노후에 대체소득을 위한 소득의 다양성 확보 차원에서 금융자산의 일정 비율은 필요하다고 할 수 있다.

그럼 금융자산의 장·단점을 살펴보기로 하자. 부동산 자산과는 달리 금융자산은 상속재산 배분 시 분쟁의 소지가 적다는 것과 상속세 납부재원으로 활용할 수 있다는 장점이 있다.

금융이자 발생으로 물가상승에 의한 자산가치 하락위험을 어느 정도는 상계할 수 있다는 것과 상속세 계산 시에 금융재산상속공제 활용으로 금융자산의 20%(한도 2억원) 범위 내에서 상속세를 절세할 수도 있다.

금융재산을 배우자에게 상속하고 자녀들의 상속세까지 대신 납부를 하게 되면, 상속세만큼 자녀들의 재산 감소를 예방할 수 있고 고령의 배우자가 사망하여 2차 상속이 발생한다면 상속세에 대한 추가적인 부담을 최소화할 수 있기 때문이다.

그러나 그만큼 단점도 있다. 자녀들의 재무 목표(주택마련자금, 사업자금, 부채상환자금, 교육 및 결혼자금 등) 또는 본인의 노후 생활 자금으로 사용하다 보면 상속세 납부재원이 소진될 위험이 발생하게 된다.

부자들도 나이가 들어 갈수록 누구나 판단력 및 인지력의 저하로 금융자산을 관리하는 데 힘들어질 수도 있다. 더욱이 소득이 중단된 이후의 금융자산은 증가보다는 손실의 위험성이 커지게 된다. 언제 사망할지도 모르는 상황에서 금융재산으로 상속세 납부 재원을 준비한다는 것은 현실성이 없다고 할 수도 있다.

금융재산 상속공제(金融財産 相續控除)란?

거주자의 사망으로 인하여 상속이 개시되는 경우로서 상속개시일 현재 상속재산가액 중 순금융자산의 가액(금융재산-금융부채= 순금융자산)이 있는 경우에 일정 금액을 상속세 과세가액에서 공제하되, 그 금액이 2억원을 초과하는 경우에는 2억원을 공제한다.

여기서 일정 금액은 순금융재산가액이 2,000만원 초과시는 당해 순금융재산가액의 20%(공제액이 2,000만원 미만시에는 2,000만원으로 한다), 2,000만원 이하는 당해 순금융재산가액을 말한다. 여기서 금융재산에는 최대주주가 보유하고 있는 주식(출자지분)은 제외한다.

12

부자들의 부동산 상속설계 노하우

    65세 이상의 자산보유비중을 보면 86.7%가 부동산 자산으로, 부동산에 대한 의존도가 지나치게 크다고 볼 수 있다. 그러므로 소득기반이 없는 은퇴자들의 노후 생활은 궁핍하게 되고, 상속세 납부재원 마련이 안 된 상속인들에는 자산 손실의 위험이 발생하기도 한다. 그러나 부동산의 장·단점을 분명히 인식을 하고 적절히 활용한다면 절세 방안 마련에 도움이 될 것이다.

    부자들의 자산구성 중 대부분을 차지하는 부동산 자산의 상속가액 평가는 시가(실거래가) 평가가 원칙이다. 그러나 상속·증여는 금전을 받고 처분하는 것이 아닌 무상으로 이전하는 것이기 때문에 보충적 평가방법을 적용하는 것이 일반적인데, 시가(실거래가) → 토지보상가액 → 감정평가액 → 공동주택 또는 개별공시지가 순으로 평가액을 적용한다. 토지의 지목 및 위치에 따라 시세

대비 공시지가의 차이가 매우 크게 나타나고, 상속평가액의 감소로 상속세에 대한 부담을 줄일 수도 있다.

주변지역 개발 등의 호재로 미래가치의 상승이 예상되는 부동산이 있다면 가치평가액이 크지 않을 때 미리 사전증여를 하여 세 부담을 줄일 수 있다. 이러한 이유가 부자들이 부동산을 활용한 상속설계방안으로 매우 유용하게 활용하는 근거이도 하다.

또한 수익형 부동산을 증여하면 공시지가 및 보증금(또는 전세자금)을 활용한 부담부증여로 증여세를 줄이고, 사전증여를 통한 향후 상속가액 감소로 상속세를 줄일 수 있는 방안을 세울 수 있다. 그리고 수증자는 임대소득을 통하여 소득기반 형성 및 자금의 출처방안을 마련할 수 있다.

그러나, 다음의 사항들은 정확히 이해하고 설계하지 않으면 낭패를 볼 수 있으므로 철저한 주의를 요한다.

(1) 소득기반이 없는 자녀에게 증여를 하게 되면 증여세 납부재원을 마련할 수 있는 방안을 함께 마련해야 한다.
(2) 건물 또는 토지만 증여받는 경우가 있는데, 이런 경우에 공동사업자 등록 후 임대소득의 배분과 토지 무상사용에 대한 증여의제를 주의해야 한다.

부동산소유를 통한 상속설계 시 다음과 같은 단점들도 있다.

첫째, 부동산의 가치 및 선호도가 다르고 동일한 물건의 부동산이 없어, 재산분할 시 분쟁의 소지가 크다는 것이다. 예를 들어 서울 소재의 아파트와 지방의 임야를 상속받을 때 지방의 임야를 받고자 하는 자는 거의 없을 것이다.

둘째, 토지거래허가구역 또는 개발제한구역 내에서 농지 및 임야 등을 사전증여하고자 할 때 수증자가 비농업인의 경우 소유권 이전이 안 될 수도 있다. 토지 고유의 목적대로 사용될 가능성이 없는 경우 지방자치단체가 소유권 이전 허가를 해주지 않기 때문이다.

셋째, 상속세 납부재원 마련을 위해 부동산을 처분하거나 부동산을 담보로 금융기관 대출을 받을 경우, 상속재산가액이 시세 또는 감정평가액으로 재계산이 되어 상속세에 대한 부담이 증가할 수 있다. 상속개시 시점 전후 6개월 내에 부동산을 처분한다든지, 담보대출을 받기 위해 2개 이상의 감정평가사의 평가를 받으면 공시기자로 평가받던 상속가액이 실거래가 또는 감정평가액으로 재산출되어 상속가액이 증가하기 때문이다.

넷째, 부동산을 양도하면 양도소득세가 발생하게 되고, 특수관계자 간 거래를 할 경우 세 부담 감소를 위한 행위로 간주되어 양도가 부인될 가능성도 크다. 양도소득은 양도차익의 규모에 따라서 6~45%의 세 부담이 발생하게 되고, 다주택 또는 비사업용 토지로 해당이 되면 일반세율이 아닌 고율의 중과세가 부가될 수도 있다.

끝으로, "상속증여세 완전포괄주의" 실시에 따른 시가평가가 일반화되어 부동산의 시가평가가 활성화되고 있다는 점이다. 따라서 매매사례 비교, 유사물건의 신고가액 등을 참고하여 평가가액을 현실화시키고 있다는 점이다. 구체적인 실행에 있어서는 전문가의 상담과 설계가 더욱더 필요한 상황이다.

13

부자들의 상속설계 비법 3가지

상속이 시작되면 해결해야 할 세 가지 주요 과제가 발생하는데, 이는 상속재산의 평가, 배분, 그리고 상속세 납부이다. 이 과정은 결코 단순하지 않다.

첫째, 상속재산의 평가 문제

자산의 종류와 상속인 간의 이해관계에 따라 평가가 달라질수 있으며, 이로 인해 세금이 증가하고 이해당사자 간 갈등이 생길 수 있다. 상속재산이 부동산인 경우, 일부 형제들은 현금 자산이 없거나 부채 및 사업자금이 급히 필요하여 부동산을 처분할수밖에 없을 것이다.

이 경우, 실거래가 노출로 인해 상속세 부담이 늘어나고, 다른 형제들은 부동산을 처분한 형제를 비난할 수 있다. 또한, 부동산을 담보로 대출받기도 어렵다. 은행은 대출에 앞서 담보물건을 평가하는데, 2곳 이상의 감정평가액이 나오면 세금 부담이 증가할 수 있기 때문이다.

따라서 상속이 개시되기 전후 6개월 이내에는 부동산 거래나 대출을 피하는 것이 좋다. 증여의 경우 전후 3개월 이내의 거래도 평가액에 영향을 줄 수 있다. 또한, 부동산 취득 후 2년 이내에 상속이 개시되어 상속평가액이 취득가액보다 지나치게 낮을 경우, 취득가액으로 평가액이 변경될 수 있다.

둘째, 상속재산의 배분 문제

부모의 의도와 자녀들의 기대가 다르기 때문에, 자녀들 사이에서도 다른 의견을 가질 수 있다. 부모는 균등하게 상속했다고 생각하지만, 자녀들은 그렇지 않게 느낄 수 있다. 부동산 선호도도 문제가 될 수 있다.

예를 들어, 강남의 상가와 시골의 임야가 있다고 가정하면, 자산가치가 같더라도 시골의 임야를 상속받고자 하는 사람은 거의 없을 것이다. 따라서 분쟁이 발생할 수 있다.

가장 큰 문제는 상속재산의 소유자가 무상으로 자산을 분배하는 것에 있다. 유류분을 침해하지 않는다면, 다소 불평등하게 자산이 배분되더라도 큰 문제가 발생하지는 않는다.

셋째, 상속세 납부재원 마련 문제

상속재산 평가 시 언급했듯이 부동산의 경우 세금 부담이 증가할 수 있다. 또한 급매와 양도소득세 납부로 인한 자산 손실이 클 수 있다. 결국 부모가 평생 힘들게 구입한 부동산이 상속세 납부재원 마련으로 소모될 수 있다. 중소기업을 운영하는 사람들도 상속세 납부재원 마련에 어려움을 겪는다.

사업을 하는 사람들은 사업 성장을 위해 재투자를 많이 하기 때문에, 사업장 이외의 자산은 많지 않다. 상속이 개시되면 비상장주식을 평가하여 상속세를 납부해야 하는데, 다른 자산이 없으면 비상장주식으로 세금을 낼 수 없다. 처분하려 해도 매수자가 없고, 처분 시 보유 주식 지분 감소로 경영권 승계에 문제가 발생할 수 있다.

이러한 문제를 해결하는 데 있어 종신보험이 좋은 방안이 될 수 있다. 첫째, 종신보험의 사망보험금으로 상속세를 납부하거나 현금이 필요한 자녀에게 상속재산으로 줄 수 있어 부동산 평가로 인한 자산 손실과 분쟁을 예방할 수 있다. 둘째, 부동산 자산만으로는 동일하게 배분할 수 없지만, 사망보험금을 활용하여 부족한 부분을 대체할 수 있다. 셋째, 사망보험금을 통해 상속세 납부재원을 마련하면 부동산 자산의 양도로 인한 자산 감소나 비상장주식 처분으로 인한 경영권 승계 문제를 피할 수 있다.

따라서 위험을 평가하고 그에 맞는 종신보험에 가입하는 것이 중요하다. 먼저 사망보장, 생존보장, 소득 대비 보험료 크기 및 납입 기간을 고려하여 보험에 가입해야 한다. 이렇게 하면 조기 해약에 따른 손실을 최소화할 수 있다.

또한, 배우자나 자녀에게 소득기반이 있다면 계약자와 수익자를 그들로 지정하여 가입하는 것이 좋다. 그들의 계좌에서 보험료가 인출되면 사망보험금은 상속재산에서 제외되어 세금 부담을 줄일 수 있다. 마지막으로 수익자 지정 및 변경을 활용하여 원하는 상속인에게 안전하게 상속할 수 있다.

14

가족 간의 양도는 증여로 추정한다

부동산 매매는 일반적으로 타인 간의 거래가 일반적이다. 그런데 가족 사이에도 부동산을 사고팔 수는 있다. 이 경우에 가장 궁금한 것인 세금문제이다. 이와 관련한 세금문제는 일상생활 속에서 자주 일어나는 사항이므로 정확하게 알아 둘 필요가 있다.

부부 사이나 부모와 자식 사이에 부동산을 사고팔았을 때에는 양도한 것으로 보지 않고 증여로 추정해서 증여세를 과세한다. 그러나 본인의 소득이나 재산을 처분하여 매입한 것이 확인될 경우에는 증여로 보지 않는다.

본래 증여세의 과세요건인 증여 사실에 관해서는 원칙적으로 과세관청이 입증의 책임을 진다. 따라서 과세관청이 증여 사실을 입증하지 못하면 과세할 수 없는 것이 현실이다. 그러나 증여자와 증여를 받는 사람인 수증자 사이에 증여 사실을 은폐하거나 다른 형태로 위장하는 경우가 많다. 이런 경우에 증여 사실을 입증한다는 것은 지극히 어렵다.

그러므로 증여가 있었을 고도의 개연성이 있을 때에는 과세관청의 입증책임을 완화할 필요가 있는데, 증여추정(贈與推定)은 바로 이러한 취지에서 마련된 것이다. 법원 결정으로 경매절차에 따라 처분된 경우, 파산선고로 말미암아 처분된 경우, 국세징수법에 따라 공매된 경우, 배우자 등에게 대가를 지급받고 양도한 사실이 명백히 인정되는 경우 등에는 증여추정규정을 적용하지 않는다.

특수관계에 있는 사람에게 부동산을 양도하고, 그 사람이 3년 이내에 양도한 사람의 가족에게 양도한 때에는 양도한 사람이 직접 증여한 것으로 추정한다. 아울러 부부 간 및 직계존비속 간에 부동산을 증여하고, 증여받은 날로부터 5년 이내에 타인에게 양도할 때에는 당초 증여재산을 최초로 취득했을 때의 취득가액을 적용해서 양도소득세를 계산한다.

증여란 재산을 대가 없이 무상으로 다른 사람에게 주는 것을 말하며, 증여세란 재산을 무상으로 취득한 사람에게 취득 받은 재산가액에 대해 부과하는 세금이다. 직업, 연령, 소득 및 재산상태 등으로 보아 재산을 본인의 능력으로 취득했다고 인정하기 어려운 경우에는 증여받은 것으로 보고 증여세를 과세한다는 것을 주의해야 한다.

이런 경우에 자금출처로 입증된 금액이 취득한 재산의 가액에 미달하면, 당해 재산을 취득한 때에 당해 재산의 취득자금을 증여받은 것으로 추정해서 취득자의 증여재산가액으로 한다는 것이다.

부모와 형제로부터 자금을 빌려서 사업자금으로 사용하는 경우에, 당해 금액을 증여로 볼 것인가? 아니면 남과 같이 소비대차로 볼 것인가? 직계존비속 간의 소비대차는 소관 세무서장이 구체적인 사실을 조사하여 판단할 사항이며, 원칙적으로 소비대차는 인정되지 않는다는 것을 기억하자.

15

'세대생략 증여'란 무엇인가?

일반적으로 한 세대를 생략하여 증여를 하면 산출세액의 30%가 할증된다고 무조건 손해라고 생각하는 경우가 많다. 그러나 경우에 따라서는 상속분쟁도 예방하고 상속세도 절세할 수 있다.

상속인에게 증여를 할 경우 상속개시일로부터 소급하여 10년 이내에 증여한 재산은 상속재산에 합산을 한다. 그러나 상속인이 아닌 자에게 증여한 재산은 5년 이내 증여분만 상속재산에 가산한다.

그러므로 대습상속(代襲相續)이 되지 않는 한, 손자는 상속 외의 자이므로 5년 이내의 자산만 합산이 된다. 최근에 의학이 발달하면서 중병이 발생하더라도 5년 이상 장기생존이 가능한 경우가 많으므로, 세대생략 증여를 통한 분쟁예방 및 절세방법을 찾을 수가 있다.

상속·증여세는 누진세율로 금액이 증가할수록 세금도 증가하는데, 손자 입장에서 보면 할아버지와 부모의 증여재산이 합산되지 않는다는 이점이 있다. 또한 할아버지에서 아버지로, 다시 아버지에서 아들에게 재차 증여가 발생할 경우 부담하는 증여세의 이중과세를 피할 수 있다.

이러한 세대생략 증여는 할아버지가 재산이 많고, 부모 역시 재산 그리고 소득이 많을 경우 절세효과가 크다고 할 수 있다. 조부모와 부모가 재산이 많으면 30%가 할증되더라도 세대생략 증여가 유리할 수가 있다.

여기에 증여하는 재산가액이 20억원을 넘게 되면 할증률이 최고 40%까지 올라간다. 그리고 손자의 증여세 등 증여에 따른 부대비용 납부능력을 고려해야 한다. 손자의 증여세 부담 능력이 없으면 증여세 또한 증여로 간주하기 때문에 세 부담이 증가할 수 있다는 점에 주의해야 한다.

대습상속(代襲相續)

대습상속이란 상속인이 상속 개시 전에 사망하거나 상속 결격 사유에 해당하여 상속권을 상실한 경우, 그 상속인의 직계비속이 대신 상속하는 제도를 말한다. 대습상속은 원래 상속인이 될 사람이 사망이나 상속 결격 등의 사유로 상속을 받을 수 없을 때 그 사람의 자녀나 후손이 대신 상속받을 수 있도록 하는 것이다. 대습상속은 민법에 의해 규정되어 있다. 대한민국 민법 제1000조 제3항에 따르면 상속인이 상속 개시 전에 사망하거나 결격 사유에 해당하는 경우 그 직계비속이 대습상속을 받을 수 있다.

만약 A씨가 상속인이었으나 상속 개시 전에 사망했다면, A씨의 자녀가 대습상속을 통해 A씨가 받을 수 있었던 상속분을 대신 상속받게 된다. 대습상속 제도는 상속인의 상속권 상실로 인해 발생할 수 있는 상속 공백을 메우고, 상속재산이 직계비속에게 공정하게 분배될 수 있도록 한다. 이를 통해 상속의 예측 가능성과 안정성을 높일 수 있다.

16

다양한 유언의 종류 이해하기

상속인 간 협의분할 또는 법정상속보다도 유언의 원칙이 우선시된다. 유언서 작성 시에는 형식과 절차를 준용해야만 효력이 발생하므로 주의를 해야 한다. 그러한 유언은 반복해서 할 수 있다. 왜냐하면 마지막으로 작성한 유언이 효력을 발생하기 때문이다. 유언의 종류에는 자필증서, 녹음, 비밀증서, 공정증서 그리고 구수증서 5가지가 있다.

첫째, 자필증서유언(自筆證書遺言)

유언서의 전문, 연월일, 주소와 성명을 직접 자필로 작성을 한후에 날인을 해야 한다. 유언서 작성 시 증인이 필요 없는 반면에, 사후에 검인절차가 필요하다. 유언 자체의 비밀유지와 작성이 용이하다는 장점이 있지만, 위조되거나 분실할 수 있다는 단점도 있다.

둘째, 녹음유언(錄音遺言)

유언의 취지, 성명, 연월일을 음성으로 녹음을 하고 증인의 확인을 받고 성명을 녹음하면 된다. 증인으로는 1명 이상이면 되고, 사후에 검인을 받아야 한다. 필기할 필요가 없다는 장점은 있지만, 유언이 사전에 누설될 위험이 있다.

셋째, 비밀증서유언(秘密證書遺言)

유언서를 작성하고 증인의 확인하에 봉인을 한 후에 5일 이내 공증인 또는 법원서기에 제출을 하여 봉인상의 확정일자를 받으면 된다. 2명 이상의 증인이 요구되며 사후에도 검인의 절차가 필요하다. 장점으로는 유언내용에 대해서 비밀을 유지할 수 있지만, 단점으로 절차가 복잡하다는 것과 유언의 존재가 노출될 수 있다는 것이다.

넷째, 공정증서유언(公證證書遺言)

유언의 내용을 구술하고 공증인이 기재 후 낭독을 해야 한다. 2명 이상의 증인이 필요하며, 사후에는 검인절차가 불필요하다. 가장 안전하고 확실한 방법이라는 장점이 있지만, 절차와 비용부담 그리고 비밀이 사전에 누설될 위험이 있다.

다섯째, 구수증서유언(口授證書遺言)

급박한 사유가 발생하였을 경우에만 작성을 할 수가 있다. 유언자가 유언의 취지를 구수하고 증인의 낭독 및 확인을 거쳐야 한다. 2명 이상의 증인이 필요하며, 위난 종료 후 7일 이내에 가정 법원에 사전 검인신청을 하면 사후에 검인이 불필요하다. 급박한 경우에 이용할 수 있다는 장점이 있는 반면에, 실효성에서 의문이 가는 단점이 있다.

유언의 종류마다 특징 및 장·단점을 잘 이해하고 적절히 활용한다면 피상속인의 의지도 반영하면서 상속인 간의 다툼도 어느 정도 해결할 수가 있다.

17

'유류분제도'의 의미와 활용

　상속설계는 피상속인과 상속인 간의 이해관계를 정확히 파악하는 것이 중요하다. 재산을 주고자 하는 부모의 마음과 받고자하는 자녀들의 마음이 다르기 때문이다. 또한 받고자 하는 자녀들 간의 마음이 다르다. 그러다 보니 유류분을 침해하여 불필요하게 형제들 간 소송이 발생하게 된다.

　자본주의사회에서 원칙적으로 개인들은 자신의 재산권을 자유롭게 처분할 수 있다. 그러나 피상속인이 상속재산의 전부를 상속인 중 일부 또는 제3자에게 증여하고, 다른 상속인은 한 푼도 상속받지 못할 수도 있는데, 이는 가족생활의 안정을 해치게된다. 따라서 피상속인의 과다한 유증 또는 증여로 상속인들의 상속재산 침해가 심할 경우 일정 범위의 상속인에게 상속재산의 일정한 비율을 확보할 수 있는 제도를 두었는데 이를 '유류분(遺留

分)'이라고 한다.

유류분제도는 상속인이 법정상속분의 일정 비율을 반드시 상속받을 수 있도록 보장하는 제도이다. 이는 피상속인이 유언이나 증여 등을 통해 특정인에게 재산을 과도하게 분배하는 경우, 다른 상속인의 최소한의 권리를 보호하기 위한 장치이다. 유류분제도는 상속인 간의 형평성을 유지하고 상속으로 인한 불공정한 분배를 방지하는 역할을 한다.

유류분을 주장할 수 있는 사람은 법정상속인에 해당한다. 구체적으로는 피상속인의 배우자, 직계비속(자녀, 손자녀), 직계존속(부모, 조부모), 형제자매가 유류분권자가 된다. 다만, 형제자매의 경우 그 유류분 비율이 다른 상속인들에 비해 낮게 설정되어 있다.

유류분이란 상속인의 상속기대 충족을 위한 최소한의 상속지분, 상속인의 재산 형성 공헌과 협력인정 및 피상속인의 유언에 의한 일정한 제한을 가하는 것이 타당하다고 인정하는 것이다. 유류분의 비율은 피상속인의 직계비속과 그 배우자는 법정상속지분의 1/2을 인정하고, 배우자와 자녀가 없을 경우에는 직계존속과 형제자매들에게 법정상속지분의 1/3까지 인정한다. 그리고 선순위 상속권자가 있으면 후순위자는 유류분 권리가 없다.

유류분 산정을 상속개시시점 피상속인의 재산에 증여재산가액을 합산하고 채무를 전액 공제한다. 상속개시 전 1년간의 증여재산을 포함하지만. 당사자 쌍방이 유류분 권리자에게 손해를 가할 것을 알고 있는 경우에는 1년 이전의 증여재산도 합산을 한다. 유류분 침해를 받은 자는 반환을 청구할 수 있다. 그러나 유증재산을 먼저 받은 후에야 증여재산을 반환받을 수 있으므로, 상속받고자 하는 물건이 있다면 다른 재산으로 유증을 하고 그 물건을 증여받으면 된다.

거래의 안전을 위하여 소멸시효가 있다. 상속개시와 증여·유증 사실을 안 때로부터 1년 이내에 권리를 행사하여야 한다. 그리고 상속개시 후 10년을 초과하여서는 유류분 반환 청구를 할 수가 없다.

유류분제도는 상속인 간의 공평한 분배를 보장하며, 피상속인의 의도에 의해 특정 상속인이 과도한 재산을 차지하거나 다른 상속인이 최소한의 생계 유지를 위한 재산을 받지 못하는 상황을 방지하기 위함이다. 이를 통해 가족 간의 분쟁을 줄이고 상속으로 인한 사회적 문제를 예방할 수 있다.

18

'기여분제도'의 의미와 활용

부자들과 상담을 하다 보면 기여분제도에 대하여 잘못 알고 있는 경우를 자주 만나게 된다. 일반적으로 부모님을 모시고 산다든지 또는 며느리가 시아버지 병간호를 하는 경우이다. 그러나 이 두 가지 경우 다 기여분에 해당되지 않는다. 전자는 "특별한 기여행위 또는 부양"에, 후자는 "공동상속인"의 조건에 해당되지 않기 때문이다.

기여분제도는 상속재산의 분할에 있어 피상속인의 재산 형성이나 유지에 특별한 기여를 한 상속인에게 그 기여도를 인정하여 법정상속분 외에 추가로 분배하는 제도이다. 이 제도는 피상속인의 재산 증식 또는 보전에 공헌한 상속인의 노력을 공정하게 보상하기 위한 것이 목적이다.

기여분은 피상속인의 직계비속(자녀, 손자녀), 배우자, 직계존속

(부모, 조부모), 형제자매 등이 주장할 수 있다. 이 상속인들은 피상속인의 재산 형성, 유지, 증가에 특별히 기여했음을 입증해야 한다.

기여분이란, 공동상속인의 특별한 기여행위 또는 부양으로 인하여 피상속인 재산의 유지 또는 증가를 가져온 경우에 기여상속인에게 법정상속분의 경직성을 완화하여 공동상속인 간 실질적 형평을 기하고자 하는 제도이다.

여기에서 '공동상속인'과 '특별한 기여행위 또는 부양'이란 단어에 유의할 필요가 있다. 공동상속인 중에서 재산의 증가 또는 유지에 기여한 상속인에게 기여분이 인정되므로, 상속 외의 자인 며느리는 기여분을 요구할 자격이 안 된다. '특별한 기여행위 또는 부양'은 통상 예상되는 부양의무이행의 범위를 넘는 특별한 부양으로서 피상속인의 재산유지 및 증가에 특별히 기여한 경우이다.

기여분의 인정과 그 비율은 상속인 간의 협의에 의해 결정된다. 협의가 이루어지지 않는 경우에는 가정법원이 기여도를 고려하여 결정한다. 기여분을 결정할 때는 피상속인의 재산 규모, 기여의 내용 및 정도, 기여분권자의 생활 상태 등을 종합적으로 고려한다. 여분은 상속재산 분할 시 법정상속분에 추가로 반영된다. 따라서 기여분이 인정된 상속인은 법정상속분보다 더 많은 재산을 받을 수 있다.

예를 들어, A씨가 사망하면서 10억원의 재산을 남겼다. A씨에게는 배우자 B씨와 자녀 C씨, D씨가 있다. C씨는 A씨의 사업을 도와 재산을 5억원 증식시켰다면, C씨는 이 기여도를 인정받아 법정상속분 외에 추가로 재산을 받을 수 있다. 만약 B씨, C씨, D씨가 각각 1/3씩 상속받게 되어 있지만, C씨의 기여분이 2억원으

로 인정된다면, 최종적으로 B씨와 D씨는 각각 3억원씩, C씨는 4
억원을 상속받게 된다.

　기여분제도는 피상속인의 재산 형성에 특별히 기여한 상속인
의 노력을 정당하게 보상함으로써, 상속재산 분배의 공정성을 높
이는 역할을 한다. 이 제도는 상속인 간의 형평성을 도모하고, 피
상속인의 재산 유지 및 증식에 대한 기여를 사회적으로 인정하는
중요한 장치라고 할 수 있다.

19

세무조사의 유형과 대응 전략

　세무조사는 세무 담당자들이 개인이나 기업의 세금 신고나 세금 납부 상태를 검토하고 검증하는 과정을 말한다. 이는 세무 당국이 세금 회피를 방지하고 공정한 세금 징수를 위해 수행하는 중요한 활동이다. 세무조사는 일반적으로 세무 당국이 세금 신고서나 기타 관련 정보를 분석하여 불일치나 오류가 있는지를 확인하고, 필요한 경우 추가 세금을 부과하거나 환급을 조정하는 등의 조치를 취할 수 있다.

　수시조사는 특정한 사유가 발생했을 때 실시되는 세무조사이다. 이는 탈세 혐의가 있는 경우, 납세자가 신고한 세금 내용에 명백한 오류가 있는 경우, 또는 특정 업종이나 지역에 대한 세무 당국의 집중적인 관심이 있는 경우에 이루어진다.

　기획조사는 세무 당국이 특정 과세문제나 업종, 분야에 대해 중점적으로 조사를 실시하는 유형이다. 이는 주로 국세청의 정책적 필요에 따라, 또는 특정 업종에서의 탈세 행태를 분석하고 이를 방지하기 위해 실시된다.

확인조사는 납세자가 제출한 신고서의 내용이 정확한지 확인하기 위해 실시되는 조사이다. 이는 비교적 간단한 조사로, 주로 납세자의 신고 내용이 정상적인지, 또는 특정 항목에 대해 과세당국이 의문을 가질 경우 해당 항목만을 확인하는 데 집중한다.

현장조사는 세무 당국이 직접 납세자의 사업장이나 사무실 등을 방문하여 실시하는 조사이다. 이는 주로 장부, 영수증, 거래 내역 등을 현장에서 직접 확인하고, 납세자의 실제 영업 상태를 파악하여 신고 내용의 진위 여부를 확인하는 데 목적이 있다.

전자조사는 전산 시스템을 이용하여 납세자의 전자 기록을 분석하고 검토하는 조사이다. 이는 주로 납세자가 제출한 전자 세금계산서 및 전자 장부를 검토하고, 전자상거래나 온라인을 통한 소득을 파악하는 데 중점을 둔다.

특별조사는 특정한 사안이나 대규모 탈세 의혹 등이 발생했을 때 실시되는 조사이다. 이는 주로 대형 탈세 사건이나 사회적으로 큰 파장을 일으킬 수 있는 사건에 대해 집중적으로 조사한다.

세무조사는 이러한 다양한 유형으로 나뉘며, 납세자는 각 유형에 대비하여 철저한 장부 관리와 증빙자료 준비, 정확한 신고가 필요하다.

20

효율적인 세무조사 대응 방법

세무조사에 대비하기 위해서는 무엇보다 정확한 장부 관리가 필요하다. 모든 거래를 정확하고 일관되게 기록하고, 재무제표와 회계 장부를 체계적으로 정리하여 주기적으로 점검해야 한다. 이는 세무조사 시 중요한 증빙자료가 되므로, 오류가 없도록 신경 써야 한다.

증빙자료도 철저히 준비해야 한다. 모든 거래에 대한 영수증, 계약서, 인보이스 등 관련 서류를 꼼꼼하게 보관하고, 전자 세금계산서도 함께 관리해야 한다. 증빙자료는 거래별, 항목별로 체계적으로 분류하여 언제든지 제출할 수 있도록 준비하는 것이 중요하다.

세무 신고서 제출 전에는 신고 내용의 정확성을 꼼꼼히 검토해야 한다. 매년 신고서 제출 전에 누락된 항목이 없는지, 오류가 없는지 확인하고, 세무사나 회계사와 상담하여 신고 내용의 정확성을 검토받아야 한다. 세법의 변동 사항도 반영하여야 정확한 신고가 가능하다.

정기적으로 내부 점검을 실시하여 세무조사에 대비하는 것도 중요하다. 이를 통해 사전에 미비점을 보완할 수 있다. 외부 전문가를 초빙하여 모의 세무조사를 실시하고, 실질적인 문제점과 개선 사항을 파악하는 것도 효과적이다.

세무 관련 법규를 숙지하는 것도 필수이다. 매년 변경되는 세법 및 관련 규정을 주기적으로 업데이트하고 숙지하여야 한다. 세무 관련 교육이나 세미나에 참석하여 최신 정보와 사례를 학습하는 것도 도움이 된다.

적절한 세금 납부 계획을 수립하는 것도 필요하다. 예상 세액을 사전에 계산하고, 이에 따른 납부 계획을 세워야 한다. 필요시 분납이나 유예 제도를 활용하고, 예상 세금 납부를 위해 준비금을 사전에 확보하여 납부 시 자금 부담을 최소화하는 것이 좋다.

세무조사 대응 전략도 미리 준비해 두어야 한다. 세무조사에 대비하여 담당자를 지정하고, 그가 관련 자료를 총괄하여 관리할 수 있도록 해야 한다. 세무조사관과의 면담 시 협조적인 태도로 대응하며, 필요한 자료를 성실하게 제출하는 것이 중요하다. 세무조사 중에는 세무사나 회계사의 도움을 받아 법적 대응과 문제 해결에 집중해야 한다.

법적 분쟁에 대비하는 것도 필요하다. 세무조사 결과에 이의가 있을 경우, 법률 전문가의 자문을 구하여 적절한 법적 대응을 준비해야 한다. 세무조사 결과를 분석하고, 이를 토대로 개선 사항을 파악하여 향후 대응 방안을 마련하는 것이 중요하다.

결론적으로, 세무조사에 대비하기 위해서는 철저한 장부 관리, 증빙자료 준비, 정확한 신고, 내부 점검, 법규 숙지, 세금 납부 계획, 대응 전략 수립 등 다각적인 준비가 필요하다. 이를 통해 세무조사 시 발생할 수 있는 문제를 최소화하고, 성실한 납세의무를 이행할 수 있기 때문이다.

21

아파트 투자의 기본 원칙

아파트 투자는 안전성, 수익성, 환금성을 고루 갖춘 프리미엄 아파트를 선택하는 것이 중요하다. 호황기에는 시세 상승을 주도하고, 불황기에도 시세가 크게 흔들리지 않는 투자형 아파트가 갖추어야 할 조건을 살펴보겠다.

첫째, 뛰어난 입지

아파트 투자의 가장 중요한 요소는 입지이다. 수요가 있어야 공급이 이루어지고, 돈이 모이기 때문이다. 입지는 개발 축과 깊은 관련이 있는데, 우리나라의 대표적인 개발 축으로는 '수도권 경부선 축'이 있다. 서울 강남을 기점으로 판교, 분당, 용인, 수원, 천안으로 이어지는 수도권 경부선 축은 경부고속도로를 따라 흐른다. 앞으로는 신분당선 개통, 경의선 복선전철 개통 및 확대, 수도권 광역 급행전철 등이 새로운 개발 축의 중심으로 급부상할 것으로 예상된다.

둘째, 우수한 교통여건

교통여건은 도로와 철도(전철, 지하철)로 나눌 수 있지만, 수도권 지역의 경우 지하철(전철)이 좌우한다. 역세권 여부는 아파트 가격 형성에 큰 영향을 미치며, 도보로 10분 이내(800미터 이내)에 도달할 수 있는 거리는 역세권으로 분류된다. 특히 지하철 개통을 앞둔 역세권 아파트는 프리미엄이 붙기 마련이다.

셋째, 단지 규모

아파트 단지 규모는 생활편익시설과 밀접한 관련이 있다. 일반적으로 단지 규모가 크면 단지 내 상가가 발달하고 생활편익시설이 골고루 갖추어진다. 이를 위해서는 단지 규모가 최소 500세대 이상, 이상적으론 1,000세대 이상이어야 한다.

넷째, 지형, 층, 향

지형적으로 평지에 위치하고 진입로가 양호한 아파트는 토지 가치 상승이 아파트 시세에 반영될 수 있다. 단지 내 경사가 심하면 안전사고의 위험이 높아 가격 형성에 부정적인 영향을 줄 수 있다. 저층은 소음과 도난의 위험이 높아 실수요가 적고, 고층은 조망권 확보로 인해 로열층으로 대접받는다. 남향 아파트는 난방비 절감, 빨래 건조, 일광 세탁 등에 유리해 여전히 많은 수요자들에게 선호된다.

다섯째, 조망권

산이나 강, 공원 등의 조망권은 웰빙 트렌드에 부합하며, 같은 단지 내에서도 조망권이 좋은 아파트는 높은 프리미엄을 형성한다. 예를 들어, 서울의 한강변 아파트는 조망권 유무에 따라 최소 1~2억원 이상의 프리미엄 가격 차이를 보인다.

여섯째, 학군

대한민국에서 교육은 매우 중요한 요소이다. 자녀를 둔 학부모는 아파트 선택 시 학군과 학원가를 가장 중요하게 고려한다. 명문 학군은 물론, 초등학교, 중학교, 고등학교가 인접한 아파트도 좋다.

일곱째, 브랜드 파워

동일한 지역에서 비슷한 단지 규모의 아파트라도 브랜드가 프리미엄을 형성해 시세를 좌우한다. 삼성물산 '래미안', 현대건설 '힐스테이트', 대우건설 '푸르지오', GS건설 '자이', 대림산업 'e-편한세상' 등 최상위 대기업 건설사의 브랜드는 물론, 특정 지역에서 통하는 중견 건설사의 브랜드도 좋다.

끝으로, 대형 쇼핑시설과의 근접성

주부의 소비패턴이 할인점이나 백화점으로 집중되면서, 주변에 대형 쇼핑시설이 입지해 있으면 아파트 가격이 평균 5% 정도 더 비싸다.

이와 같은 조건들을 고려하여 아파트를 선택하면 안정적인 투자와 높은 수익성을 기대할 수 있다.

22

국민연금과 미래

국민연금은 한국의 중요한 사회보험 제도 중 하나로, 노후 생활을 준비하는 데 중요한 역할을 한다. 그러나 최근 몇 년간 국민연금은 다양한 도전과 과제에 직면해 있다. 여기에는 연금자 수 증가, 자금 부족 가능성, 그리고 사회적 인식의 변화 등이 포함된다.

국민연금의 현재 상황

국민연금은 현재 21.57백만명의 가입자와 4.05백만명의 연금 수령자가 있으며, 총 적립 기금은 512조원이다. 연금 지급은 매년 약 15조원으로 이루어지고 있다. 2024년 기준으로 20년 이상 납부한 가입자가 100만명에 가깝게 되고 있으며, 2041년에는 1,788조 원의 자산 보유가 예상된다. 그러나 2042년부터 연금수지 적자가 발생할 것으로 예상되며, 2057년에는 적립금이 고갈될 가능성이 있다. 최근에는 고갈 예상 시점이 2057년에서 2055년으로 2년 앞당겨졌다.

문제와 도전 과제

국민연금 제도는 중장기적으로 지속 가능성에 대한 논의가 필요한 상태이다. 젊은 세대와 중년층 사이에서는 국민연금에 대한 불신이 커지고 있는 것도 현실이다. 저출산과 고령화로 인해 노동인구 대비 연금 수령인구 비율이 높아져 연금 수령 가능성에 대한 우려가 증가하고 있다. 또한, 국민연금의 고갈 시기가 2050년대로 예측되어 있지만, 이는 출산율이 낮아지고 있기에 더 늦춰질 가능성이 낮다는 점이 문제이다.

혜택과 사회적 위치

국민연금은 현재의 생활수준을 유지하거나 개선하기 위한 중요한 수단으로 작용하고 있다. 특히 납부 기간이 10년 이상인 경우, 만 61세부터 월 연금을 받을 수 있다. 연금 지급 금액은 개인의 소득의 일정 비율에 따라 결정되며, 현실적으로 국민연금은 많은 사람들에게 중요한 생활보장제도로 자리 잡고 있다는 것이다.

지속 가능한 미래를 위한 대응

앞으로 국민연금이 지속 가능하게 운영될 수 있도록, 다양한 정책적 대응이 필요하다. 이에는 출산율 증가를 위한 정책, 연금 수령 연령 상향 조정, 자금 증가를 위한 추가적인 자산 운용 전략 등이 포함될 수 있다. 또한, 국민의 불신을 해소하고 제도의 투명성과 효율성을 높이는 데도 적극적인 노력이 필요하다고 생각한다.

국민연금은 많은 사람들에게 중요한 노후 생활 보장 제도로 자리 잡고 있지만, 현재와 미래의 도전 과제에 직면해 있다. 지속 가능한 미래를 위해 정부와 국민 모두가 협력하여 적극적으로 대응해야 할 시점이다. 이를 통해 국민 모두가 안정적이고 지속 가능한 노후를 보낼 수 있는 환경을 조성할 수 있을 것이다.

23

4대 보험의 정확한 이해

대한민국의 근로자들은 4대 보험의 혜택을 받을 권리가 있다. 이는 국민연금, 국민건강보험, 고용보험, 산업재해보상보험으로 구성된 사회보험으로, 근로자의 생활을 안정시키고 다양한 상황에서 경제적 부담을 덜어준다. 4대 보험은 1인 이상의 사업장에서 의무적으로 적용되며, 사업주는 근로자에 대해 4대 보험 취득 신고를 해야 할 의무가 있다.

국민연금: 노후의 든든한 버팀목

국민연금은 근로자들이 소득활동을 하는 동안 일정액의 보험료를 납부하고, 노령, 장애 또는 사망 등의 이유로 소득활동이 중단될 경우 본인이나 유족에게 연금을 지급하는 사회보험이다. 이제도는 장기적인 소득 보장을 위해 정부가 보험의 원리에 따라 만든 것이다. 18세 이상 60세 미만의 대한민국 거주 국민이 국민연금 가입 대상이며, 외국인도 상호주의 원칙에 따라 일부 국가의 국민은 가입할 수 있다.

국민연금은 사업장가입자, 지역가입자, 임의가입자로 나눌 수 있다. 사업장을 운영하거나 사업장에서 근로하는 경우 사업장가입자가 되며, 별도의 소득이 있는 경우 지역가입자가 된다. 임의가입자는 자발적으로 가입을 희망하는 사람들을 말한다.

국민건강보험: 의료비 부담을 덜어주는 제도

국민건강보험제도는 질병이나 부상으로 인한 고액의 진료비로 가계에 과도한 부담이 되는 것을 방지하기 위해 마련되었다. 국민들이 평소에 보험료를 납부하고, 필요시 보험자인 국민건강보험공단이 이를 관리·운영하여 의료서비스를 제공하는 사회보장제도이다. 국내 거주 국민은 건강보험의 가입자 또는 피부양자가 되며, 일부 예외를 제외한 모든 사람에게 적용된다.

고용보험: 실업과 고용 안정을 위한 필수 제도

고용보험은 근로자의 고용 안정과 직업 능력 개발을 지원하며, 실업 시 생활 안정을 위한 급여를 제공한다. 고용보험의 피보험자는 근로자와 자영업자로, 고용된 날에 피보험자격을 취득하게 된다. 고용보험의 주요 내용으로는 실업급여와 고용안정, 직업능력개발사업이 포함된다. 실업급여는 근로자가 실업 상태일 때 생활 안정을 도와주며, 구직활동을 촉진하는 역할을 한다.

산업재해보상보험: 업무상 재해에 대한 보상

산업재해보상보험은 근로자가 업무상 재해를 당했을 때 적절한 보상을 제공하는 보험이다. 보험급여 수급자는 업무상 부상, 질병, 신체장애, 또는 사망이 발생한 근로자로 한정된다. 보험급여는 요양급여, 휴업급여, 장해급여, 간병급여, 유족급여, 상병보상연금, 장례비, 직업재활 급여 등 다양한 형태로 제공된다.

4대 보험의 의무와 중요성

4대 보험은 근로자에게 매우 중요한 사회안전망이라고 할 수 있다. 근로자가 근무 중 겪는 다양한 위험을 대비하고, 이를 통해 경제적 안정을 도모할 수 있기 때문이다. 예를 들어, A씨가 고용보험에 가입되지 않았다는 사실을 알게 되었을 때, 사업주는 즉시 고용보험에 대한 가입 신고를 해야 한다. 고용보험 미가입 또는 거짓 신고의 경우 과태료가 부과될 수 있다. 다른 보험 역시 근로자라면 의무적으로 가입해야 하며, 이를 이행하지 않을 경우 법적 제재를 받을 수 있다.

4대 보험은 근로자의 기본적인 권리이자, 사회적 안정망을 위한 필수적인 제도이다. 국민연금은 노후를 대비하고, 국민건강보험은 의료비 부담을 덜어주며, 고용보험은 실업 시 생활 안정을 보장하고, 산업재해보상보험은 업무상 재해 시 적절한 보상을 제공한다. 이러한 보험들이 제대로 운영되고 가입될 때, 근로자들은 보다 안정된 생활을 영위할 수 있다. 사업주와 근로자 모두가 4대 보험의 중요성을 인식하고, 이를 충실히 이행하는 것이 무엇보다 중요하다. 4대 보험이야말로 근로자들의 든든한 버팀목이며, 사회의 기초를 이루는 중요한 요소이다.

24

'재무상태표' 정확히 알기

　재무상태표는 특정 시점에서 기업의 재무 상태를 명확하게 이해할 수 있도록 하는 도구이다. 이는 기업의 자산, 부채, 자본의 금액과 구성을 표시하여, 기업이 현재 보유하고 있는 경제적 자원과 이를 조달한 방법을 한눈에 파악할 수 있게 해준다. 이를 통해 이해관계자들은 기업의 재정 건전성을 평가하고 미래의 경제적 결정을 내릴 수 있다.

　재무상태표는 세 가지 주요 요소로 구성된다. 자산, 부채, 자본을 말한다. 자산은 과거의 거래나 사건의 결과로 현재 기업이 지배하고 있으며, 미래에 경제적 효익을 창출할 것으로 기대되는 자원을 의미한다. 자산은 유동자산과 비유동자산으로 나뉘며, 유동자산은 일반적으로 1년 이내에 현금화되거나 사용될 것으로 예상되는 자산을 의미한다. 예를 들어 현금 및 현금성 자산, 매출

채권, 재고자산 등이 있다. 반면, 비유동자산은 1년 이상 보유할 목적으로 취득한 자산으로, 토지, 건물, 기계장치, 장기투자 등이 이에 해당한다.

부채는 과거의 거래나 사건의 결과로 현재 기업이 부담하고 있으며, 미래에 자원의 유출이 예상되는 의무를 의미한다. 부채도 유동부채와 비유동부채로 나뉜다. 유동부채는 일반적으로 1년 이내에 상환해야 하는 부채로, 매입채무, 단기차입금, 미지급비용 등이 있다. 비유동부채는 1년 이후에 상환해야 하는 부채로, 장기차입금, 사채 등이 포함된다.

자본은 자산 총액에서 부채 총액을 차감한 잔여액으로, 기업의 순자산을 의미한다. 이는 기업의 자산에 대한 소유주의 잔여청구권을 나타내며, 자본금, 자본잉여금, 자본조정, 기타포괄손익누계액, 이익잉여금으로 구분된다.

재무상태표를 작성할 때는 몇 가지 기준을 따른다. 먼저 자산, 부채, 자본을 각각 구분하여 표시한다. 자산은 유동자산과 비유동자산으로, 부채는 유동부채와 비유동부채로 구분된다. 자본은 자본금, 자본잉여금, 자본조정, 기타포괄손익누계액, 이익잉여금으로 나누어진다. 또한 자산, 부채, 자본은 총액으로 기재하는 것이 원칙이며, 서로 다른 항목 간의 상계를 통해 재무상태표에서 제외해서는 안 된다.

자산과 부채는 1년을 기준으로 유동자산 또는 비유동자산, 유동부채 또는 비유동부채로 구분한다. 운전자본과 관련된 항목들은 1년을 초과하더라도 정상적인 영업주기 내에 실현 또는 결제될 것으로 예상되는 경우 유동으로 분류된다. 자산과 부채 항목은 유동성 배열법에 따라 기재되며, 유동성이 높은 항목을 상단에 배치하고 유동성이 낮은 항목을 하단에 배치한다. 자본거래에서 발생한 자본잉여금과 손익거래에서 발생한 이익잉여금은 구분하여 표시해야 하며, 가지급금 또는 가수금 등 미결산항목은 그 내용을 나타내는 적절한 과목으로 표시해야 한다.

재무상태표는 기업의 재무 상태를 파악하는 데 매우 유용하다. 기업의 자산과 그 구성 내역 및 유동성에 관한 정보를 제공하고, 자산이 누구로부터 조달되었는지에 관한 정보를 제공한다. 또한 손익계산서와 함께 사용할 경우 자산의 수익률에 관한 정보를 제공하여 기업의 경제적 자원 활용도를 평가할 수 있다.

그러나 재무상태표에는 몇 가지 한계도 있다. 모든 항목이 공정가치로 평가되지 않기 때문에 보고기간 종료일의 현행가치를 반영하지 못할 수 있고, 인적자원 등 측정이 어려운 항목은 자산으로 포함되지 않는다. 또한 자산 평가 시 자의적인 측정기준에 의존할 수 있어 객관적인 정보를 제공하지 못할 가능성도 있다.

결론적으로, 재무상태표는 기업의 재무 상태를 명확하게 보여주는 중요한 보고서이다. 이를 통해 기업의 경제적 자원과 의무를 파악하고, 자산의 수익률을 평가할 수 있다. 그러나 공정가치 평가의 제한과 측정이 어려운 항목의 포함 불가 등 몇 가지 한계도 함께 고려해야 한다.

25

'손익계산서' 정확히 알기

　손익계산서는 일정 기간 동안 기업의 경영성과를 명확히 보고하기 위한 재무보고서이다. 이 보고서는 수익, 비용, 이익의 흐름을 체계적으로 보여주어 기업의 경영성과를 파악하고 미래 경영전략을 수립하는 데 중요한 역할을 한다.

　손익계산서는 크게 수익, 비용, 이익의 세 가지 주요 요소로 구성된다. 먼저 수익은 기업이 주요 영업활동을 통해 얻는 금액을 의미한다. 수익 항목에는 매출액, 서비스 수익, 이자 수익, 배당 수익 등이 포함되며, 매출액은 기업의 핵심 영업활동으로부터 발생하는 총수익을 나타낸다. 순매출액은 총매출액에서 매출할인, 매출환입, 매출에누리 등을 차감한 금액을 의미한다.

　비용은 수익을 창출하기 위해 발생한 모든 지출을 의미한다. 비용 항목에는 매출원가, 판매비와 관리비, 영업외비용, 금융비용,

법인세 비용 등이 포함된다. 매출원가는 제품 생산에 직접 투입된 원재료비, 노동비, 제조 간접비 등을 포함하며, 판매비와 관리비는 제품 판매와 관리 활동에 소요된 모든 비용을 말한다. 예를 들어, 광고비, 임대료, 급여, 감가상각비 등이 이에 해당한다. 영업외비용은 주된 영업활동 이외의 활동에서 발생한 비용으로, 이자 비용, 외환차손 등이 있다.

이익은 수익에서 비용을 차감한 금액으로, 기업의 경영성과를 나타낸다. 이익 항목에는 영업이익, 세전순이익, 당기순이익 등이 포함된다. 영업이익은 매출총이익에서 판매비와 관리비를 차감한 금액으로, 기업의 주된 영업활동에서 발생한 이익을 의미한다. 세전순이익은 영업이익에 영업외수익을 더하고 영업외비용을 차감한 금액이며, 당기순이익은 세전순이익에서 법인세 비용을 차감한 금액으로 해당 회계기간 동안 최종적으로 기업이 얻은 순이익을 의미한다.

손익계산서는 발생주의에 따라 작성된다. 이는 수익과 이에 대응하는 비용을 동일한 기간에 인식하여 기업의 실질적인 경영성과를 정확히 반영하는 원칙이다. 수익은 실제로 실현되었을 때 인식하며, 이는 제품이 인도되거나 서비스가 제공되어 대가를 받을 권리가 확정된 경우에 수익으로 인식하는 원칙을 따른다. 수익과 비용은 총액으로 기재하는 것이 원칙이며, 서로 다른 항목 간의 상계를 통해 순액으로 표시하지 않는다. 이를 통해 각 항목의 실제 금액을 명확히 보여준다.

손익계산서는 기업의 수익성과 경영효율성을 평가하는 데 유용하다. 이를 통해 기간별 비교를 통해 경영성과의 추이를 분석할 수 있으며, 투자자, 채권자 등 이해관계자들에게 중요한 정보를 제공하여 의사결정을 도울 수 있다. 그러나 손익계산서는 기업의 과거 성과를 보여주는 보고서로, 미래 성과를 예측하는 데는 한계가 있다. 발생주의에 따라 작성되기 때문에 실제 현금 흐름과 차이가 있을 수 있으며, 일부 비용과 수익의 측정에 있어 경영자의 주관적인 판단이 개입될 수 있다.

결론적으로, 손익계산서는 기업의 경영성과를 명확하게 보여주는 중요한 재무보고서이다. 이를 통해 기업의 수익성과 경영효율성을 평가하고, 이해관계자들이 합리적인 경제적 의사결정을 내릴 수 있도록 도와준다. 그러나 과거 성과를 기반으로 하며, 발생주의에 따른 한계와 주관적인 판단이 개입될 수 있음을 유의해야 한다.

26

'자본변동표' 정확히 알기

자본변동표는 특정 기간 동안 기업의 자본 변동 내역을 자세히 나타내는 보고서이다. 이는 자본금, 자본잉여금, 이익잉여금 등 자본 항목의 증감 내역을 명확히 보여주어, 자본의 출처와 사용처를 이해관계자에게 투명하게 제공하는 역할을 한다.

자본변동표는 다음과 같은 주요 요소로 구성된다. 자본금은 기업이 주식을 발행하여 조달한 자본을 나타내며, 주주로부터 직접 투자를 통해 형성된 자본이다. 자본잉여금은 자본거래에서 발생한 잉여금으로, 주식 발행 초과금, 감자차익, 자기주식 처분이익 등이 포함된다. 이익잉여금은 기업의 영업활동을 통해 발생한 이익 중 배당을 지급하고 남은 금액을 의미하며, 법정적립금, 임의적립금, 미처분이익잉여금으로 구분된다.

자본변동표는 주로 다음과 같은 변동 항목을 포함한다. 첫째,

기초 자본 항목별 금액은 보고 기간 시작 시점의 자본 항목별 잔액을 나타낸다. 둘째, 보고 기간 동안의 자본 증감 내역은 자본금의 증자나 감자, 자본잉여금의 증가나 감소, 이익잉여금의 적립이나 배당 등 자본 항목의 증감 사유와 금액을 포함한다. 셋째, 기말 자본 항목별 금액은 보고 기간 종료 시점의 자본 항목별 잔액을 나타내며, 기초 잔액과 보고 기간 동안의 변동 내역을 반영한 결과이다.

자본변동표는 기업의 재무 상태와 경영성과를 보다 명확히 이해하는 데 중요한 역할을 한다. 이를 통해 이해관계자들은 기업의 자본구조 변동을 파악하고, 기업이 자본을 어떻게 조달하고 사용하는지를 명확히 알 수 있다. 또한, 자본변동표는 기업의 배당 정책과 자본 관리 전략을 평가하는 데 유용한 정보를 제공한다.

자본변동표의 유용성은 기업의 자본 항목별 변동 내역을 상세히 제공함으로써, 자본의 출처와 사용처를 명확히 이해할 수 있게 한다는 점이다. 이는 이해관계자들이 기업의 재무 상태와 자본 관리를 투명하게 평가할 수 있도록 도와준다. 자본변동표는 손익계산서, 재무상태표와 함께 기업의 재무보고서 중 중요한 부분을 차지하며, 기업의 재무 상태를 종합적으로 파악하는 데 필수적인 도구이다.

따라서, 자본변동표는 특정 기간 동안 기업의 자본 변동 내역을 명확히 나타내어 이해관계자들에게 중요한 정보를 제공하는 보고서이다. 이를 통해 자본의 출처와 사용처를 투명하게 이해할 수 있으며, 기업의 자본 관리 전략과 재무 상태를 종합적으로 평가할 수 있다.

27

'현금흐름표' 정확히 알기

현금흐름표는 기업의 일정 기간 동안 현금과 현금성 자산의 변동 내역을 보여주는 재무보고서로, 기업의 재무 상태와 경영성과를 평가하는 데 중요한 역할을 한다. 이는 기업의 현금 유입과 유출을 세 가지 활동으로 구분하여 상세히 나타낸다. 영업활동, 투자활동, 재무활동을 말한다.

영업활동 현금흐름은 기업의 주된 영업활동을 통해 발생하는 현금의 유입과 유출을 나타낸다. 여기에는 상품이나 서비스 판매로 인한 현금 수입, 원자재 구매나 인건비 지급 등 영업활동과 직접 관련된 현금 지출이 포함된다. 영업활동 현금흐름은 기업의 기본적인 수익 창출 능력을 보여주며, 영업활동을 통해 얼마나 많은 현금을 창출하고 있는지를 평가할 수 있다.

투자활동 현금흐름은 기업의 장기 자산 취득 및 처분과 관련된 현금의 유입과 유출을 나타낸다. 여기에는 고정자산의 구매나 판매, 유가증권의 매입이나 매도, 타인에 대한 대출 제공이나 회수 등이 포함된다. 투자활동 현금흐름은 기업의 장기적인 성장 잠재력과 자산관리 능력을 평가하는 데 중요한 역할을 한다. 예를 들어, 새로운 공장 설립이나 장비 구입 등의 투자는 미래 성장을 위한 준비를 의미한다.

재무활동 현금흐름은 기업의 자본 조달 및 상환과 관련된 현금의 유입과 유출을 나타낸다. 여기에는 주식 발행으로 인한 현금 유입, 배당금 지급, 차입금의 차입과 상환 등이 포함된다. 재무활동 현금흐름은 기업의 자본구조와 재무 전략을 이해하는 데 중요하며, 기업이 어떻게 자금을 조달하고 이를 어떻게 사용하고 있는지를 보여준다.

현금흐름표는 기업의 재무 상태와 성과를 종합적으로 파악하는 데 필수적인 도구이다. 재무상태표와 손익계산서가 기업의 재무 상태와 경영성과를 나타내는 반면, 현금흐름표는 실제 현금의 흐름을 명확히 보여줌으로써 기업의 재무 건전성을 평가하는 데 중요한 정보를 제공한다. 특히, 영업활동 현금흐름은 기업의 지속 가능성을 평가하는 데 중요한 지표로 사용된다. 충분한 영업활동 현금흐름을 창출하지 못하는 기업은 장기적으로 재무 문제가 발생할 가능성이 높기 때문이다.

현금흐름표의 유용성은 기업의 현금 흐름을 명확하게 나타내어, 이해관계자들이 기업의 재무 건전성을 평가하고, 미래의 재무 상태를 예측할 수 있게 한다는 점이다. 현금흐름표는 기업의 유동성, 지급 능력, 재무 유연성을 평가하는 데 중요한 도구로 사용되며, 투자자, 채권자, 경영진 등 다양한 이해관계자들에게 중요한 정보를 제공한다.

따라서, 현금흐름표는 기업의 재무 상태와 경영성과를 평가하는 데 중요한 역할을 하는 재무보고서로, 영업활동, 투자활동, 재무활동의 현금 흐름을 명확히 나타내어 이해관계자들에게 중요한 정보를 제공한다. 이를 통해 기업의 재무 건전성을 평가하고, 미래의 재무 상태를 예측할 수 있다.

28

'주석' 정확히 알기

주석(Notes to Financial Statements)은 기업의 재무보고서와 함께 제출되는 중요한 보충 설명서이다. 이 보고서는 주로 다음과 같은 목적을 가지고 작성된다.

주석은 첫째로 기업이 사용하는 주요 회계 정책과 이를 적용하는 방법에 대한 설명을 포함한다. 예를 들어, 재고 평가 방법이나 수익 인식 정책과 같은 중요한 회계 정책에 대한 선택 이유와 이를 통해 발생하는 재무제표의 영향을 설명한다.

둘째로, 주석은 기업이 재무제표 작성 시 필수적으로 진행하는 회계 추정과 판단에 대한 설명을 제공한다. 이는 재무제표의 정확성을 높이는 데 중요한 역할을 한다. 예를 들어, 불확실한 회계 추정 값에 대한 기준과 가정을 설명하고, 이러한 추정이 재무제표에 미치는 영향을 분명히 한다.

셋째로, 주석에는 재무제표에 반영되지 않은 부가적인 재무 정보가 포함될 수 있다. 이는 이해관계자들이 기업의 재정 상태와 성과를 보다 완전하게 이해할 수 있도록 돕는 역할을 한다. 예를 들어, 재무제표 외의 재정적 의무나 위험 요소에 대한 정보가 주석에 포함될 수 있다.

또한, 주석은 재무제표를 작성한 시점 이후 발생한 중요한 사건이나 재무 변동에 대한 설명을 포함한다. 이는 재무제표 사용자가 최신 정보를 바탕으로 기업을 평가할 수 있도록 돕는다.

마지막으로, 주석은 기타 관련 정보를 제공할 수 있다. 예를 들어, 법적 사항이나 환율 변동에 따른 재정적 영향 등이 주석에 포함될 수 있다. 이는 재무제표 외의 중요한 사항들을 기업의 재정 보고서와 연결하여 이해관계자들에게 전달하는 역할을 한다.

주석은 기업의 재무제표와 함께 제출되는 중요한 보완 문서로서, 기업의 재정 상태와 성과를 보다 명확하게 이해하고 분석할 수 있도록 돕는 중요한 역할을 한다.

29

미시경제란 무엇인가?

미시경제는 경제학의 한 분야로서, 개별 경제 주체들의 행동과 선택에 중점을 둔 학문이다. 주로 소비자, 기업, 시장 등의 개별 경제 주체가 경제 활동에 참여하는 방식과 그 결과를 연구하고 분석한다.

개별 소비자의 선택이나 기업의 생산 결정은 자원의 효율적 사용과 경제적 자유를 어떻게 확보할 수 있는지를 이해하는 데 중요한 요소이다. 미시경제는 이러한 선택이 시장에서 어떻게 가격, 생산 및 소비에 영향을 미치는지를 분석하여 설명한다.

소비자 이론은 소비자가 제한된 자원을 가지고 수요를 만족시키기 위해 상품과 서비스를 구매하는 방식을 이해한다. 개인의 선호도, 소득 수준, 가격 변동 등이 소비 패턴에 어떻게 영향을 미치는지를 연구한다.

생산자 이론은 기업이 자원을 투입하여 생산을 결정하고, 이를 통해 시장에서의 가격을 어떻게 설정하는지를 다룬다. 기술 선택, 생산 비용 최소화, 시장 구조에 따른 가격 결정 메커니즘을 분석한다.

시장 구조와 가격 결정은 경쟁의 정도에 따라 달라지며, 시장에서 가격이 어떻게 형성되는지를 연구한다. 완전 경쟁 시장과 과점 시장에서의 가격 결정 메커니즘을 비교하고 분석하여 시장의 효율성을 평가한다.

미시경제는 또한 자원이 효율적으로 할당될 때 경제의 총 생산이 극대화될 수 있는 조건을 연구한다. 경제 효율성은 자원의 최적 사용을 통해 경제 성장과 개인의 웰페어를 증진시키는 중요한 개념이다.

또한, 기술적 발전이 경제의 생산성에 미치는 영향을 분석하고, 생산성 향상이 경제 성장과 경제 발전의 주요 요소로 작용하는 메커니즘을 연구한다.

미시경제는 개별적인 경제 주체들의 선택과 행동이 경제 전체에 미치는 영향을 규명함으로써 경제 활동을 이해하고 예측하는 데 중요한 도구로 활용된다.

30

거시경제란 무엇인가?

거시경제는 국가 전체 경제를 대상으로 분석하고 연구하는 학문 분야이다. 개별 경제 주체가 아닌 국가 전반의 경제적 상황과 그 변화를 이해하려는 목적을 가지며, 이를 위해 다양한 경제 지표를 사용하여 국가의 경제 건강 상태를 평가한다.

국민소득은 국가 전체에서 생산된 총 가치를 나타내며, 경제 성장률은 특정 기간 동안의 경제 활동 증가율을 의미한다. 이러한 지표들은 국가 경제의 규모와 성장뿐만 아니라 생산성과 경제 발전 수준을 평가하는 데 중요한 역할을 한다.

또한, 인플레이션은 일반 물가 수준의 상승률을 나타내며, 경제 안정성을 평가하는 중요한 지표 중 하나이다. 물가가 급격히 상승하거나 하락할 경우 경제 주체들의 구매력과 소비 패턴에 영향을 미칠 수 있다. 실업률은 경제의 노동 시장 상태를 보여주며,

일자리 부족 문제와 경제 활동의 건강성을 평가하는 중요한 지표이다.

통화정책은 국가 경제의 안정성을 유지하기 위해 중앙은행이 시행하는 정책으로, 통화량 조절을 통해 물가 안정과 경제 성장을 목표로 한다. 물가 수준은 소비자의 구매력과 관련된 중요한 경제 지표로, 통화 가치의 변동이 소비자와 기업에 미치는 영향을 반영한다.

거시경제는 이러한 다양한 경제 지표를 통해 국가 경제의 전반적인 건강 상태를 평가하고, 정부와 기업이 경제 정책을 수립하고 실행하는 데 필요한 정보를 제공한다. 이는 국가 경제의 성장과 발전을 촉진하는 데 중요한 역할을 한다.

31

금리와 환율 이해하기

　금리는 돈을 빌리는 데 대한 대가로 받는 이자의 비율을 말한
다. 경제 주체들이 대출을 받거나 저축을 할 때 적용되는 이율로,
주로 중앙은행이 결정하는 기준금리를 중심으로 형성된다. 기준
금리의 변동은 시장에서의 금리도 영향을 받으며, 이는 경제 활
동과 금융시장에 중대한 영향을 미친다. 낮은 금리는 경제 활동
을 촉진하고 소비와 투자를 증가시킬 수 있으며, 고용률을 높일
수 있다. 반면 높은 금리는 물가상승을 억제하고 금융 안정성을
높이는 데 기여할 수 있다.

　환율은 한 나라의 통화를 다른 나라의 통화로 환산한 비율을
말한다. 국제 무역에서 중요한 역할을 하며, 국가 간의 경제적 관
계와 금융 거래에 영향을 미친다. 환율은 수출과 수입의 가격 결
정 요인이 되며, 한 나라의 경제 안정성과 외환 시장의 건강 상태

를 나타내는 중요한 지표이다. 안정적인 환율은 투자와 경제 성장을 촉진시키는 반면, 불안정한 환율은 경제 불확실성을 증가시킬 수 있다.

경제 정책과의 연관성

금리와 환율은 모두 중앙은행의 경제 정책 수단으로 사용된다. 중앙은행은 금리를 조절하여 통화 공급과 수요를 조절하고, 이를 통해 경제의 안정성과 성장을 유지하려고 한다. 또한 일부 국가는 통화 정책을 통해 환율을 조절하기도 한다. 예를 들어, 경제 회복을 위해 환율을 인위적으로 조작하는 정책을 채택할 수 있다.

금리와 환율은 모두 경제의 주요 지표로서, 국가 경제의 건강 상태를 평가하고 정책 결정에 중요한 영향을 미치는 요소이다. 이들 지표를 이해하고 분석하는 것은 경제의 변화와 향후 전망을 이해하는 데 필수적이라 할 수 있다.

32

인플레이션과 디플레이션 이해하기

인플레이션(Inflation)과 디플레이션(Deflation)은 경제에서 물가 수준과 화폐가치에 대한 중요한 경제 현상을 설명하는 용어이다.

인플레이션은 일반적으로 물가가 상승하고 화폐의 구매력이 감소하는 경제 현상을 말한다. 이는 경제 내에서 통화 공급이 늘어나거나 수요가 공급을 초과하는 경우 발생할 수 있다. 인플레이션은 주로 소비자물가지수(CPI)를 통해 측정되며, 다양한 요인들이 결합되어 발생할 수 있다. 예를 들어, 수요 증가로 인한 제품과 서비스의 가격 상승, 임금 상승이 소비 증가를 견인하는 경우 등이 있다. 정부가 경제를 촉진하기 위해 통화를 증가시키거나 재정 지출을 확대하는 경우에도 인플레이션을 유발할 수 있다.

인플레이션은 경제에 여러 영향을 미친다. 물가상승은 고정소득층에게는 구매력을 저하시키고, 채무자에게는 빚 상환 부담을 줄일 수 있다. 또한 인플레이션은 경제의 불안정성을 초래할 수 있으며, 고정된 금리로 이루어진 장기 계약을 맺는 경우 불이익을 초래할 수 있다. 또한, 국제 경제에서는 인플레이션율 차이로 인해 무역 수지에도 영향을 미칠 수 있다.

디플레이션은 물가가 지속적으로 하락하고 화폐의 구매력이 증가하는 경제 현상을 말한다. 디플레이션은 경제의 전반적인 수요가 감소하거나 공급이 과다한 경우 발생할 수 있다. 예를 들어, 경기 침체로 인한 소비 부진, 공급 과잉으로 인한 가격 하락 등이 디플레이션의 주된 원인이 된다. 정부가 경제를 안정시키기 위해 재정 축소나 통화를 축소시키는 경우 디플레이션을 유발할 수 있다.

디플레이션은 경제에 부정적인 영향을 미칠 수 있다. 지속적인 물가 하락은 소비자의 구매를 미루게 하고 기업의 매출 감소를 초래할 수 있다. 또한 디플레이션은 물가 하락이 지속될 경우 경제 활동을 위축시키고 실업률을 증가시킬 수 있다. 장기적으로 디플레이션은 경제의 침체와 불확실성을 초래할 수 있으며, 물가 하락이 지속될 경우 가계 및 기업의 재정 건전성에도 부정적인 영향을 미칠 수도 있다.

인플레이션과 디플레이션은 경제의 중요한 지표로서, 물가 수준과 화폐의 가치에 대한 변동을 설명한다. 이러한 경제 현상들은 정부 정책 결정과 금융시장 참여자들에게 중요한 영향을 미치며, 경제 안정성과 성장 가능성을 평가하는 데 중요한 요소로 작용한다.

33

부동산 대출 시 적용되는 주요 기준

LTV(Loan To Value ratio, 담보인정비율)

LTV는 주택의 담보 가치 대비 최대 대출 가능 비율을 나타내는 지표이다. 일반적으로 LTV는 주택 시가나 감정 가치를 기준으로 결정되며, 이는 주택을 담보로 대출 시 금융기관이 주택 가치의 일정 비율 이하로만 대출을 허용한다는 것을 의미한다. 예를 들어, LTV가 60%라면 주택의 시가의 60%까지만 대출이 가능하다는 의미이다. 높은 LTV는 대출자와 금융기관 모두에게 재정적 위험을 높일 수 있으므로, 주택 시장의 안정성을 유지하기 위해 정부나 금융기관에서 설정하는 기준이다.

DTI(Debt To Income ratio, 총부채상환비율)

DTI는 대출자의 총 소득 대비 부채 상환 비율을 나타내는 지표이다. 이는 대출자가 연간 총 소득에서 연간 부채 상환을 위해 사용하는 비율을 의미한다. 예를 들어, 연간 총 소득이 5000만 원이고 DTI가 40%라면, 연간 부채 상환 비용은 이 소득의 40%를 초과해서는 안 된다는 의미이다. 높은 DTI는 대출자가 재정적으로 과중한 부담을 감당할 가능성을 의미하며, 금융기관이 대출 승인 여부를 판단할 때 중요한 요소이다.

DSR(Debt Service Ratio, 총부채원리금상환비율)

DSR은 채무자의 연간 소득에서 각종 금융부채의 연간 원리금 상환액이 차지하는 비율을 의미하는 것이다. 주택담보대출 이외의 모든 부채를 합쳐서 계산하기 때문에 DTI 대비 한도가 더 축소된다. DSR은 적을수록 좋다. DSR이 적다는 것은 소득 대비 갚아야 할 원리금이 적다는 뜻이고 그만큼 상환 여력이 있다는 것을 의미한다. 40까지는 적정하다고 여겨진다. 70이 넘어가면 위험으로 간주된다. 소득의 70%를 빚 갚는 데 쓴다는 뜻이기 때문이다.

기타 금융 기준들

① 신용등급: 대출자의 신용 기록과 신용 점수를 평가하여 대출 승인 여부 및 금리를 결정한다.
② 자산 및 부채 상태: 대출자의 자산과 부채 상태를 평가하여 대출 가능 여부와 대출 조건을 결정한다.

③ 소득 증빙: 대출 신청자는 정당한 소득을 증명해야 하며, 이는 대출 심사의 중요한 부분이다.

④ 금리 조건: 대출 금리는 대출자의 신용 위험 평가 결과와 시장 금리에 따라 결정되며, 대출 상품의 기간과 조건에 따라 다를 수 있다.

이러한 기준들은 대출자와 금융기관 간의 재정 건강성을 평가하고 부동산 시장의 안정성을 유지하기 위해 설정된다. 대출 신청자는 이러한 기준들을 이해하고 자신의 재정 상태를 신중하게 평가하여 부동산 대출을 신청해야 한다.

34

상속 시 부동산명의신탁 및 차명계좌

　부동산을 실제소유자가 아닌 다른 사람의 이름으로 등기하는 것, 이른바 명의신탁의 경우 원칙적으로 실제소유자가 부동산 소유자이지만 '부동산실권리자명의 등기에 관한 법률' 이른바 부동산실명법(不動産實名法)에 의해 명의신탁은 무효이며, 실제소유자로의 회복을 인정하지 않는다.

　따라서 명의신탁된 부동산이 피상속인의 실제소유라 하더라도 명의변경 시 상당한 과징금을 부과받게 되고 명의를 부탁받은 자가 명의변경을 거절할 경우 회복할 방법이 사실상 없기 때문에 명의신탁부동산을 상속재산으로 인정받기 어렵다.

　예금 등 금융상품을 다른 사람의 명의, 이른바 차명계좌(借名計座)로 보유하는 경우 그 차명계좌에 대한 소유권은 실제명의자에게 있다. 따라서 차명계좌라 하더라도 실제명의자가 이를 자신의 명의로 돌려놓거나 실제명의로 돌려놓지 않더라도 상속인이 피상속인의 실제명의임을 증명하여 차명계좌를 상속재산에 포함시킬 수 있다.

하지만, 개정된 '금융실명거래 및 비밀보장에 관한 법률'에 따르면 불법재산의 은닉, 자금세탁행위(조세포탈 등), 공중협박자금조달행위 및 강제집행의 면탈, 그 밖의 탈법행위를 목적으로 하는 차명거래를 해서는 안 되고, 이를 위반한 경우 최고 5년 이하의 징역 또는 3천만원 이하의 벌금형에 처하게 된다. 또한 차명계좌는 차명인의 소유로 추정되도록 하여 실제소유자가 법적인 방법으로 자신의 소유임을 입증해야 차명계좌를 자신의 소유로 인정받을 수 있게 되었다.

결국 차명계좌도 과거와는 달리 증여세, 상속세를 회피하기 위한 방법으로 이용될 경우 상당한 법적 위험(형사처벌 등)을 감수하여야 하므로 차명계좌를 상속재산으로 포함시키기 어려워졌다.

부동산실권리자명의 등기에 관한 법률

부동산에 관한 소유권과 기타 물권을 실체적 권리관계에 부합하도록 실권리자 명의로 등기하게 함으로써 부동산등기제도를 악용한 투기·탈세·탈법행위 등 반사회적 행위를 방지하고, 부동산 거래의 정상화와 부동산 가격 안정을 도모하여 국민경제의 건전한 발전에 이바지하기 위해 제정한 법(1995. 3. 30, 법률 제4944호)

금융실명거래 및 비밀보장에 관한 법률

실지명의(實地名義)에 의한 금융거래를 실시하고 그 비밀을 보장하여 금융거래의 정상화를 기함으로써 경제정의를 실현하고 국민경제의 건전한 발전을 도모하기 위하여 1997년 12월 31일 제정된 법(법률 제16651호)

35

예금자보호제도 이해하기

    금융기관의 부도나 파산은 예금자들에게 치명적인 타격을 줄 수 있다. 이러한 위험을 대비해 마련된 것이 바로 예금자보호제도이다. 이 제도는 예금자들의 자산을 보호하고, 금융 시스템의 안정성을 유지하기 위해 도입된 것이다.

    현재 우리나라에서 예금자 한 명당 보호받을 수 있는 최고 금액은 원금과 소정의 이자를 합쳐 5,000만원이다. 이는 금융기관이 경영 부실로 예금을 지급하지 못하는 상황에서도 고객이 최소한의 보호를 받을 수 있도록 한도 내에서 예금보험공사가 대신 지급하는 금액이다.

    예금자보호제도는 단순히 고객의 재산을 보호하는 데 그치지 않는다. 금융기관의 경영 부실로 인한 대규모 예금 인출 사태, 즉 뱅크런(bank run)을 방지하여 금융 시스템 전체의 붕괴를 막는 중요한 역할을 한다. 예금자가 안심하고 금융기관에 돈을 맡길 수 있도록 하는 안전장치인 셈이다.

예금보험공사는 평소 금융기관으로부터 예금보험료를 받아 예금보험기금을 적립한다. 만약 어떤 금융기관이 예금을 지급하지 못하게 되면, 예금보험공사가 이 기금을 활용해 예금자를 대신해 일정 금액을 지급한다. 보호 한도는 금융기관별로 1인당 예금의 원리금 합계 5,000만원까지이다.

예금보험의 보호 범위는 넓다. 예금뿐 아니라 보험계약, 퇴직연금, 개인퇴직 계좌적립금, CMA, 발행어음 등도 포함된다. 따라서 금융기관이 제공하는 다양한 금융상품에 대해 안심하고 투자할 수 있다.

예금자보호제도는 법적 근거에 따라 운영된다. 예금자보호법에 의해 설립된 예금보험공사는 금융기관으로부터 예금보험료를 받아 기금을 적립하며, 필요시 채권을 발행해 재원을 조성한다. 이를 통해 금융 시스템의 안전망 역할을 충실히 수행하고 있다.

부보금융기관은 은행, 증권사, 보험사, 종합금융회사, 상호저축은행 등 다양한 금융기관이 포함된다. 다만 농협과 수협의 지역단위 조합은 예외로, 이들은 중앙회에서 자체 기금을 통해 예금을 보호하고 있다.

예금자보호제도의 도입은 금융 시스템의 안정성을 유지하고, 고객이 안심하고 금융 서비스를 이용할 수 있도록 하는 데 큰 역할을 하고 있다. 예금자보호제도는 단순히 금융기관의 안전망이 아니라, 우리 경제 전체의 안정성을 지키는 든든한 버팀목인 셈이다.

금융회사의 예금 지급불능 사태는 개인과 사회 모두에 큰 충격을 줄 수 있다. 이러한 위기를 예방하고, 고객의 소중한 자산을 보호하기 위해 예금자보호제도는 그 어느 때보다 중요한 역할을 하고 있다.

36

자금출처조사란 무엇인가?

　자금출처조사(資金出處調査, audit of sources of operation funds)란 부동산을 비롯한 재산을 취득한 경우, 해당 재산을 구입하는 데 사용된 자금의 출처를 확인하는 조사를 말한다. 이는 단순히 개인의 자산 상태를 파악하는 것을 넘어, 자금의 출처가 투명하고 합법적인지 확인하는 데 중점을 둔다.

　자금출처조사는 상속세 및 증여세법의 규정에 따라 이루어지며, 재산을 취득한 사람이 자력으로 해당 자금을 마련했는지, 혹은 다른 사람으로부터 증여받았는지를 판단한다. 이러한 조사는 간접조사와 직접조사로 나누어진다. 간접조사는 서면 또는 간접적인 방법으로 자금의 출처를 확인하며, 주로 우편 질의를 통해 진행된다. 반면, 직접조사는 세무공무원이 조사대상자와 직접 만나 질문검사권을 행사하며 자금의 출처를 명확히 확인하는 방법이다.

상속세 및 증여세법 제45조와 시행령 제34조에 따르면, 자금 출처조사 결과 자력으로 재산을 취득했다고 인정하기 어렵거나 증여 사실이 입증될 경우, 해당 자금을 증여받은 것으로 간주하여 증여세가 부과된다. 이는 자산 취득 과정에서의 투명성을 높이고, 불법적인 자금 이동을 방지하기 위한 중요한 장치라고 할 수 있다.

자금출처조사는 재산을 취득한 경우뿐만 아니라 자금의 흐름을 명확히 기록하고 통제하는 데도 중요한 역할을 한다. 자금출처확인서는 자금의 출처와 사용 내역을 상세히 기록하는 문서로, 자금 집행 일자, 금액, 출처 등을 명확히 기재해야 한다. 이를 통해 자금의 흐름을 투명하게 관리하고, 내부적으로 자금 집행 현황을 통제할 수 있다.

자금출처조사에서 자금 출처가 명확히 확인되지 않으면, 해당 자금을 다른 사람으로부터 증여받은 것으로 간주해 증여세가 부과된다. 증여세는 증여 재산의 가액에서 증여재산공제를 뺀 금액에 세율을 곱해 계산된다. 세율은 과세표준에 따라 차등하여 적용된다.

자금출처가 명확하지 않거나 미성년자가 큰 재산을 취득한 경우, 특히 자금출처조사가 엄격하게 이루어진다. 취득 자금이 10억 원 이하인 경우 출처가 80% 이상 확인되면 나머지 금액은 일반적으로 문제 삼지 않으며, 10억원을 초과하는 경우 자금출처를 제시하지 못한 금액이 2억원보다 적을 때만 전체 자금이 소명된 것으로 본다.

이러한 자금출처조사는 부동산 시장의 투명성과 공정성을 높이는 데에도 일부 역할을 하고 있다. 자산을 합법적으로 취득하고 관리하는 것은 개인의 책임이자 사회적 의무이기 때문이다. 자금출처조사를 통해 투명한 자산관리 문화를 정착시켜 나가는 것이 더욱 중요해지고 있다. 단순히 부정적인 시각으로 세무조사를 받는다는 생각보다는 개인의 건전한 납세의무와 국가의 공평과세 측면에서 한 번쯤 생각해 볼 필요도 있다.

37

주택청약종합저축 이해하기

주택청약종합저축(住宅請約綜合貯蓄, Home Buyers' Synthesized Savings)은 대한민국에서 주택 구매를 돕기 위해 제공되는 금융 상품으로, 그 시작은 2009년으로 거슬러 올라간다. 이 상품은 주로 아파트를 청약하는 과정에서 활용되며, '청약'이라는 이름에서 알 수 있듯이 주택청약에 당첨되지 않으면 일반적인 적금 기능만을 제공한다.

주택청약종합저축은 매달 2만원 이상부터 10원 단위로 최대 50만원까지 납입할 수 있는 특징을 가지고 있다. 납입이 어려울 경우 일시불로 예치하는 것도 가능하며, 납입을 쉬는 동안은 가입 기간으로 인정되지 않는 점에 유의해야 한다. 미성년자의 경우 세금 우대 혜택이나 가입 기간 인정에서 약간 불리한 점이 있다.

주택청약종합저축 상품은 NH농협은행, 우리은행, 신한은행,

하나은행, IBK기업은행, KB국민은행 등 주요 은행들에서 판매되고 있다. 2013년부터는 2년간 납입한 무주택자를 위해 가산점 제도가 도입되어, 부양가족 수, 자녀 수, 정부가 인정하는 어려운 처지 등에 따라 추가 점수를 부여하고 있다.

그러나 젊은 세대에게는 불리한 구조가 있다. 분양 물량의 일정 비율이 추첨을 통해 배분되기는 하지만, 이 비율이 줄어들고 있는 추세이다. 따라서 청약가점이 매우 중요한 요소로 작용하며, 주택 소유 여부, 무주택 기간, 주택은행 시절 청약저축 이력 등이 고려된다.

주택청약종합저축은 기존의 청약통장을 대체하는 형태로, 공공주택, 임대주택, 민간주택 등 모든 종류의 주택에 대해 청약이 가능하다. 이는 주택 소유 여부나 나이 제한 없이 누구나 가입할 수 있으며, 일정 금액을 2년간 적립하면 1순위 청약자 자격을 얻을 수 있다.

주택청약종합저축은 은행에서 판매하는 상품이지만 예금자보호법에 따른 예금보험공사의 보호를 받지 않는다. 이는 국민주택기금의 조성 기금으로, 주택도시보증공사가 관리하고 있다. 따라서 예치금을 돌려받지 못할 경우, 금융 시스템의 대부분이 마비될 수 있는 위험을 안고 있다.

주택청약종합저축은 내 집 마련의 목적을 넘어서 청약 로또라는 안전한 재테크의 한 방법으로 자리 잡고 있다. 그러나 수도권은 물론이고 지방에서도 인기 있는 지역에서는 청약 경쟁이 치열하며, 이는 주택 구매를 원하는 사람들에게는 큰 고민거리가 될 수 있다는 것이다.

38

금융상품 선택 시 고려사항

금융상품을 선택하는 것은 단순한 소비나 투자 결정 이상의 의미를 갖는다. 개인의 재무 목표와 상황을 고려해 전략적인 선택이 필요하다. 다양한 금융상품 중에서 자신에게 적합한 것을 고르는 데는 여러 가지 중요한 기준이 있다. 금융상품을 선택할 때 반드시 고려해야 할 중요한 몇 가지를 설명하면 다음과 같다.

안전성

금융상품을 선택할 때 가장 우선적으로 고려해야 할 요소는 안전성이다. 안전성은 투자의 리스크와 지급 보장 여부에 달려 있다. 예금보험제도가 있는 우리나라에서는 예금보험공사에 의해 일정 금액까지 예금이 보호된다. 따라서 금융상품을 선택할 때는 해당 상품이 예금보험의 보호를 받는지 여부를 반드시 확인해야 한다.

또한, 금융회사의 신용도와 재무 건전성도 평가해야 한다. 부실 가능성이 있는 금융회사의 상품은 안전성이 낮을 수 있다. 따라서 신뢰할 수 있는 금융기관에서 안전성이 입증된 금융상품을 선택하는 것이 무엇보다 중요하다.

수익성

금융상품을 선택하는 또 다른 주요 고려 요소는 수익성이다. 수익을 추구하는 목적으로 투자를 하는 경우, 각 상품의 예상 수익률을 평가해야 한다. 저축상품은 안정적인 수익을 제공하지만 수익률이 낮을 수 있으며, 주식이나 채권 등의 투자 상품은 높은 수익률을 기대할 수 있지만 동시에 높은 리스크를 내포하고 있다.

수익성을 평가할 때에는 단기적인 수익뿐만 아니라 장기적인 수익 가능성도 고려해야 한다. 예를 들어, 주식 투자는 단기적으로는 변동성이 크지만 장기적으로는 높은 수익을 기대할 수 있는 경우가 많다. 따라서 개인의 투자 성향과 목표에 맞는 수익성을 고려하여 금융상품을 선택하는 것이 중요하다.

유동성

금융상품을 선택할 때 고려해야 할 또 다른 중요한 요소는 유동성이다. 유동성이란 필요할 때 즉시 현금으로 전환할 수 있는 능력을 말한다. 저축상품은 대개 유동성이 높지만, 일부 투자 상품은 일정 기간 동안 자산을 동결해야 할 수 있다.

투자 상품의 경우, 매매가 가능하더라도 시장 상황에 따라 손실을 감수해야 할 수 있다. 따라서 개인의 금융 목표와 자금 필요 시점에 맞는 유동성을 고려하여 금융상품을 선택하는 것이 중요하다.

인플레이션 대응

인플레이션에 대한 헤지는 금융상품 선택 시 고려해야 할 중요한 요소이다. 인플레이션은 물가상승률을 말하며, 금융상품의 수익이 인플레이션에 얼마나 잘 대응하는지가 중요하다. 물가상승에 따라 금융상품의 실질 수익률이 감소할 수 있으므로, 인플레이션에 따른 수익률 변화를 고려하여 금융상품을 선택하는 것이 필요하다.

일부 금융상품은 인플레이션에 연동된 수익을 제공하거나 실물자산 투자를 통해 인플레이션 헤지를 할 수 있는 기회를 제공할 수 있다. 따라서 금융상품의 인플레이션 대응 능력을 평가하여 적합한 상품을 선택하는 것이 중요하다.

거래 비용

금융상품 거래 시 발생하는 비용도 선택에 있어 중요한 요소이다. 거래 비용은 수수료, 스프레드, 운용 수수료 등 다양한 형태로 발생할 수 있으며, 투자 수익률에 직접적으로 영향을 미칠 수 있다.

효율적인 거래 비용 관리를 위해 각 금융회사의 수수료 정책을 비교하고, 우대 조건을 활용할 수 있는 금융상품을 선택하는 것이 중요하다. 또한 장기적인 관점에서 거래 비용이 어떻게 금융 목표에 영향을 미칠지를 고려하여 선택해야 한다.

세금

금융상품의 수익에 대한 세금 부과는 선택 시 고려해야 할 중요한 요소이다. 개인적인 소득 수준에 따라 적용되는 세율은 다르지만, 세금 우대 혜택을 제공하는 금융상품과 세금 부담을 줄일 수 있는 상품을 선택하는 것은 누구에게나 이점이 될 수 있다.

세금 부담을 고려하여 금융상품을 선택할 때는 각 상품의 세금 정책을 잘 파악하고, 자신의 세금 상황에 맞는 상품을 선택하는 것이 중요하다. 예를 들어 장기저축성 보험과 같은 비과세 상품을 활용하여 세금 부담을 줄일 수 있는 방법도 고려할 수 있다.

이처럼 금융상품 선택은 개인의 재무 목표와 상황에 따라 다르며, 각 요소를 종합적으로 고려하여 전략적으로 결정하는 것이 중요하다. 개인의 금융 계획과 목표에 맞는 최적의 금융상품을 선택하여 재정 관리를 효과적으로 할 수 있도록 전문가의 도움도 받고, 개인적인 노력도 필요하다.

39

근로 소득자를 위한 효과적인 재정 전략

평균수명 증가와 금융 준비의 중요성

현재 우리 사회는 평균수명의 증가와 저금리 시대가 이어지고 있어 근로 소득자들에게 장기적인 금융 계획 수립이 절실하다. 2011년 한국의 평균수명은 81세였으나, 2024년 현재 약 83.6세로 증가 추세를 보이고 있다. 이는 OECD 국가들의 평균 수명(약 80.3세)을 상회하는 수치로, 장수 리스크 관리의 중요성을 강조한다. 또한 은퇴 시기가 빨라지고 있어 20대부터 노후준비를 시작해야 하는 현실이 도래하고 있다.

신용카드 소득공제의 경제적 이점 활용

2024년 기준, 한국 경제활동 인구 한 명당 평균 4.8장의 신용카드를 보유하고 있으며, 신용카드 사용금액은 연간 700조원에 이른다. 신용카드는 소득공제를 통해 연말정산 시 금융 혜택을 제공한다. 특히 신용카드는 총급여의 25%를 초과하는 사용금액에 대해 최대 15%의 소득공제를 받을 수 있으며, 체크카드는 30%까지 소득공제가 가능하다. 이는 개인의 재정 건강을 유지하는 데 중요한 요소로 작용하며, 통장 잔액과 비교해 계획적인 소비가 가능하다는 장점을 지니고 있다. 신용카드 소득공제 적용 기간이 2026년 말까지 연장된 점 역시 경제적 관리에 있어 중요한 사실이다.

빚 관리의 핵심 원칙 준수

무분별한 소비와 과도한 빚 문제는 많은 근로 소득자들에게 심각한 재정 부담이 된다. IMF 외환위기 이후, 높아진 이자 부담과 빚 상환 압박은 개인 및 가계 경제를 위협하고 있다. 따라서 부채를 얻는 목적이 타당하고, 상환 가능한 금액인지를 신중히 고려해야 한다. 부채의 목적과 금액, 상환 계획을 명확히 하여 무리한 부채 적립을 피하고, 재정 건강을 유지하는 것이 중요하다.

연말소득공제를 위한 금융상품 활용

고령화 사회에 맞춰, 연말정산을 위한 다양한 금융상품이 주목받고 있다. 연금저축과 퇴직연금(IRP) 등은 세액공제를 받을 수 있는 중요한 선택지이다. 특히 IRP는 개인이 자발적으로 가입하는 퇴직연금으로, 연간 900만원까지 세액공제 혜택을 받을 수 있다. 연금저축은 누구나 가입 가능하며, 최대 연간 600만원까지 납입이 가능하다. 이러한 금융상품을 조합하여 최대 900만원의 세액공제 혜택을 받는 것이 가능하다.

투자의 중요성과 전략

근로 소득자에게 있어 효과적인 재정 계획은 투자에서 시작된다. 투자는 단순한 돈의 불리기가 아니라, 장기적인 금융 목표를 달성하기 위한 필수적인 전략이다. 각 연령대별로 적절한 투자 전략을 세우고, 전문가의 조언을 받아 리스크와 수익률을 균형 있게 관리하는 것이 중요하다.

요약하면 근로 소득자에게 있어 금융적 안정과 장기적인 목표 달성을 위한 계획적인 자산관리는 반드시 필요하다. 평균수명 증가와 저금리 시대가 근로 소득자의 금융 건강에 미치는 영향을 고려하고, 신용카드 소득공제와 같은 경제적 이점을 최대한 활용하는 것이 중요하다. 또한 빚 관리의 중요성을 인지하고, 연말소득공제를 위한 적절한 금융상품을 선택하여 재정 건강을 유지하는 데 주의를 기울여야 한다. 종잣돈 마련과 투자를 통해 재정적 안정성을 확보하며, 금융 목표를 실현하는 길을 모색해야 한다.

40

재혼가정의 상속권과 보험금 청구권

최근 통계청에 따르면, 지난해 혼인신고를 한 전체 부부 중 22%가 재혼 부부였다. 이는 재혼가정이 증가하고 있음을 보여주는 수치로, 재산 상속과 보험 문제에서 복잡한 상황이 발생할 수 있음을 시사한다. 이번에는 재혼가정의 재산 상속과 보험금 청구권에 대한 법률관계를 다루고자 한다.

상속권의 기본 원칙

사망 시 피상속인의 재산과 법률관계는 상속인에게로 이전된다. 상속인은 법률에 따라 피상속인의 재산상 지위를 승계하는 사람으로, 배우자와 직계비속, 직계존속이 포함된다. 상속에 관한 법률은 민법 제1000조부터 제1008조까지 규정되어 있다.

민법 제1000조(상속의 순위)

  - 상속은 직계비속, 직계존속, 형제자매, 4촌 이내의 방계혈족 순으로 이루어진다.

민법 제1003조(배우자의 상속 순위)

  - 배우자는 직계비속이나 직계존속과 함께 1순위 상속인이 된다. 배우자가 없는 경우, 형제자매가 상속인이 된다.

이때의 배우자는 법적인 배우자만을 의미하며, 혼인신고를 하지 않은 사실혼 배우자나 이혼한 배우자에게는 상속권이 없다.

재혼가정의 자녀 상속권

재혼가정의 자녀, 특히 전혼 가정에서 태어난 계자녀는 원칙적으로 상속권이 없다. 그러나 재혼 배우자가 계자녀를 생전에 입양한 경우에는 법률상 친자 관계가 성립하여 상속권도 갖게 된다. 입양의 형태로는 일반 양자 입양, 친양자 입양, 기관 입양, 국제 입양 등이 있다.

민법 제908조의2(입양의 효력)

  - 입양된 자는 양부모의 친생자와 동일한 법률적 지위를 가지며, 친생부모와의 법률적 관계는 종료된다.

재혼가정의 보험금 청구권

재혼가정에서 보험금 청구권 문제는 더욱 복잡할 수 있다. 생명보험 계약에서는 종종 수익자를 특정하지 않고 '피상속인의 법

정상속인'으로 지정하는 경우가 많다. 이 경우 보험금의 법률관계
는 상속 관계에 따라 달라진다.

보험법 제733조(보험수익자의 지위)
  - 보험수익자는 보험계약에서 정한 사람으로, 정하지 않은
    경우 법정 상속인이 된다.

재혼 남편의 상속인들은 자신의 상속분에 상응하는 범위 내
에서 보험사에 보험금을 청구할 수 있다. 만약 재혼 남편이 아내
의 친자녀를 입양한 경우, 계자녀도 재혼 남편의 상속인이 되어
보험청구권을 갖게 된다. 그러나 재혼 남편이 아내의 친자녀를 입
양하지 않았다면, 계자녀는 상속권이 없으므로 보험금 청구권도
발생하지 않는다.

관련 판례

대법원 2004다37563 판결
- 상속인이 피상속인의 상속 지위를 승계하기 위해서는 법률상
  의 친자 관계가 성립되어야 한다는 판례로, 법적인 입양 절차
  를 거치지 않은 경우 계자녀는 상속권이 없음을 명확히 했다.
대법원 2016다204226 판결
- 법정상속인이 아닌 사람을 보험수익자로 지정한 경우에도
  법적인 효력이 인정된다는 판례로, 생명보험 계약에서 수익
  자를 명확히 지정하지 않으면 법정 상속인이 보험금을 청구
  할 수 있음을 재확인했다.

상속과 보험 청구권에 대한 법률 조언

재혼가정에서 상속과 보험금 청구권 문제를 미리 예방하기 위해서는 법률 전문가의 조언을 받는 것이 중요하다. 재혼가정은 초혼 가정에 비해 복잡한 재산 관계가 존재할 수 있으므로, 미리 적절한 법률 조치를 취해 불필요한 분쟁을 예방하는 것이 필요하다. 재혼 후에도 자녀와 배우자의 권익을 보호하기 위해 입양, 유언, 신탁 등을 고려해 볼 수 있다.

마지막으로 재혼가정의 상속권과 보험금 청구권 문제는 단순히 재산 분배 이상의 문제를 내포하고 있다. 이는 가족 구성원 간의 신뢰와 애정, 그리고 법적 권리를 공정하게 다루는 것이 중요하다는 것을 보여준다. 따라서 재혼가정은 각자의 상황에 맞는 법률적 준비를 통해 미래의 갈등을 예방하고, 안정된 가족 관계를 유지할 수 있도록 노력해야 한다.

41

사실혼 배우자의 상속 문제

최근 통계청 자료에 따르면, 법률혼과는 다르게 혼인신고를 하지 않은 사실혼 부부들이 점차 증가하고 있다. 사실혼은 법적으로 혼인신고를 하지 않았지만 실질적으로 부부 관계에 있는 경우를 의미한다. 이들은 법률상 부부와 유사한 보호를 받지만, 상속 문제에서는 상당한 차이가 있다.

법률상 배우자와 사실혼 배우자

우리 민법은 법률상 배우자에게만 상속권을 인정한다. 민법 제1000조에 따르면, 배우자는 직계비속이나 직계존속과 함께 1순위 상속인으로 지정된다. 그러나 법적 혼인신고가 없는 사실혼 배우자는 법적 상속권이 없다. 이로 인해 사실혼 배우자는 상속 문제에서 불리한 위치에 놓이게 된다.

사실혼 관계의 종료와 재산분할

사실혼 관계가 종료될 때, 법적 혼인과 유사하게 재산분할 청구권이 인정된다. 민법 제832조에 따르면, 사실혼 관계가 해소될 경우 사실혼 배우자는 두 사람이 함께 살아온 기간 동안 쌓아온 재산에 대해 분할을 요청할 수 있다. 이는 법원이 재산 형성에 기여한 정도를 고려하여 공정하게 분할하도록 규정하고 있다.

관련 판례: 대법원 2012. 6. 14. 선고 2010므1048 판결에서는 사실혼 관계가 해소될 때, 사실혼 배우자가 재산분할 청구를 할 수 있음을 명확히 했다. 법원은 "사실혼 관계에서 재산 형성에 기여한 사실혼 배우자는 재산분할 청구를 통해 보호받을 수 있다"고 판시했다.

일방의 사망과 상속권

사실혼 관계가 일방의 사망으로 종료될 경우, 사실혼 배우자는 법적 상속권과 재산분할 청구권이 인정되지 않는다. 다만, 민법 제1057조의2에 따라 상속인이 한 명도 없는 경우 사실혼 배우자는 특별연고자로서 상속재산에 대한 분여권을 가질 수 있다. 이는 법적 상속권이 없는 사실혼 배우자를 보호하기 위한 조치이다.

관련 판례: 대법원 2003. 4. 15. 선고 2002다70852 판결에서는 사실혼 배우자가 특별연고자로서 상속재산에 대한 분여권을 가질 수 있음을 인정했다. 법원은 "상속인이 없는 경우 사실혼 배우자는 상속재산에 대한 권리를 주장할 수 있다"고 판결했다.

사실혼 배우자의 연금 및 보상금 수령 권한

사실혼 배우자는 근로자로서 업무상 사망했거나 연금 가입자로서 사망한 경우, 유족 자격이 인정되어 보상금, 보험금, 연금 등을 받을 수 있다. 이는 사실혼 배우자의 생활 안정을 위한 중요한 법적 보호장치이다.

관련 법령: 근로기준법 제77조에 따르면, 사실혼 배우자는 업무상 사망한 근로자의 유족으로 인정되어 보상금을 받을 수 있다.

제도 개선과 법적 보호

사실혼 관계가 증가하고 있는 현실을 반영하여 법적 제도 개선이 필요하다. 특히 상속권과 관련된 법적 보호가 강화되어야 한다. 법률혼과 동일한 수준의 상속권을 보장하지 않더라도, 상속 재산 분할에서 사실혼 배우자의 기여도를 인정하고 보호할 수 있는 법적 장치가 마련되어야 한다.

끝으로, 사실혼 부부의 법적 지위와 상속권 문제는 현대 사회에서 중요한 논점이 되고 있다. 상속법 개정과 같은 법적 보호 장치가 마련됨으로써, 사실혼 배우자도 법률혼 배우자와 유사한 보호를 받을 수 있게 될 것이다. 이는 사회적 형평성을 높이고, 다양한 가족 형태를 포용하는 법적 환경을 조성하는 데 기여할 것이다.

42

4세대 실손보험의 비급여 보험료 차등제

2024년 7월, 4세대 실손의료보험의 비급여 보험료 차등제가 마침내 시행되었다. 이번 제도는 비급여 보장 특약에 가입한 사람들이 보험료 갱신 시 지난 1년간의 비급여 의료 이용량에 따라 보험료를 할인하거나 할증하는 방식을 채택하고 있다. 이는 보험 가입자 간 보험료 부담의 형평성을 높이고, 건강보험의 보완 역할을 수행하려는 의도에서 비롯된 것이다.

4세대 실손의료보험은 2021년 7월, 보험료 부담의 공평한 분배와 건강보험의 보완적 사회 안전망 역할을 강화하기 위해 도입되었다. 이 보험은 급여와 비급여로 구분되며, 각각의 손해율에 따라 매년 보험료를 조정한다. 특히 비급여 보험료는 비급여 보험금 지급 실적과 직접 연계되어 차등 적용되며, 이는 상품 출시 후 3년간 유예되었다가 이제 본격적으로 적용된다.

보험료 차등제는 비급여 보험금을 얼마나 수령했느냐에 따라 5개의 구간으로 나누어진다. 비급여 보험금을 전혀 수령하지 않은 경우 보험료가 할인된다. 반면, 비급여 보험금 수령액이 100만 원 이상일 경우, 수령액에 따라 100%, 200%, 300%의 할증이 적용된다. 예를 들어, 2023년 8월에 7,500원의 비급여 보험료를 납부한 가입자가 130만 원의 비급여 보험금을 수령했다면, 2024년 8월부터 비급여 보험료가 100% 할증되어 15,000원을 납부하게 된다. 그러나 이후 1년간 비급여 보험금을 수령하지 않는다면, 2025년 8월부터 5% 할인된 7,150원을 납부하게 된다.

이와 같은 제도는 보험 소비자들이 비급여 의료 이용량을 합리적으로 관리하도록 유도한다. 이에 따라 보험사들은 비급여 보험금 조회 시스템을 구축하여 운영하고 있다. 보험 가입자는 각 보험사의 홈페이지나 앱을 통해 비급여 보험금 수령액, 예상 보험료 할인·할증 단계, 다음 보험료 할증 단계까지 남은 비급여 보험금 등을 쉽게 확인할 수 있다.

다만, 의료 취약계층에 대한 배려도 잊지 않았다. 국민건강보험법상 산정특례대상질환과 노인장기요양보험법상 장기요양등급 1·2등급 판정자의 의료비는 비급여 보험료 할인·할증 등급 산정에서 제외된다. 이는 이들의 의료 접근성을 보장하기 위한 조치이다.

이번 제도 시행으로 인해 보험 가입자들은 비급여 의료 이용을 더 신중하게 관리하게 될 것이다. 이는 보험료 부담의 형평성을 높이는 동시에, 의료서비스의 효율성을 증진시키는 긍정적인 결과를 가져올 것이다. 4세대 실손보험의 비급여 보험료 차등제가 건강보험 시스템의 공정성과 지속 가능성을 높이는 중요한 전환점이 되기를 기대한다.

43

거시경제 이해의 필수 경제지표 6가지

거시경제의 복잡한 흐름을 이해하는 데 있어 모든 경제지표를 일일이 확인할 필요는 없다. 핵심적인 몇 가지 지표만 잘 파악해도 경제 기사를 보다 쉽게 이해하고, 경제 전반의 움직임을 예측하는 데 큰 도움이 된다. 특히, 한국은행이나 통계청의 경제통계 시스템은 국내외 주요 경제지표를 손쉽게 찾아볼 수 있는 유용한 자료를 제공하고 있다.

통화량: 경제의 혈류를 파악하라

통화량은 한 나라 경제에서 얼마나 많은 돈이 유통되고 있는지를 나타내는 중요한 지표이다. 통화량은 협의통화(M1), 광의통화(M2), 총유동성(M3), 유동성(L) 등으로 분류되며, 경제의 돈 흐름을 분석하는 데 유용하다. 예를 들어, 국내 은행의 대출이 확대되거나 해외 자금이 유입될 때 통화량은 증가하고, 반대로 대출이 축소되거나 수입이 늘어날 경우 통화량은 감소한다. 이러한 통화량의 변화는 주식 및 자산 가격에 직접적인 영향을 미친다. 따라서 경제의 혈류를 파악하는 통화량 지표를 주목해야 한다.

기준금리: 경제의 방향타

기준금리는 한국은행이 경제 전반에 영향을 미치기 위해 조정하는 금리로, 시중금리와 대출금리에 큰 영향을 미친다. 기준금리가 인상되면 소비와 투자가 위축되고, 반대로 금리가 인하되면 경제 활동이 활발해지는 경향이 있다. 따라서 기준금리는 자산 가격과 환율에도 중대한 영향을 미치며, 금리 변화는 소비자 기대인플레이션에까지 영향을 미친다. 경제의 방향타 역할을 하는 기준금리의 움직임에 주목할 필요가 있다.

소비자물가: 생활물가의 척도

소비자물가는 소비자가 구매하는 상품과 서비스의 가격 변화를 측정하는 지표로, 물가 수준을 파악하는 데 필수적이다. 통계청은 전국의 가격 데이터를 바탕으로 소비자물가지수를 산출하여 발표하고 있으며, 이 지수는 경제 전반의 물가 압력을 이해하는 데 중요한 역할을 한다. 물가상승은 중앙은행의 통화정책에도 영향을 미쳐 경제의 전반적인 방향성을 결정짓는 요소로 작용한다. 생활물가의 척도인 소비자물가를 통해 물가 변화를 주시해야 한다.

GDP 성장률: 경제 성장의 온도계

GDP 성장률은 경제가 성장하고 있는지, 후퇴하고 있는지를 가늠할 수 있는 주요 지표이다. 이는 국가의 경제 규모를 나타내며, 경제 활동의 활발함을 반영한다. 실질 GDP는 물가상승의 영향을 배제하고 실제 생산량을 기준으로 하기 때문에 경제 성장을 보다 정확하게 평가할 수 있다. 그러나 GDP 수치만으로는 국민의 삶의 질을 평가할 수 없다는 점은 유의해야 한다. 경제 성장의 온도계 역할을 하는 GDP 성장률을 눈여겨봐야 한다.

환율: 국제 거래의 변동성

환율은 서로 다른 나라 통화의 교환 비율로, 경제에 미치는 영향이 매우 크다. 환율의 상승은 수출 경쟁력을 강화하지만, 수입 물가는 상승시키는 등 상반된 효과를 가져온다. 따라서 환율의 변동은 국가 경제에 중대한 파급효과를 미치므로 면밀히 관찰할 필요가 있다. 국제 거래의 변동성을 반영하는 환율을 주의 깊게 살펴봐야 한다.

경상수지: 경제 건강의 지표

경상수지는 국가의 국제 거래 결과를 나타내는 지표로, 수출이 잘될 경우 흑자를 기록하고, 경기가 나쁠 경우 적자를 보인다. 경상수지가 흑자일 때는 경제 전반에 긍정적인 영향을 미치며, 반대로 적자일 경우 경제에 부정적인 영향을 미칠 가능성이 크다. 경상수지는 경제의 전반적인 건강성을 평가하는 중요한 기준이 된다. 경제 건강의 지표인 경상수지를 주목해야 한다.

　이와 같이 통화량, 기준금리, 소비자물가, GDP 성장률, 환율, 경상수지는 거시경제를 이해하는 데 필수적인 지표들이다. 이들 지표는 서로 밀접하게 연결되어 있어 경제의 전반적인 흐름을 이해하는 데 큰 도움이 된다. 경제 관련 기사를 접할 때, 이들 지표를 염두에 두고 분석하는 것이 중요하다. 이러한 지표들의 변화에 주의를 기울임으로써 경제의 복잡한 흐름을 보다 명확하게 파악할 수 있을 것이다.

44

경제의 심장인 금융시장의 이해

현대 산업사회는 화폐와 신용의 순환에 의해 운영되고 있다. 인간의 생명 유지에 혈액이 필요하듯이, 경제의 건전한 발전을 위해서는 적정한 통화 공급과 관리가 필수적이다. 이러한 역할을 수행하는 주요한 제도가 바로 금융시장이다. 금융시장은 경제주체 간의 자금 흐름을 원활하게 만들어 주며, 이를 통해 경제의 기능과 안정성을 지원한다.

금융시장은 유가증권 등 다양한 금융상품이 거래되는 장소로, 자본의 흐름을 촉진하고 가격 및 거래규모를 결정하는 메커니즘을 제공한다. 금융기관들은 이러한 시장을 활성화하기 위해 다양한 금융상품을 개발하고, 금융거래 당사자들 간의 연결을 촉진한다. 예금, 보험, 주식, 채권 등의 금융상품은 경제 주체들 간의 권리와 의무를 나타내며, 경제의 핵심적인 규제와 기능을 제공한다.

특히 금융시장은 실물경제와 금융경제 간의 상호작용을 통해 경제의 순환을 이끌어낸다. 산업적 순환과 금융적 순환은 서로 밀접하게 연결되어 있으며, 금융시장의 활성화는 실물경제의 성장을 촉진하는 중요한 요소이다. 예를 들어, 금융기관의 발달은 예금 증가를 통해 실물투자를 증대시키고, 이는 국민총생산과 고용의 확대에 기여한다.

국민경제 내의 경제주체들은 부를 생산하고 분배하며, 경제활동을 지속하고 있다. 이러한 경제활동을 지원하는 경제제도는 자원의 효율적 배분과 필요한 상품 및 서비스의 생산을 목적으로 한다. 기업과 정부는 이윤 추구와 생산요소 경합을 통해 상품과 서비스를 제공하며, 가계는 생산요소를 판매하여 소득을 얻고 이를 소비에 사용한다.

가계의 소득은 소비지출로 이어지며, 남은 소득은 저축으로 전환된다. 이러한 경제주체 간의 상호작용은 시장에서 이루어지며, 시장은 수요자와 공급자가 만나 상품, 서비스 및 생산요소를 교환하는 경로를 제공한다. 이는 자원의 효율적 배분과 소득 분배를 효과적으로 수행하는 기반이 된다.

금융시장은 흑자지출단위에서 적자지출단위로 자금을 이전하여 경제의 효율성을 높이는 역할을 한다. 금융시장이 없다면, 미래의 소득에도 불구하고 필요한 자금을 조달할 수 없는 경제주체가 발생할 수 있다. 이는 소비자와 생산자 모두에게 불리한 결과를 초래할 수 있다. 따라서 금융시장은 이러한 소득의 시간적 배분을 가능하게 하여 소비자들의 시간선호를 만족시키는 역할을 한다.

또한 금융시장은 자본의 조달을 용이하게 하여 기업과 정부가 필요한 자금을 신속하게 확보할 수 있도록 한다. 기업과 정부는 주로 금융시장에서 주식이나 채권을 발행하여 자금을 조달하며, 이는 장기적인 투자와 발전을 도모하는 기초를 마련한다. 이러한 과정은 경제 성장의 근간이 되며, 금융시장은 이 과정에서 중요한 역할을 한다.

결론적으로, 금융시장은 현대 경제의 중추적 구조로 자리 잡고 있으며, 자본의 원활한 흐름과 경제 전체의 후생 증진을 위한 필수적인 기능을 수행한다. 금융시장의 존재는 경제주체 간의 자금 흐름을 원활하게 하고, 미래의 투자 기회를 제공하여 국민경제의 지속 가능한 발전을 촉진한다. 따라서 우리는 금융시장의 활성화와 기능 강화를 통해 경제의 건강성을 유지하고, 국민 전체의 번영을 지원해 나가야 할 것이다.

45

다양한 회사 유형과 법적 책임

현재 상법에 따르면 다섯 가지 주요 회사 유형이 있다. 합명회사, 합자회사, 유한책임회사, 주식회사, 유한회사이다. 각각의 회사 형태는 사원들의 법적 책임과 관련하여 구분된다. 이들 회사 유형은 각기 다른 법적, 재정적 책임과 함께 다양한 사업 환경과 필요를 충족시키기 위해 설계되었다.

합명회사

합명회사는 무한책임 사원으로만 구성되어 있다. 이들 사원은 회사의 채무에 대해 직접적으로, 연대적으로 무한한 책임을 지게 된다. 다시 말해, 회사의 채무가 늘어날 경우 개인 재산까지 사용될 수 있다. 합명회사는 주로 일부 특정 산업군에서 자주 사용되며, 사업 파트너들 간의 신뢰가 기본적으로 가정되는 경우에 적합한다.

합자회사

합자회사는 무한책임 사원과 유한책임 사원으로 구성된다. 무한책임 사원은 회사의 채권자에게 무한책임을 지지만, 유한책임 사원은 자신의 출자 금액을 한도로 하여 회사 채무에서 벗어날 수 있는 특성을 가지고 있다. 이는 사업 파트너 간의 상대적 신뢰가 불확실한 상황에서 유리할 수 있다.

유한책임회사

유한책임회사는 사원이 출자한 자본금을 기준으로, 사원들이 회사에 대해 한정된 책임을 지는 형태이다. 사원들은 주로 간접적인 책임을 지며, 주로 대내적인 조직으로 조합의 요소를 갖추고 있다. 이 회사 형태는 법적 책임을 최소화하면서도 사업을 운영하고자 하는 사람들 사이에서 인기가 있다.

주식회사

주식회사는 주주들이 자신이 보유한 주식금액을 한도로 하여 회사에 대해 한정된 책임을 지는 형태이다. 주주들은 회사의 경영과 관련된 직접적인 결정에 참여하지 않으며, 이사회와 대표이사가 주요 경영 권한을 갖는다. 이는 소유와 경영을 분리시키는 구조로, 대규모 사업 및 자본 모집을 목적으로 하는 경우에 적합하다.

5. 유한회사

유한회사는 회사에 대해 일정 범위의 출자 의무만을 갖는 사원으로 구성된다. 회사 채권자에게 직접적인 책임을 지지 않고, 일부 경우에는 자본의 전보책임을 지는 특성을 가질 수 있다. 이 회사 형태는 주식회사의 주주 책임과 유사하지만, 일부 합명회사의 요소를 가질 수 있다.

각 회사 유형은 법적 및 재정적 책임뿐만 아니라 사업 목표와 환경에 따라 선택되어야 한다. 또한, 민법에서의 조합 계약 및 조합은 공동 사업을 목적으로 하는 법적 관계로, 조합원 간의 채무와 관련된 사항 등도 유념해야 한다. 이러한 법적 구조는 사업의 성격과 크기에 맞춰 선택되어야 하며, 회사 설립 시 적절한 상담을 받는 것이 중요하다.

46

재건축 아파트 투자 전략

최근 몇 년간 우리 사회는 노후 아파트의 재건축에 큰 관심을 보이고 있다. 초기 투자비용이 낮은 재건축대상 아파트는 자금이 한정적인 사람들에게 매우 매력적인 선택지이다. 하지만 이러한 재건축 아파트를 선택할 때 몇 가지 주의할 점이 있다.

첫째, 대지지분(등기된 대지권)이 넓을수록 투자 가치가 있다. 대지지분이 넓다는 것은 조합원이 무상으로 분양받을 수 있는 평형이 크다는 의미이며, 이는 투자 수익을 높일 수 있는 중요한 요소이다. 따라서 등기부등본을 확인하여 대지지분이 넓은 장소를 선택하는 것이 필요하다.

둘째, 땅값이 비싼 지역일수록 장점이 있다. 재건축사업에 필요한 모든 비용은 땅값에 크게 의존하기 때문에, 땅값이 비싼 지역일수록 개발이익이 높아지고 조합원의 부담도 상대적으로 줄어든다. 특히 강남지역과 같은 고가 지역에서는 이러한 장점이 두드러진다.

셋째, 사업 진행 속도가 빠를수록 투자 가치가 높다. 재건축사업은 여러 단계를 거치며 시간이 오래 걸리는 경우가 많다. 따라서 사업 진행 속도가 빠를수록 조합원의 부담이 줄어들고, 투자 수익도 증가할 수 있다. 사업 진행 속도를 신중히 고려하는 것이 중요하다.

넷째, 현재 용적률이 적당한 저층 아파트가 유리하다. 적절한 용적률은 재건축사업의 경제성을 높이고 개발이익을 극대화할 수 있는 요소이다. 또한 대지면적에 비해 가구수가 지나치게 많은 경우는 피하는 것이 좋다.

다섯째, 진입도로가 넓은 곳이 유리하다. 넓은 진입도로는 사업 진행에 있어 추가적인 부담을 줄이고, 재건축사업의 성공 가능성을 높일 수 있다.

재건축 아파트는 미래를 대비하고 자산을 안정적으로 보호하는 중요한 선택이다. 따라서 위의 전략을 참고하여 신중하게 재건축 아파트를 선택하는 것이 필요하다. 지역의 특성과 개인의 재정 상황을 고려하여 최상의 투자 결정을 내리는 것이 중요하다.

47

재개발투자 전략:
성공을 위한 필수 가이드라인

재개발투자는 막연한 투자보다는 신중하게 접근해야 하는 분야이다. 성공적인 재개발투자를 위해 다음과 같은 전략을 고려해서 투자하길 바란다.

첫째, 분양자격 확보가 핵심이다.

재개발투자를 고려할 때 가장 중요한 사항은 분양자격이다. 분양자격이 불분명하거나 미리 확인하지 않으면 향후 매도 과정에서 어려움을 겪을 수 있다. 따라서 분양자격이 명확한 물건에 투자하는 것이 바람직하다.

둘째, 최적의 투자시점을 잘 고르라.

재개발 사업은 시세 변동에 따라 매입과 매도 시점이 중요하다. 일반적으로 사업계획결정 고시 단계에서 매입하여 사업이 투자가치가 높아질 때 매도하는 것이 유리하다. 이는 평가액과 비례해 시세가 하락하는 경향이 있기 때문에 중요한 전략이다.

셋째, 일반분양 비율이 높은 지역을 선택하라.

재개발사업에서는 일반분양비율이 높은 지역을 선택하는 것이 중요하다. 조합원의 수가 적을수록 일반분양의 비율이 높아질 가능성이 크며, 이는 전체 사업이익을 증대시킬 수 있다. 따라서 조합원의 추가 부담이 상대적으로 적어지는 장점을 고려할 수 있다.

넷째, 재산평가액과 지분시세를 철저히 비교 분석하라.

재개발투자의 성공 여부는 주로 재산평가액과 지분시세에 크게 좌우된다. 좋은 입지를 선택하여 높은 재산평가액을 기록할 수 있는 장소를 선정하는 것이 중요하다.

다섯째, 시공사와 이주비 지급액의 중요성을 이해하라.

재개발사업에서는 시공사와 이주비 지급액에 따라 구역의 지분시세가 크게 달라질 수 있다. 시공사의 신뢰성과 이주비의 크기는 투자 수익에 직접적인 영향을 미치므로 신중하게 고려해야 한다.

마지막으로, 건물의 상태와 하자 여부를 면밀히 점검하라.

재개발 사업은 대지지분과 함께 건물의 상태에도 많은 의존한다. 건물에 하자가 있는 경우 사업기간 동안 예상치 못한 수리비용이 발생할 수 있으니 꼼꼼한 검토가 필요하다.

재개발투자는 높은 수익을 기대할 수 있는 투자지만, 신중한 준비와 분석이 성공의 열쇠이다. 위의 전략을 참고하여 최상의 재개발투자 결정을 내리시길 바란다.

48

경매 투자 성공을 위한 필수 지침

경매 투자에서는 정확한 권리 분석과 철저한 현장 답사가 핵심이다. 특히 초보 투자자는 충분한 지식 습득과 현장 경험을 쌓은 후에 입찰에 참여하는 것이 중요하다. 경매를 통해 시세보다 저렴하게 내 집을 마련할 수 있는 방법과 주의사항을 다음과 같이 정리해보았다.

첫째, 철저한 현장 조사

입찰 전에 반드시 현장 방문을 통해 현재 시세를 파악하고, 향후 가치 상승 가능성을 평가해야 한다. 임차인이 있는 경우, 주변을 탐문하여 위장 임차인 여부를 확인하는 것도 중요하다. 이는 후속 절차에서 발생할 수 있는 문제를 미리 예방하는 데 도움이 된다.

둘째, 적정 입찰 가격 결정

가격 시점의 감정가와 현재 시세 간의 차이를 철저히 고려하여 적정 입찰 가격을 설정해야 한다. 하락세가 강한 아파트의 경우, 소유권 이전 시점의 추가 하락을 감안해 감정가보다 훨씬 낮은 가격에 입찰하는 것이 바람직하다. 반면, 상승세가 강한 아파트는 추가 상승을 고려해 감정가보다 높은 가격에 입찰하는 전략도 필요하다.

셋째, 철저한 권리 분석

권리 분석은 경매 투자에서 가장 중요한 부분이다. 복잡한 권리 관계가 설정된 아파트의 경우, 반드시 전문가의 자문을 받는 것이 좋다. 소유권과 관련된 선순위 가등기, 가처분뿐만 아니라 낙찰 후 떠안게 될 선순위 임차인의 존재 여부도 철저히 확인해야 한다.

넷째, 입찰장의 분위기에 휩쓸리지 않기

입찰장의 과열 분위기에 휩쓸려 시세 대비 과도한 고가 낙찰을 받지 않도록 유념해야 한다. 지나친 고가 낙찰로 인해 입찰 보증금을 잃을 수 있음을 명심해야 한다. 냉정한 판단을 유지하며, 미리 설정한 적정 입찰가를 고수하는 것이 중요하다.

다섯째, 경매 정보 활용

다양한 경매 정보를 유료 및 무료로 제공하는 인터넷 사이트를 적극 활용하라. 대법원 법원경매정보 사이트(www.courtauction.go.kr)에서는 무료로 다양한 부동산 경매 입찰 정보를 제공받을 수 있다. 더 상세한 정보와 고급 정보를 원한다면 유료 경매 정보 사이트를 이용하는 것도 좋은 방법이다.

끝으로, 이론 학습과 모의 연습

이론 학습과 모의 연습을 통해 충분히 실력을 다진 후에 실전에 임하는 것이 중요하다. 경매 초보자라면 경매법정을 방문하여 실제 입찰 과정을 체험해보고, 모의 입찰을 통해 경험을 쌓아야 한다. 이는 실전에서의 성공 가능성을 높이는 데 큰 도움이 된다.

경매 투자는 높은 수익을 기대할 수 있는 매력적인 투자 방법이지만, 철저한 준비와 신중한 접근이 필요하다. 위의 주의사항을 참고하여 성공적인 경매 투자를 실현하시기 바란다.

49

초보자를 위한 부동산 경매 10계명

부동산 경매는 시세보다 저렴하게 부동산을 취득할 수 있는 매력적인 투자 방식이다. 하지만, 특히 초보자에게는 많은 준비와 신중한 접근이 필요하다. 다음은 성공적인 경매 투자를 위한 10가지 필수 지침을 상세하게 설명한 것이다.

발품 팔고 또 팔아라

경매 대상 부동산을 매입하기 전에 철저한 현장 조사가 필수다. 직접 현장을 방문해 주변 환경, 교통 편의성, 생활 인프라, 상권 등을 확인해야 한다. 현장 답사를 통해 예상치 못한 문제점을 발견할 수 있으며, 이는 투자 결정에 큰 영향을 미친다. 예를 들어, 주변에 악취가 나는 시설이 있다면 해당 부동산의 가치는 떨어질 수 있다.

권리 분석을 철저히 하라

경매 사고의 상당수는 권리 분석의 오류에서 발생한다. 등기부등본을 통해 해당 부동산의 소유권, 저당권, 가처분, 가압류 등 다양한 권리 관계를 꼼꼼히 확인해야 한다. 만약 이러한 권리 관계가 복잡하다면, 전문가의 도움을 받아야 한다. 잘못된 권리 분석으로 인해 불필요한 법적 분쟁에 휘말릴 수 있다.

법원 감정가를 맹신하지 마라

법원 감정가는 평가 기관과 시기에 따라 차이가 날 수 있다. 감정가는 경매 시작 가격을 결정하는 참고 자료일 뿐, 실제 시세와는 차이가 있을 수 있다. 따라서 감정가만 믿고 입찰가를 결정하는 것은 위험하다. 반드시 현재 시장 시세를 조사하고, 감정가와 비교하여 적정 입찰가를 설정해야 한다.

정부 정책과 시장 흐름에 민감하라

부동산 경매 시장도 전체 부동산 시장의 일부다. 정부의 부동산 정책 변화와 시장의 흐름을 예의주시해야 한다. 예를 들어, 정부가 부동산 규제를 강화하면 경매 시장에도 영향을 미쳐 낙찰가가 하락할 수 있다. 반대로, 규제가 완화되면 낙찰가가 상승할 가능성이 있다.

명도 없는 경매를 기대하지 마라

토지 경매를 제외한 대부분의 경매에서는 명도 절차가 필요하다. 명도란, 기존 거주자나 사용자로부터 부동산을 비우게 하는 과정을 말한다. 이 과정에서 법적 분쟁이나 추가 비용이 발생할 수 있다. 명도 절차를 예상하고 이에 따른 시간과 비용을 미리 준비해야 한다.

넉넉한 시간과 여유로운 마음을 가져라

입주 시기를 너무 급하게 잡으면 명도 지연 등으로 인해 예상치 못한 어려움을 겪을 수 있다. 경매 과정은 시간이 걸릴 수 있으므로, 충분한 시간적 여유를 가지고 진행하는 것이 바람직하다. 특히 초보자는 경매 과정에서 발생할 수 있는 다양한 변수에 대비해야 한다.

입찰 전에 구체적인 자금 계획을 세워라

구체적인 자금 계획 없이 낙찰을 받았다가 잔금을 준비하지 못해 보증금을 잃는 경우가 있다. 입찰 전에는 자신의 재정 상태를 철저히 점검하고, 낙찰 후 필요한 자금을 어떻게 마련할지 구체적인 계획을 세워야 한다. 예를 들어, 금융 기관의 대출 가능 여부와 조건 등을 미리 확인하는 것이 중요하다.

입찰장 분위기에 휩쓸리지 마라

입찰장에서 과열된 분위기에 휩쓸려 감정적으로 높은 금액을 입찰하지 않도록 주의해야 한다. 입찰 전에 설정한 적정 입찰가를 고수하고, 감정적인 결정은 피하는 것이 중요하다. 과도한 낙찰가는 이후의 투자 수익성을 저해할 수 있다.

입찰 전 준비물을 챙겨라

입찰 보증금, 신분증, 도장, 대리인 입찰 시 본인 인감증명서 등의 서류를 미리 준비해야 한다. 준비물을 소홀히 하면 입찰 자격을 상실할 수 있다. 입찰 전에 필요한 서류와 준비물을 꼼꼼히 확인하고, 입찰 당일에는 빠뜨리지 않도록 주의해야 한다.

초보자는 요주의 물건과 특수 물건을 피하라

초보자는 경험 부족으로 인해 요주의 물건과 특수 물건에서 큰 위험을 겪을 수 있다. 요주의 물건은 법적 문제가 있는 경우가 많고, 특수 물건은 특별한 관리나 추가 비용이 필요한 경우가 있다. 초보자는 먼저 안정적이고 일반적인 물건부터 시작하여 경험을 쌓는 것이 바람직하다.

부동산 경매는 높은 수익을 기대할 수 있는 투자 방법이지만, 철저한 준비와 신중한 접근이 필요하다. 위의 10계명을 참고하여 성공적인 경매 투자를 실현하시기 바란다. 초보자도 신중한 준비와 지식 습득으로 안정적인 경매 투자를 할 수 있다.

50

증권시장의 이해: 경제 성장의 견인차

증권시장은 주식과 채권 같은 유가증권이 거래되는 금융시장을 말한다. 이곳에서 기업은 자금을 조달하고 투자자는 금융 자산을 운용하며, 이는 경제 성장과 밀접한 관련이 있다. 증권시장의 개념과 기능을 이해하는 것은 오늘날 경제를 이해하는 데 필수적이다.

증권시장은 넓은 의미와 좁은 의미로 나눌 수 있다. 넓게 보면, 기업이 유가증권을 발행해 자금을 모으고, 투자자가 이를 매입하여 자산을 운용하는 시장이다. 이는 발행시장과 유통시장을 포함하는 개념이다. 발행시장은 기업이 주식이나 채권을 발행하여 자금을 조달하는 곳이며, 유통시장은 이미 발행된 유가증권이 거래되는 시장을 말한다.

우리나라에서는 유가증권시장, 코스닥시장, 그리고 장외시장

(프리보드 시장) 등이 대표적인 유통시장이다. 이러한 시장 구조는 기업이 안정적으로 자금을 조달할 수 있도록 돕고, 투자자가 필요할 때 자금을 회수할 수 있는 유동성을 제공한다.

기업의 입장에서 증권시장은 자금조달의 주요 수단이다. 기업은 증권을 발행해 장기 자금을 마련하고, 이를 설비투자나 기술혁신에 사용한다. 이는 기업의 경쟁력을 높이고 국제무대에서도 경쟁력을 갖추는 데 중요한 역할을 한다.

투자자에게 증권시장은 자산 운용의 기회를 제공한다. 경제가 안정되고 소득이 증가할수록 개인 투자자들은 금융자산, 특히 주식과 같은 직접투자를 선호한다. 이는 증권시장이 개인의 저축을 효과적으로 운용할 수 있는 장을 제공함을 의미한다.

사회적으로 증권시장은 소득 재분배의 기능을 수행한다. 주식의 소유 분산을 통해 기업의 성장 과실이 널리 공유되며, 이는 국민 복지 향상과 사회 안정, 중산층 육성에 기여한다.

정부와 중앙은행은 증권시장을 적극적으로 활용한다. 정부는 재정증권 발행을 통해 적자 재정을 운용하거나 흑자 재정을 활용하고, 중앙은행은 공개시장조작을 통해 통화량을 조절한다. 이는 경제 안정화와 경기 조절에 중요한 역할을 한다.

유가증권시장은 전통적으로 대형 기업의 주식이 거래되는 시장이다. 반면, 코스닥시장은 신생 벤처기업들이 자금을 조달하고 성장할 수 있는 장을 제공한다. 벤처금융회사들은 코스닥시장을 통해 투자한 자금을 회수하고, 유망 벤처기업을 발굴하여 지원한다. 이는 자금의 효율적인 배분과 새로운 산업 성장의 기회를 제공한다.

증권시장은 기업과 투자자 모두에게 필수적인 역할을 하며, 경제 전반에 걸쳐 긍정적인 영향을 미친다. 따라서 증권시장의 원리를 이해하고 이를 활용하는 것은 우리 모두의 경제적 번영에 큰 도움이 될 것이다. 증권시장의 발전은 곧 우리 경제의 발전이며, 이는 곧 우리 모두의 발전을 의미한다.

51

파생금융상품 이해하기

파생금융상품은 기초자산에서 파생된 금융상품으로, 기초자산의 움직임에 따라 가치가 결정된다. 이러한 파생금융상품은 위험을 전가하거나 투기 거래 등 다양한 기능을 수행하며, 현대 금융시장에서 중요한 역할을 한다. 그러나 파생금융상품은 변동성이 크기 때문에 기본적인 이해 없이 투자하는 것은 매우 위험하다.

예를 들어, 주가지수연계펀드(ELF)는 파생펀드 범주에 속하며, KOSPI200 지수를 기초자산으로 하여 그 움직임에 따라 수익이 결정된다. 이러한 ELF는 구조화 펀드로 정의할 수 있다. 기업이나 금융기관이 국제금융거래를 할 때는 환리스크나 이자율 리스크 등의 시장 위험과 신용 위험이 따른다. 이러한 위험을 관리하거나 투기적인 목적으로 사용되는 것이 바로 파생금융상품이다. 미국발 금융위기의 시작이었던 서브프라임 사태도 파생금융상품과 깊은 관련이 있다. 파생금융상품이 나름의 가치를 가지는 이유는 그 기초자산이 효용이나 가치를 지니기 때문이다. 주요 파생금융 상품으로는 선도, 선물, 옵션, 스왑 등이 있다.

파생금융상품의 가장 중요한 경제적 기능은 위험 전가이다. 가격 변동을 원하지 않는 자는 파생금융상품을 이용해 가격 변동 위험을 감수하면서 보다 높은 이익을 추구하는 투기자에게 자신의 위험을 전가할 수 있다. 이는 현물시장의 유동성과 안정성을 높이고, 시장 참여자 전반이 이익을 얻을 수 있게 한다. 파생금융시장에서의 가격은 상품의 수요와 공급에 의해 결정되며, 이를 통해 경제 주체들에게 가격 관련 정보를 제공하고 의사결정에 영향을 미친다. 또한 미래 가격의 불확실성을 어느 정도 제거하여 현금 가격의 안정화 기능도 수행한다.

파생금융상품 거래는 소액의 증거금만으로 레버리지를 크게 일으켜 거래하기 때문에 투기성 자금의 유입을 촉진해 시장을 활성화한다. 또한 파생금융상품시장은 현물시장과의 재정거래 기회를 제공한다. 투자자는 헤저가 회피하고자 하는 위험을 적극적으로 수용하면서 미래의 가격 예측을 토대로 포지션을 취해 투기적 이익을 추구한다. 이러한 투기자는 시장의 각종 정보를 수집하고 분석하여 그 결과를 시장에 반영한다. 이러한 과정을 통해 정보의 확산 속도가 빨라지고 다수의 시장 참여자가 생겨 금융시장의 자원배분이 효율적으로 이루어진다.

파생금융상품은 그 복잡성과 변동성 때문에 신중한 접근이 필요하지만, 이를 통해 다양한 경제적 기능과 기회를 제공하며 현대 금융시장의 중요한 축을 형성한다. 기본적인 이해와 적절한 전략을 통해 파생금융상품을 활용한다면, 위험 관리와 자산 운용에 큰 도움이 될 것이다.

52

선물(先物)거래 이해하기

선물거래는 금융시장에서 특정 자산을 미래의 특정 시점에 정해진 가격으로 매매하는 파생상품의 일종이다. 선물거래의 주요 특징과 그 중요성을 살펴보면 다음과 같다.

거래소 중심의 표준화된 계약

선물거래는 거래소에서 표준화된 계약을 기반으로 이루어진다. 이는 거래대상물의 품질, 거래 시기, 인도 방법 등이 미리 정해져 있어 시장 참여자들이 투명하게 거래할 수 있게 한다. 예를 들어, 금융선물은 주로 금리, 환율 등 금융상품에 대한 계약이고, 상품선물은 원유, 천연가스, 곡물 등 실물 상품에 대한 계약을 말한다.

일일 정산 제도

선물거래는 매일 가격 변동에 따라 매매자와 매도자의 손익을 일일로 정산한다. 이는 거래의 안정성을 높이고 시장의 투명성을 제공하는 중요한 요소이다. 이 과정은 거래소의 중재하에 이루어지며, 모든 참가자들에게 신뢰를 제공한다.

증거금 제도와 레버리지 효과

선물거래는 증거금을 예치함으로써 거래의 안정성을 보장한다. 증거금은 거래 상대방의 계약 이행 불이행에 대비하는 보증금 역할을 하며, 소액의 증거금만으로도 큰 규모의 거래를 할 수 있는 레버리지 효과를 제공한다. 이는 투자자들이 높은 수익률을 추구할 수 있는 기회를 제공하지만 동시에 잠재적인 손실도 증가시킬 수 있는 요소이다.

시장 유동성과 효율성

선물거래는 표준화된 계약과 일일 정산 제도 덕분에 시장의 유동성을 높이고, 반대매매가 쉽다. 이는 시장 참여자들에게 유리한 거래 환경을 제공하며, 효율적인 자원 배분을 촉진한다. 또한, 선물거래는 시장의 가격 형성과 정보의 효율적 전달을 돕는다.

금융 및 상품 선물

선물거래는 금융상품뿐만 아니라 실물 상품에 대한 계약도 포함한다. 금융 선물은 주로 금리, 외환, 주가 지수 등에 대한 계약을 말하며, 상품 선물은 원유, 천연가스, 곡물 등 실물 상품에 대한 계약이다. 이는 다양한 자산 클래스에 걸쳐 리스크 관리와 투자 전략을 다각적으로 구축하는 데 중요한 도구로 작용한다.

이와 같은 선물거래의 구조는 현대 금융시장에서 중요한 역할을 하며, 투자자들에게 다양한 투자 전략과 리스크 관리 기회를 제공하는 동시에 시장의 안정성과 효율성을 높이는 역할을 한다.

53

옵션(Option) 이해하기

콜 옵션: 살 수 있는 권리(Call Option)

콜 옵션은 투자자에게 주어진 선택적인 구매 권리를 나타내며, 행사가격보다 높은 가격으로 시장에서 자산이 거래될 때 해당 권리를 행사하여 자산을 저렴하게 구매할 수 있는 장점을 제공한다. 반면에 시장에서 자산의 가격이 행사가격을 하회할 경우에는 이 권리를 사용하지 않고 시장에서 자산을 구매할 수 있다. 옵션은 투자자에게 권리만을 부여하며, 의무는 없다. 따라서 옵션 매수자는 옵션 프리미엄이라 불리는 특정 금액을 옵션 매도자에게 지불하여 이러한 권리를 확보한다. 이는 향후 시장 상황에 대응하거나 전략적인 투자 목적을 위한 필수적인 요소이다.

풋 옵션: 팔 수 있는 권리(Put Option)

풋 옵션은 투자자에게 주어진 선택적인 판매 권리를 의미한다. 즉, 풋 옵션을 매수한 사람은 시장에서 해당 자산이 행사가격보다 낮은 가격으로 거래될 경우, 이 권리를 행사하여 자산을 더 비싼 가격에 판매할 수 있는 장점을 가진다.

옵션 매수자와 매도자

옵션 매수자는 콜(Call)과 풋(Put)의 구분이 없이 "선택권"이 있기 때문에 자신에게 유리한 경우에만 행사하고 불리하면 포기하는 것이 가능하다. 반면에 옵션 매도자는 옵션 매수자로부터 프리미엄을 받았기 때문에 권리행사에 반드시 응해야 할 의무를 갖는다. 옵션의 매수자가 권리를 행사하지 않는 경우에는 옵션 매도자는 이미 받아둔 프리미엄이 이익이 되고, 권리를 행사하는 경우에는 손실을 무한대로 책임을 진다.

옵션의 손익

옵션을 매수하는 목적은 이익의 가능성을 무한대로 열어두되 손실 폭을 일정한도(옵션의 프리미엄)로 제한하기 위한 것이다. 따라서 살 권리와 팔 권리인 콜(Call) 옵션과 풋(Put) 옵션에 따라 서로 다르며 다시, 콜 옵션의 경우 매수(Long)와 매도(Short)에 따라 손익이 달라지게 된다.

콜 옵션 매수의 경우(Long Call)

콜 옵션을 매수하는 경우, 기초자산의 현재 가격이 행사가격보다 높을 때 매수자는 이익을 얻는다. 이 경우의 이익은 현물의 시장 가격에서 행사가격을 뺀 차액에 해당한다. 반면, 현물의 가격이 행사가격보다 낮을 경우에는 이미 지불한 프리미엄으로 손실이 한정되므로 추가적인 책임이 없다.

콜 옵션 매도의 경우(Short Call)

콜 옵션을 매도한 사람은 콜 옵션 발행자로 불린다. 매도자는 해당 옵션을 매수한 사람으로부터 권리행사에 반드시 응해야 하는 의무의 대가로 옵션 프리미엄을 받는다.

풋 옵션 매수의 경우(Long Put)

풋 옵션을 매수하는 경우, 손익 구조는 콜 옵션과는 반대이다. 기초자산의 현재 가격이 행사가격보다 낮을 때 매수자는 이익을 얻는다. 이익은 행사가격에서 현물의 가격을 뺀 차액에 해당한다. 그러나 현물의 가격이 행사가격보다 높을 경우, 매수자는 이미 지불한 프리미엄으로 손실이 한정되어 추가적인 책임이 발생하지 않는다.

풋 옵션 매도의 경우(Short Put)

풋 옵션을 매도한 사람은 매수자로부터 권리행사에 반드시 응해야 하는 의무의 대가로 옵션 프리미엄을 받는다. 풋 옵션 매도자는 옵션의 행사가격보다 기초자산의 현재 가격이 클 경우, 매수자가 권리를 행사하지 않아 의무가 면제되므로 이미 받은 프리미엄만큼의 이익을 올릴 수 있다. 그러나 기초자산의 현재 가격이 행사가격보다 낮을 경우, 행사가격에서 현물의 가격을 뺀 차액만큼의 손실을 보게 된다.

54

펀드 투자의 기본 상식

펀드는 개별 투자자들이 자산을 통합하여 운용하는 금융상품으로, 다양한 투자 상품들에 접근할 수 있는 기회를 제공한다. 이는 특히 개별 주식 투자의 위험을 분산시키고, 전문가의 관리 아래 다양한 자산에 대한 포트폴리오를 구성할 수 있는 장점을 제공한다.

기준가격과 좌

펀드에서 기준이 되는 가격은 기준가격이다. 이는 펀드를 매매할 때의 기준점이 되며, 투자자는 기준가격을 기준으로 펀드를 매수하거나 매도한다. 주식 시장에서의 매수 매도와 마찬가지로, 기준가격이 낮을 때 매수하고 높을 때 매도함으로써 수익을 추구할 수 있다. 또한, 펀드를 매수할 때는 몇 좌를 구매했는지도 중요한 지표이다. 이를 좌라고 표현한다.

펀드의 종류

펀드는 투자하는 자산의 종류와 지역에 따라 여러 가지로 나눌 수 있다. 대표적으로 주식형, 채권형, 혼합형 등이 있으며, 각각의 펀드 유형은 투자자의 수익 목표와 위험 성향에 따라 선택된다. 주식형 펀드는 높은 수익을 추구하지만 변동성이 크고, 채권형 펀드는 안정적인 수익을 추구하는 경향이 있다.

펀드 투자 방식

펀드 투자 방식에는 임의식과 거치식, 그리고 적립식 등 여러 가지가 있다. 임의식은 투자 금액과 기간을 정하지 않고 자유롭게 투자하는 방식이며, 거치식은 투자 기간과 금액이 정해져 있어 중도 환매가 어려운 특성을 가지고 있다. 반면 적립식은 매월 일정한 금액을 투자하여 점진적으로 자산을 축적하는 방식이다.

펀드의 선택과 관리

펀드를 선택할 때는 자신의 투자 목표와 위험 성향을 고려하여 적절한 펀드를 선택하는 것이 중요하다. 시장의 변동성을 예측하고, 자신의 투자 스타일에 맞는 펀드를 선택하여 투자 전략을 세우는 것이 투자 성공의 열쇠이다. 또한, 투자한 펀드의 성과를 정기적으로 모니터링하고 필요할 때는 조정하는 것이 중요하다.

펀드 투자는 개인의 재정 상황과 목표에 따라 다양한 방식으로 수행될 수 있으며, 올바른 투자 전략을 통해 장기적인 투자 성과를 기대할 수 있다.

55

펀드 투자의 필수 지식

펀드는 여러 투자자들이 모은 자금을 자산운용회사가 주식이나 채권 등에 투자하여 운용한 후 그 결과를 투자자들에게 돌려주는 간접 투자상품이다. 이는 예금과 달리 수익률이 사전에 확정되지 않고, 투자 결과에 따라 수익률이 달라지는 실적배당상품으로 분류된다.

펀드 투자는 높은 수익을 기대할 수 있지만, 원금 손실의 가능성도 존재한다. 투자자는 자신이 투자할 펀드를 신중히 선택하고, 그에 따른 책임을 질 수밖에 없다. 이에 따라 투자자는 펀드의 특성과 위험 요소를 잘 이해하고 있어야 한다.

펀드 운용 구조

펀드는 다양한 회사들이 협력하여 운용된다. 판매회사는 펀드의 판매를 담당하며, 주로 증권회사, 은행, 보험회사 등이 이 역할을 수행한다. 자산운용회사는 투자자로부터 모은 자금을 주식, 채권, 부동산 등에 투자하여 운용하는 주체이다. 수탁회사는 펀드 재산을 안전하게 보관하고, 자산운용회사의 펀드 운용을 감독하는 역할을 맡는다. 또한 일반사무관리회사는 펀드로부터의 관련 사무업무를 수행한다.

펀드 투자 성과를 좌우하는 요인

펀드의 성과는 네 가지 주요 요인에 의해 결정된다: 수익, 시간, 비용, 위험이다. 높은 수익률은 투자의 주요 목표지만, 이를 위해서는 긴 투자 기간과 함께 비용을 최소화하고, 투자의 위험을 잘 관리해야 한다. 특히 비용은 수익을 직접적으로 감소시키므로, 투자 전 비용 구조를 이해하는 것이 중요하다.

펀드의 수수료와 보수

펀드 투자에는 수수료와 보수가 발생한다. 수수료는 투자자가 펀드에 투자할 때 지불하는 비용으로, 선취 수수료와 후취 수수료 등의 형태로 나뉜다. 반면 보수는 펀드 운용 관련 서비스에 대한 비용으로, 투자 기간 동안 지속적으로 발생한다. 수수료와 보수를 잘 이해하고 관리하는 것이 효율적인 투자 전략의 일환이다.

펀드 투자의 위험 관리

펀드 투자는 주식, 채권, 부동산, 원자재 등 다양한 자산에 투자하므로, 가격 변동, 기업 부도, 금리 변동, 환율 변동 등 여러 가지 위험 요인에 노출될 수 있다. 투자자는 이러한 위험을 이해하고 투자 전략을 세워야 한다. 특히 장기적인 투자 시 점진적인 리스크 관리가 필요하며, 투자의 목표와 시장 상황에 따라 변동성을 줄이는 방법을 고민해야 한다.

펀드는 투자자의 금융 목표와 위험 성향에 따라 다양한 선택지를 제공한다. 올바른 정보와 지식을 바탕으로 투자를 결정하고, 지속적인 모니터링과 필요시 조정을 통해 투자 수익을 극대화할 수 있다. 펀드 투자는 단기적인 수익 추구보다는 장기적인 금융 계획의 일환으로 여겨져야 한다.

56

직접투자 vs 펀드투자: 장단점 비교

자산을 늘리기 위해 투자를 고려한다면, 다음 문제는 어떻게 투자할 것인가에 대한 결정이다. 이는 투자 방법을 의미한다. 주식 투자 방법은 크게 두 가지로 나눌 수 있다.

직접투자

이 방법은 개인이 스스로 주식을 선택하고 매매하는 것이다. 개인이 투자할 종목과 시점을 직접 결정하며, 이를 통해 자산을 관리한다.

주식 시장에서 개인이 직접 투자하기 위해서는 금융시장, 경제, 산업 등에 대한 깊은 이해가 필요하다. 다시 말해, 주식 시장에 영향을 미치는 다양한 변수들에 대한 지식과 경험이 요구될 수 있다.

펀드투자

펀드투자는 개인이 직접 주식을 선택하거나 거래하지 않고, 전문적인 운용 기관에 자산을 맡기는 방식이다. 이를 간접투자라고도 한다. 펀드 매니저라 불리는 전문가들이 펀드를 관리하고 운용하여 수익을 창출한다.

펀드투자의 장점은 개인이 투자 시간과 노력을 절약할 수 있다는 점이다. 주식 시장에서 개인 투자자는 국내 기관 투자자나, 막대한 자본력을 가진 외국 투자자와 경쟁해야 하는 현실이 있다. 이에 비해 펀드투자는 전문가의 지식을 활용하여 효과적으로 자산을 관리할 수 있다.

또한, 펀드투자는 소액으로도 시작할 수 있는 점이 큰 장점이다. 대표적인 우량주들이 한 주에 수십만원에서 수백만원을 호가하는 반면, 펀드투자는 소액으로도 우량주에 투자할 수 있는 기회를 제공한다.

펀드투자는 주식 외에도 채권, 파생 금융상품(선물, 옵션 등), 부동산, 실물 자산(금, 석유 등) 등 다양한 금융상품에도 분산 투자할 수 있는 장점이 있다. 또한 해외 주식 등 개인이 직접 매매하기 어려운 자산들에 대해서도 투자할 수 있는 기회를 제공한다.

개인의 투자 목표와 상황에 따라 직접투자와 펀드투자 중 어느 방법이 더 적합한지 판단할 수 있다. 직접투자는 개인의 전문 지식과 시간이 필요하지만, 더 높은 통제력을 가질 수 있는 장점이 있다. 반면 펀드투자는 전문가의 관리하에 소액으로 시작할 수 있고, 다양한 자산에 분산 투자할 수 있는 장점이 있다. 각 방법의 장단점을 고려하여 자신에게 맞는 투자 전략을 구축하는 것이 중요하다.

57

상속세 과세 체계 이해하기

상속세는 상속, 유증, 사인증여에 따른 취득 재산에 부과되는 국세로, 직접세의 일종이다. 이 세금은 고대 로마에서부터 시작되었으며 현대 사회에서는 재산의 공정한 분배와 부의 집중 억제를 위한 중요한 세제로 자리 잡고 있다.

상속세의 특징과 의의

상속세는 재산의 이전을 원인으로 과세되며, 이는 현대 사회에서 실질적인 재산세로서 작용한다. 또한, 상속세는 노력하지 않고 얻은 불로이득에 대한 과세 원칙을 따르며, 이는 공평한 세제를 유지하면서 납세자의 고통을 최소화한다. 소득세와 보완관계를 형성하여 소득과 재산의 과세 탈루를 방지하고 개인의 전반적인 납세의무를 보완하는 역할도 한다. 또한, 상속세는 우연한 부의 증가에 대한 과세로 작용하여 사회적으로 부의 균형을 맞추는 중요한 세금 제도이다.

현행 상속세법의 주요 내용

첫째, 납세의무자로는 상속인과 유증자가 있다. 국내 거주 여부에 따라 무제한 납세자와 제한적 납세자로 구분되며, 이는 국내 거주자가 국내외 재산에 대해 전액을 납세하는 반면, 국외 거주자는 국내 재산에 한해 납세한다.

둘째, 상속재산은 환가 가능한 모든 재산을 포함하며, 일정 기간 내에 이루어진 증여재산도 과세의 대상으로 한다. 이는 증여를 통해 세금을 회피하는 것을 막기 위한 조치이다.

셋째, 과세표준은 상속재산에서 상속공제를 차감한 후의 잔여 금액을 기준으로 한다. 상속인이나 유증자의 가족 구성원 수와 직업에 따라 인적 공제와 재산 공제가 적용되어 세금 부담을 완화하고 공정성을 유지한다.

넷째, 세율은 과세표준에 따라 누진세율이 적용된다. 낮은 금액에서는 낮은 세율이 적용되고, 높은 금액에서는 높은 세율이 적용된다. 과세표준을 기준으로 1억원 이하는 10%에서, 30억원 이상은 50%로 5단계 초과누진세율 구조이다. 이는 상속과 유증 사이의 공정한 세 부담을 목표로 설계되었다.

이러한 현행 상속세법의 주요 내용은 재산 이전에 따른 세금 부담을 관리하고, 사회적으로 공정한 세제를 제공하는 데 중점을 두고 있다. 이는 개인의 재산 이동과 사회 경제의 균형을 도모하며, 부의 집중을 억제하는 역할을 한다.

상속세는 개인 재산 이전의 과정에서 발생하는 세금으로, 개인의 재산 이동을 계기로 국가가 부과하는 조세이다. 이 세금은 단순한 재산 이전 비용을 넘어서, 사회적 가치와 부의 재분배에 대한 국가적 관심이 내포되어 있다. 특히 현대 사회에서는 공평한 세금 부담을 통해 경제 활성화를 촉진하고 사회적 불평등을 완화하는 중요한 역할을 수행하고 있다.

상속세법은 사회·경제 여건의 변화에 따라 지속적으로 발전하고 있다. 납세자의 신고를 기반으로 정확한 세액이 계산되며, 이를 통해 상속세는 단순한 세금 이체를 넘어서 사회적 조화와 발전을 위한 중요한 정책 도구임을 인식할 필요가 있다. 따라서 상속세는 단순히 재산 이전을 과세하는 것을 넘어서, 국가의 경제정책 목표 달성과 사회적 평등 실현을 위한 중요한 수단으로서의 역할을 하고 있음을 이해해야 한다.

356

58

증여세 과세 체계 이해하기

증여세는 타인으로부터 무상으로 재산을 취득할 때 부과되는 세금으로, 국내법상 중요한 조세 형태 중 하나이다. 증여는 그 형태나 목적에 관계없이 직접적으로든 간접적으로든 재산 또는 이익을 무상으로 이전하는 행위를 포함하며, 이는 증여세법에서 규정하는 유증과 사인증여를 제외하고 있다.

증여세의 세율은 과세표준에 따라 계산되며, 현재는 최저 10%부터 최고 50%까지의 5단계 초과누진세율 구조를 가지고 있다. 특별한 경우인 창업자금과 가업승계용 중소기업주식 등에는 각각 10%, 10%(30억 원 초과분은 20%)의 특례세율이 적용된다. 이러한 세율 구조는 공정한 세금 부담을 위해 설계되었으며, 국가의 재정 수입 증대와 함께 사회적 경제적 안정을 추구하는 데 중요한 역할을 한다.

증여세는 생전에 이루어지는 재산 이전을 세금 회피로부터 보호하고, 상속세와의 공정성을 유지하기 위한 목적을 가지고 있다. 이를 통해 국가는 사회적 부의 재분배와 경제활성화를 도모할 수 있다. 또한, 증여세는 국세로서 직접세에 해당하며, 수증자의 국내 거주 여부에 따라 부과 범위가 결정된다.

과세대상인 증여재산은 수증자가 귀속하는 재산으로서, 경제적 가치가 있는 모든 형태의 재산과 권리를 포함한다. 과세표준은 증여일 현재의 시가에 기반하여 산출되며, 일정 금액 이하의 증여는 비과세 대상이 될 수 있다. 또한, 특정 재산의 경우 공익목적의 출연재산 등으로 인해 과세가액에서 제외되기도 한다.

증여세의 신고 및 납부는 증여를 받은 날로부터 3개월 이내에 세무서에 신고하고, 산출세액을 계산하여 세금을 납부해야 한다. 이 과정에서 연부연납과 물납이 인정되며, 신고나 납부에 있어서의 불성실한 행위에 대해서는 가산세를 부과할 수 있다.

증여세법은 시대의 변화와 사회적 요구에 따라 지속적으로 개정되어 왔으며, 국가의 정책적 목표인 공정한 세금 부담과 사회적 안정을 위한 중요한 정책 도구로서 발전하고 있다.

| 증여세 면제 · 비과세 |

증여재산(금전 제외)을 반환하거나 재증여하는 경우의 증여세

증여 후 당사자 간 합의에 따라 증여세 신고기한 내에 반환되는 경우, 반환 전 증여가 없었던 것으로 간주된다. 다만, 반환 전에 세액 결정을 받은 경우에는 과세된다. 증여받은 사람이 신고기한 이후 3개월 이내에 증여자에게 다시 반환하거나 재증여하는 경우에는 반환 또는 재증여에 대해 별도로 증여세를 부과하지 않는다. 단, 원래 증여분에 대해서는 증여세가 부과된다.

농지 등에 대한 증여세 감면

자경농민이 자녀에게 농지 등을 증여하고 신고기한 내에 감면 신청을 할 경우, 증여세를 감면할 수 있다. 이 경우 감면 한도는 5년 동안 1억원이다. 감면을 받은 농지 등을 정당한 사유 없이 5년 이내에 양도하거나 직접 농사를 짓지 않을 경우, 감면된 세금은 즉시 추가로 징수된다. 이때 추가징수에는 이자도 포함될 수 있다.

공익법인 등이 출연받은 재산

사회복지 및 공익을 목적으로 하는 공익법인 등이 출연받은 재산에 대해서는 일반적으로 증여세를 부과하지 않는다. 다만, 공익법인 등의 목적에 부합하는 재산에 대해서는 일정한 요건과 규제조항을 충족해야 하며, 이를 위반할 경우에는 증여세를 부과할 수 있다.

장애인이 증여받은 재산의 과세가액 불산입 및 비과세

장애인이 배우자를 제외한 친족으로부터 금전, 부동산, 유가증권을 증여받고 이를 자본시장법에 따라 신탁회사에 신탁하여 그 이익을 지급받을 경우, 해당 재산에 대해서는 최대 5억원까지 증여세를 부과하지 않는다. 또한 장애인이 장애인전용 보험상품에 가입하여 연간 최대 4000만원까지의 보험금을 지급받는 경우에도 증여세를 부과하지 않는다.

03

부자의 철학과 지혜

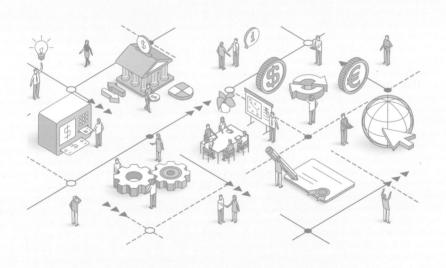

01

부자들의 성공 DNA: 주요 특성과 특징

부자들의 특징을 살펴보면, 현대의 부자들은 예전의 부자들과는 다른 특성을 지니고 있다. 이들은 합리적이고 신중하며, 자신만의 원칙을 고수하면서도 세금과 자산 이전 문제에 깊은 관심을 가진다. 이러한 특성들은 부자들이 부를 축적하고 유지하는 데 중요한 역할을 한다.

먼저, 부자들은 대체로 합리적인 성향을 가지고 있다. 과거와 달리, 현대의 경영환경과 재무구조는 훨씬 투명해졌고, 불법적인 방법으로 부를 축적하는 일은 거의 불가능해졌다. 정직하게 부를 쌓지 않으면 부자로서 오래 살아남기 어렵기 때문이다. 현대의 부자들은 상품을 구매할 때 가격을 불문하고 이유 있는 선택을 한다. 즉흥적인 소비를 지양하고, 필요에 따라 구매를 결정한다. 이러한 합리적인 성향은 부자들이 자산을 현명하게 관리하고, 경제적 선택을 신중히 접근하는 데 큰 도움이 된다.

　두 번째로, 부자들은 보수적인 성격을 지니고 있다. 이들은 지키고 키워야 할 자산을 가진 사람들이기에 기본적으로 보수적인 소비와 투자를 한다. 일부 과도한 소비를 하는 부자들도 있지만, 이는 극히 일부에 불과하다. 부자들은 투자에 있어서도 매우 치밀하며, 여러 번 리스크를 체크하고 안정성과 신뢰성을 중시한다. 'Buy and Hold'라는 투자 원칙을 지키며, 장기적인 관점에서 투자를 계획한다. 이들은 자산을 안정적으로 유지하고 성장시키는 데 탁월한 능력을 발휘한다.

　세 번째로, 부자들은 신중하면서도 과감한 경향을 보인다. 투자를 결정하기까지 많은 사람을 만나 정보를 종합적으로 취합하고 분석한 후 결론을 내린다. 그러나 일단 결정을 내리면 빠른 추진력으로 행동에 나선다. 부자들은 기회를 포착하면 즉각적으로 행동하며, 필요하다면 과감한 변화를 시도하기도 한다. 이는 그들이 시대의 변화를 빠르게 읽어내고 적응하는 데 큰 도움이 된다.

　네 번째로, 부자들은 자신만의 투자원칙을 고수한다. 이들은 돈을 모으고 쓰는 일에 있어 나름대로의 철저한 원칙을 세우고 이를 지키려고 노력한다. 원칙을 지킴으로써 일시적으로 손해를 보더라도 장기적으로 부를 축적하는 데 도움이 된다는 것을 잘 알고 있다. 부자들은 자신만의 투자원칙을 통해 재산을 안정적으로 관리하고, 지속적인 부를 유지한다.

　다섯 번째로, 부자들은 세금에 대한 고민이 크다. 부자들은 자산의 규모를 유지하고 인플레이션에 대비하는 것뿐만 아니라, 세금 문제에 대해 깊은 관심을 가진다. 이들은 자녀에게 부를 이전하는 과정에서 세금을 최소화하기 위해 다양한 방법을 모색한다. 세금 문제를 해결하는 것은 부자들에게 중요한 과제로, 이를 통해 자산을 보호하고 다음 세대로 무사히 이전하려고 노력한다.

마지막으로, 부자들은 자산을 이전하는 방법이 점점 성숙해지고 있다. 이제 부자들은 재산을 단순히 축적하는 것에 그치지 않고, 사회에 환원하거나 불우이웃을 돕거나 장학재단에 기부하면서 보람을 느낀다. 이들은 돈을 모으는 것뿐만 아니라 그 사용처를 분명히 하고, 돈을 잘 지키는 지혜와 함께 잘 쓰는 지혜를 갖추고 있다. 부자들은 자산을 관리하고 지키는 데 있어서 뛰어난 능력을 발휘하며, 이를 통해 사회적 가치를 창출하려는 경향이 있다.

이처럼 부자들의 합리적이고 보수적인 성향, 신중하면서도 과감한 접근, 자신만의 투자원칙 고수, 세금에 대한 깊은 고민, 그리고 성숙한 자산 이전 방법은 그들이 부를 축적하고 유지하는 데 중요한 요소이다. 이들은 이러한 특성을 통해 자신의 재산을 안정적으로 관리하고, 장기적인 재정적 성과를 거두며, 지속적인 부를 축적해 나가고 있다.

02

부자도 고민한다: 자녀 문제 해결법

많은 사람들은 돈이 있으면 모든 고민이 사라질 것이라고 생각한다. 하지만 부자들의 현실은 다르다. 부자들은 돈 문제로도 많은 고민을 하지만, 그들 대부분은 자녀 문제로 더 큰 고민을 안고 있다.

부자들은 일반적으로 사생활을 잘 털어놓지 않지만, 자녀 문제로 고민하는 경우가 상당히 많다는 것을 알 수 있다. 한국인의 자식 걱정은 부의 크기에 관계없이 유별난 것이지만, 부유층의 경우 그 강도가 훨씬 크다.

부자들은 자신의 재력을 기반으로 똑똑하고 유능한 사람들을 많이 고용할 수 있으며, 그들의 지혜와 충성을 항상 누릴 수 있다. 이렇게 뛰어난 부하직원들과 함께 지내다 보면 자신의 자녀가 상대적으로 부족하다고 느껴지기 마련이다. 특히 충성심이 철저한 직원들에 비해 비딱해 보이기까지 하는 자녀의 모습은 더욱 못마땅하게 느껴질 수 있다.

부자들은 또한 자신의 재산이 자녀들에게 재앙이 될 수 있다는 막연한 두려움을 가지고 있다. 자녀가 아무런 노력 없이 거액의 유산을 상속받아 고생을 모르고 살게 될 때 벌어질 불상사나, 자녀가 재산을 다 잃어버릴 수 있다는 두려움이 늘 마음 한구석에 자리 잡고 있다. 본인이 부자가 되기까지 무수히 실패를 맛보았던 경험이 있기에, 자녀가 쉽게 실패로 무너질 수 있다는 불안이 생기는 것이다.

이런 이유로 부자들의 자녀교육은 대체로 엄격하다. TV 드라마에서는 부자들이 자녀를 응석받이로 키우는 장면이 흔히 나오지만, 실제로는 거의 일어나지 않는다. 오히려 지나친 욕심에서 비롯된 혹독한 교육 때문에 자녀의 반발과 갈등이 더 많이 발생한다. 첫째 아들에게 실망하고 둘째 아들과 셋째 아들 중 누구에게 회사를 맡길지 고민하다 결국 막내에게 경영권을 넘기는 사례가 종종 있는 이유도 이 때문이다.

부자들은 자녀에게 회사를 물려줄 계획이 있을 때, 자녀들이 밑바닥부터 차근차근 경험하기를 원한다. 현대의 부자들은 자녀에게 부를 상속하든 사회에 환원하든, 자식들이 안일하게 생활하도록 방치하지 않는다. 대한민국 부유층 대부분은 선대에서 재산을 물려받거나 자수성가한 사람들로, 이들은 자식에게 부를 쉽게 이전하지 않으려는 경향이 있다. 그러나 아이러니하게도 대부분의 부유층은 결국 자녀에게 부를 이전하며 생을 마감한다.

이들은 자녀가 스스로 성공하기를 바라는 마음이 크기 때문에 자산을 쉽게 물려주지 않는다고 강조하지만, 정작 자산 이전 계획을 제대로 세우지 않는 경우가 많다. 계획 없이 세상을 떠났을 때 자녀들끼리 법정 투쟁을 벌이는 사례도 빈번하다. 그래서 상속·증여 계획은 빠를수록 좋다.

미국이나 선진국에서는 60대가 되면 세무사, 변호사, 금융 전문가와 함께 자산에 대한 사전 이전 계획을 철저히 수립한다. 일부 자산은 자식에게 배분하고, 일부는 사회에 공헌하는 문화가 있다. 이러한 문화가 우리나라 부유층에게도 정착되도록 유도하는 것이 금융인들의 의무이자 보람이 될 것이다.

부자들이 자녀 문제로 고민하는 현실은, 그들이 재산을 지키고 성공적으로 이전하기 위해 얼마나 많은 고민과 노력을 기울여야 하는지를 보여준다. 이들은 자녀들이 부를 효율적으로 관리하고, 사회적으로도 책임 있는 행동을 하기를 바란다. 금융 전문가들의 역할은 이러한 과정에서 중요한 조언자와 지지자로서 부자들의 고민을 덜어주는 데 있다.

03

부자처럼 생각하라: 자산관리의 원칙

부자들이 부자가 되기까지의 과정은 매우 험난했을 것이다. 그들은 많은 실패를 겪고 그 기반 위에 성공을 이룩했다. 부자 고객들과 대화를 나누다 보면 '위험관리'와 '핵심역량에의 집중'이라는 말을 자주 듣곤 한다. 실패를 경험했기에 위험관리의 중요성을 자연스럽게 알게 되었고, 성공은 잘하는 분야로의 집중에서 얻는 열매라는 것을 그들은 경험으로 알고 있다.

부자들의 이런 경험에서 유발된 특성을 금융컨설팅에 접목해 보면, 리스크 관리를 기본으로 한 자산 포트폴리오를 구성하되 핵심적인 자산에서 승부를 걸어야 한다는 명제가 나온다. 즉, 기본과 핵심에 충실하면서 리스크 관리에 철저한 자산 포트폴리오 구성을 해야 한다는 것이다.

자산의 구성이 조화롭게 되어 있지 않으면 한쪽 다리가 없는

책상과 같이 넘어지기 쉽다. 한 분야의 자산에 지나치게 집중 투자한다면 상당한 위험에 처하게 된다. 과거와 같은 고도성장기에는 부동산을 사서 묻어놓기만 하면 돈이 되었지만, 이제는 개발도상국처럼 높은 경제성장률을 기록할 수 없다. 그리고 미래 경제성장의 패턴이 3차산업인 금융 서비스업으로 60~70% 이상 확대되어 시대 흐름에 맞는 자산 포트폴리오가 요구된다.

부동산 자산의 보유가 과다한 부자는 금융 자산의 포트폴리오를 점진적으로 늘려 나가는 것도 좋을 것이다. 부자들은 자산 규모가 상당하기 때문에 자산관리의 3대 원칙인 수익성, 유동성, 안정성의 측면에서 고객의 투자 성향에 맞는 자산관리가 매우 절실하다.

부자들은 자산을 관리할 때 장기적인 시각을 중요시한다. 단기적인 수익에 치중하는 것보다는 오랜 기간 동안의 자산가치 증대를 목표로 하며, 투자 결정에 있어서는 신중하고도 과감한 전략을 취한다. 다양한 자산 클래스에 걸쳐 포트폴리오를 다각화시키고, 리스크를 최소화하면서도 수익을 극대화하는 것을 중요시한다. 또한 자산 보호와 세금 최적화를 통해 재정적 안정성을 유지하고, 법적 및 금융적 위험으로부터 자산을 보호하는 전략을 구축한다.

부자들은 전문적인 금융 전문가와 협력하여 투자 전략을 평가하고 결정하는 과정에서 전문적인 조언을 받으며, 이는 효과적이고 안전한 자산관리에 기여한다. 또한 자산을 다음 세대로 전달하기 위한 장기적인 계획을 세우고, 지속 가능한 재정적 지원을 목표로 한다. 이들은 자선 활동이나 사회적 책임을 다하는 것을 중요시하며, 자신의 부를 사회적으로 유용하게 사용하고 사회적 발전에 기여하는 방식으로 부의 관리를 진행한다.

부자들의 자산관리 원칙은 결국 리스크 관리, 핵심 역량 집중, 장기적 시각, 다각화된 포트폴리오 구성, 세금 최적화, 법적 보호, 전문적 조언 및 사회적 책임 이행으로 요약할 수 있다. 이러한 원칙들은 부자들이 안정적으로 자산을 유지하고 증대시키며, 다음 세대로 부를 성공적으로 이전하는 데 중요한 역할을 한다.

04

인맥의 힘: 부자들의 인재 영입 비법

부자들은 의도를 갖고 자신의 주위에 접근하려는 사람들을 항상 경계한다. 왜냐하면 부자들 주변에는 그들의 재산에 관심을 두고 어떤 식으로든 도움을 청하러 오는 사람들이 늘 있기 때문이다.

우리는 언론을 통해 고액 또는 로또 당첨자들이 지인들과 친척들에게 돈을 빌려달라는 강권에 큰 고통을 당하고 있으며, 주위 사람의 꼬임에 빠져 사기를 당하거나 재산을 탕진하게 되었다는 기사를 종종 접하게 된다.

입장을 바꾸어 생각해보면, 부자들은 금융영업에 종사하는 사람들조차 처음에는 자신의 재산을 빼앗아가려는 사람이나 집단으로 의심할 수도 있다. 그래서 일부 부유층들은 항상 섬에 홀로 남아 있는 듯한 외로움과 쓸쓸함을 경험하게 되며, 자기중심적인 성향을 띠기도 한다.

주변으로부터 위협을 느끼고 자신을 속이려고 하는 사람이 많다고 생각하기 때문에 대부분의 일을 자기 자신이나 가족을 중심으로 생각하는 부자들의 경우도 종종 볼 수 있다.

부자들은 일단 금융 세일즈맨의 전문성을 인정하고 그 사람에 대한 종합적인 신뢰가 생기면 전혀 다른 모습으로 바뀌는 경우가 많다. 한 번 믿음을 준 곳이라면, 음식점이든 이발소든 백화점이든 수십 년씩 단골로 다닌다. 이렇듯 부자는 전문성을 인정하고 한 번 신뢰한 사람을 철저하게 믿는다.

이러한 부자들의 성향은 투자에 있어서도 마찬가지다. 모르는 분야에는 절대 한곳에 집중 투자하지 않으며, 한 사람의 말만 듣고 섣부르게 행동에 나서지 않는다.

부자들은 대개 3~4명 이상의 금융 및 부동산 전문가들과 끊임없이 정보를 교환하지만, 신뢰가 쌓이기 전까지는 그 누구의 말도 믿으려 하지 않는다. 그렇지만 전문성을 인정하고 신뢰가 쌓여 정서를 깊이 공유하는 관계로 발전하게 되면 과감하게 배팅을 하는 사람들이 부자들이다.

그러나 한 번 신뢰를 쌓았다고 모든 것이 다 해결되지 않는다. 자산을 지키는 것이 자산을 불리는 것만큼 어렵듯이 신뢰를 쌓는 것 못지않게 신뢰를 계속 이어나가는 것도 쉽지 않다. 만일 어느 한순간의 극히 사소한 사건이 빌미가 되어 한두 차례 신뢰가 무너지기 시작하면, 부자들은 냉정한 모습으로 단호히 돌아선다. 오랜 기간 좋은 고객으로 남아 있다가도 조금이라도 전문성에 의심이 들고 믿음에 금이 가는 일이 생기면 한순간에 관계를 무너

뜨리는 사람이 부자들이다.

부자들은 사람을 끌어들이고 유지하는 데 있어 다양한 전략을 사용한다. 이들은 신뢰와 진정성을 중요시하며, 상대방과의 관계에서 진심을 다해 접근한다. 단순히 이익을 위해 사람을 대하지 않고, 진심으로 관심을 가지며 신뢰를 쌓으려 노력한다. 이는 지속적인 관계 형성과 깊은 유대감을 형성하는 데 중요한 역할을 한다.

네트워킹과 연결도 중요한 요소이다. 부자들은 폭넓은 네트워크를 형성하는 데 능숙하다. 이들은 다양한 사람들과의 연결을 통해 정보와 자원을 공유하며, 서로에게 도움이 되는 관계를 구축한다. 네트워킹 이벤트나 사회적 모임에서 적극적으로 사람들을 만나고, 그들과의 관계를 꾸준히 유지한다.

상호 이익을 추구하는 것도 이들이 사용하는 중요한 방법이다. 부자들은 항상 상대방에게도 이익이 되는 제안을 통해 관계를 형성한다. "윈-윈" 상황을 만들기 위해 노력하며, 이를 통해 신뢰와 호감을 얻는다. 이러한 접근 방식은 상대방이 그들과의 관계를 소중히 여기도록 만든다. 또한 부자들은 상대방에게 지속적으로 가치를 제공한다. 이는 재정적 지원, 전문 지식 공유, 문제 해결 도움 등 다양한 형태로 나타날 수 있다. 이러한 가치 제공을 통해 상대방은 그들과의 관계를 유지하고자 한다.

감사와 인정을 표현하는 태도도 중요한 요소이다. 부자들은 다른 사람들의 기여와 도움을 인정하고 감사하는 태도를 보인다. 이는 상대방이 자신이 중요한 존재로 여겨진다는 느낌을 받게 하여 긍정적인 관계를 유지하게 한다. 부자들은 사람을 대할 때 각

개인의 특성과 필요를 고려하여 개인화된 접근 방식을 취한다. 상
대방의 관심사와 필요에 맞춘 접근 방식을 통해 더욱 깊은 관계
를 형성한다.

마지막으로, 부자들은 자신의 비전과 목표를 명확히 하고, 이
를 다른 사람들과 공유한다. 그들은 공동의 목표를 추구하며 협
력할 수 있는 사람들을 찾고, 함께 성장하는 경험을 통해 강력한
유대감을 형성한다. 이와 같은 전략들을 통해 부자들은 단순한
인맥을 넘어 진정한 의미의 '내 사람'을 만들고, 이를 통해 개인적,
사업적 성공을 지속적으로 이어 나간다.

05

부자의 사고방식: 그들의 기본 철학

첫째, 돈은 하늘에서 떨어지지 않는다

우리 사회의 빈부 격차는 어제오늘의 이야기가 아니다. 통계청 자료에 따르면 상위 20%의 평균 자산은 8억 2,680만원인 반면, 하위 20%는 480만원으로 자산 격차가 172배에 달한다. 이는 상대적 빈곤감을 뛰어넘는 절대적 빈부 격차가 존재함을 보여준다. 그러나 한국이 앞으로 더 잘 사는 나라가 되면 소득 불평등이 조금 완화될 것이라는 예측도 있다.

부자들은 돈이 하늘에서 떨어지지 않는다는 진리를 잘 알고 있다. 그들은 현재의 위치에 서기까지 수많은 위기를 넘겨온 사람들이다. 안정된 직장을 그만두고, 엄청난 리스크를 안은 채 사업을 시작하는 것 자체가 큰 모험이다. 사업을 하면서 돈 때문에 고

생하는 것은 흔한 일이며, 회사가 망해서 채권자를 피해 도피하
거나, 죽음의 위기에 처하는 사람들도 많다. 이러한 수많은 고비
를 넘긴 사람만이 부자가 될 자격을 얻는다.

부자들이 보기에 경제적 양극화는 필연적인 결과이다. 따라
서 자연발생적인 부의 이동에 대한 인위적 개입은 옳지 않다고 본
다. 정부가 시행하는 '재건축 개발이익 환수제'가 대표적인 사례
다. 이 제도는 재건축 아파트 개발이익이 조합원당 일정액을 초과
할 경우, 최고 50%까지 부담금을 물어야 하는 제도이다. 부자들
은 대부분 이러한 방식으로는 부의 양극화가 해소되지 않는다고
생각한다.

결국, 부자들은 돈이 저절로 굴러들어오지 않는다는 점을 깊
이 인식하고 있으며, 그들의 성공은 수많은 어려움과 고비를 넘긴
결과임을 이해하고 있다. 그들은 부의 축적과 유지가 끊임없는 노
력과 희생의 산물임을 잘 알고 있다.

둘째, 공익재단을 설립하는 부자들이 늘고 있다

공익재단을 설립하려는 부자들이 점차 늘고 있다. 100억원 이
상의 자산을 보유한 부자 중 약 20%가 재단 설립을 검토하고 있
다. 이러한 부자들의 기부는 사회적으로 긍정적인 영향을 미친
다. 점차 심화되는 사회적 양극화를 완화하는 열쇠가 그들의 손
에 쥐어져 있으며, 그들이 내놓은 재산은 어려운 서민층에게 희망
을 주는 데 쓰인다. 나눔을 실천하는 부자들은 일반인들에게 찬
사를 받으며, 이는 사회가 부자와 가난한 자가 '더불어' 사는 곳으
로 발전할 수 있게 한다.

그러나 양극화 문제의 완전한 해결은 요원하다. 개인의 천부적 재능과 노력 여부, 주변 환경, 사회적 시스템에 따라 불가피하게 부의 편차가 발생할 수밖에 없다. 현재 경제적 약자들은 이 상황을 어떻게 극복해야 할까? '부는 공평하다'고 믿는 부자들의 시각에서 볼 때 두 가지 선택이 가능하다.

먼저, 자신의 능력을 키워 부자가 되는 방법이다. 누구나 알고 있지만 실현은 쉽지 않다. 그러나 어려운 만큼 보상이 확실한 길이다. 다음은 현실을 있는 그대로 받아들이는 방법이다. 이는 패배주의적으로 들릴 수도 있지만, 오해하지 말아야 한다. 현실을 받아들이라는 말은 세상에 굴복하라는 의미가 아니라, 자신의 경제적 상황을 긍정하라는 뜻이다.

큰 욕심을 버리면 이 방법은 바로 실현 가능하다. 무엇보다도 돈에 대한 자신의 감정을 제어함으로써 삶을 보다 윤택하게 만들 수 있다. 삶의 행복지수를 높이려면 지나친 비교의식에 사로잡혀서는 안 된다. 경제적 상황을 긍정적으로 받아들이고, 자신의 삶을 가치 있게 만드는 것이 중요하다.

이와 같이 공익재단을 설립하는 부자들이 늘어나면서, 그들의 기부와 나눔이 사회적 양극화를 완화하고, 더불어 사는 사회를 만드는 데 기여하고 있다. 이는 부자들이 자신의 재산을 사회적으로 유익한 방식으로 사용하는 성숙한 모습을 보여준다.

셋째, 불행한 부자 vs 행복한 부자

미국 일리노이대 심리학과의 에드 디너 교수는 흥미로운 연구 결과를 발표했다. 그 연구에 따르면, 세계 각국에서는 1인당 국민

소득이 1만 달러를 넘어서는 시점부터는 소득과 행복도가 더 이상 비례하지 않는다고 한다. 이는 기본적인 생계가 안정되면서 행복과 만족감은 주로 정신적인 측면에서 좌우된다는 것을 의미한다.

경제학에서는 '한계효용(Marginal Utility)'이라는 개념을 사용하여 설명한다. 굶주린 사람에게는 음식 한 조각의 가치가 매우 크지만, 배부른 사람에게는 추가적인 음식의 가치가 크게 떨어진다는 것이다.

자본주의 사회에서는 부를 축적하고 노력하는 것은 당연한 일이다. 그러나 지나치게 부에 집착하면 병적인 상태에 빠질 수 있다. 생계 문제가 일정 수준 해결된 후에는 관점을 바꾸는 것이 중요하다. 엄청난 부자가 되지 못해도 너무 서러워하지 않고, 대신 행복한 중산층으로서 만족하는 삶을 찾는 것이 좋다.

양극화 사회에 대응하는 궁극적인 해결책은 개인의 내면에서 찾을 수밖에 없다. 마음을 바꾸고 긍정적인 생각을 가지면, 그에 따라 삶의 질도 개선될 것이다. 이는 행복한 삶을 향한 지름길이 될 수 있다는 것이다.

06

돈을 불리는 비밀: 부자들의 금리 활용법

부자들은 금리에 대해 정확히 이해한다. 그들은 일반적으로 금리가 경제와 금융시장에 미치는 다양한 영향을 잘 이해하고 있으며, 이를 자신의 재정 전략에 반영하는 경향이 있다. 부자들은 금리가 경제와 금융시장에 미치는 영향을 잘 이해하며, 이를 기반으로 자신의 재정 전략을 세우고 조정하는 데 능숙하다.

첫째, 금리 변화로 경제를 이해한다

금리는 시장경제에서 중요한 역할을 한다. 보통 사람들은 금리를 단순한 은행 이자율로만 이해하지만, 실제로는 경제의 거의 모든 부분에 영향을 미친다. 부자들은 이러한 경제 원리를 잘 이해하고 있으며, 주식이나 부동산 투자를 결정할 때 금리를 중요한 기준으로 삼는다. 예를 들어, '부동산 임대수익률이 금리의

2~3배다'라는 식으로 말이다.

금리가 서서히 상승하기 시작하면, 이는 경기 회복의 신호로 해석된다. 경제가 점차 회복될 때 기업들은 더 많은 투자를 하려는 경향이 있어 은행 자금을 활용할 가능성이 크다. 그러나 금리가 급격히 상승하면 경제에 문제가 생겼다는 신호로 받아들이게 된다. 이는 기업의 부도나 금융시장의 충격으로 이어질 수 있기 때문이다.

금리는 기업의 갑작스러운 부도나 금융시장의 큰 변동이 있을 때 급등하기도 한다. 이러한 금리 변동기에는 경제를 전망한 후 임대료나 주식 투자 비중을 조정하는 등의 전략적인 결정이 필요하다. 부자들은 이러한 금리 변동의 영향을 최소화하고 재정 상황을 최적화하기 위해 항상 준비를 갖추고 있다.

둘째, 금리 변동기를 준비한다

부자들은 작은 금리 변동에도 매우 민감하게 반응한다. 그들이 움직이는 자산의 규모와 영향력 때문에 그렇다. 예를 들어, 300만원에 대한 1%의 금리 변동은 3만원이지만, 3,000만원에 대해서는 30만원, 3억원에 대해서는 300만원이 된다. 이와 같이 금액이 커질수록 금리의 작은 변동도 큰 수익 차이를 만들어낸다. 그래서 부자들은 금리가 0.1%라도 어떻게 그에 맞추어 행동할지를 신중하게 고민한다.

한국 경제는 이미 성숙기에 접어들었다. 마찬가지로 성인이 더 이상 키가 자라지 않는 것처럼, 1인당 국민소득이 2만 달러에 이르면서 앞으로 저성장의 흐름을 이어갈 가능성이 크다. 이는 저금리 추세로 이어지는 주된 이유다.

1970년대부터 1990년대 초까지 한국 기업들은 24시간 공장을 운영할 정도로 바쁘게 생산했다. 그러나 2000년대 들어오면서 기술 발전과 저출산 고령화로 인해 공장 자동화가 진행되면서 생산성이 크게 증가했다. 이로 인해 추가 공장이 필요 없어졌고, 설비 투자에 대한 수요가 줄어들었다. 이는 기업들이 자금을 보다 효율적으로 운용할 수 있게 하여 은행 금리를 자연스럽게 낮추는 결과를 가져왔다.

부자들 중 일부는 이러한 경제 변화를 정확히 예측하고, 금리의 미래에 대비하기 위해 미리 준비를 갖추고 있다.

07

미래를 대비하라:
인구 변화에 따른 재테크 전략

한국의 인구 문제는 심각한 사회적, 경제적 도전 과제로 대두되고 있다. 저출산 문제는 한국이 직면한 가장 큰 인구 문제 중하나이다. 2022년 한국의 합계출산율은 0.78명으로, 세계 최저수준이다. 출생아 수 역시 24만 명으로 역대 최저치를 기록했다. 이를 해결하기 위해 정부는 출산 장려금 지급, 출산휴가 및 육아휴직 제도 강화, 공공 보육시설 확충, 보육비 지원 확대, 유아 교육 지원 등의 정책을 추진하고 있다. 이러한 노력은 출산과 육아에 대한 경제적 부담을 줄이고, 육아 환경을 개선하는 데 중점을두고 있다.

또한, 고령화 문제도 중요한 도전 과제이다. 2022년 기준 65세이상 인구 비율은 약 17.5%로, 빠르게 고령화가 진행되고 있다. 2025년에는 이 비율이 20%를 넘어설 것으로 예상된다. 이와 함께 노년부양비도 약 22%로 증가하여 노동 연령 인구 대비 고령 인구가 늘어나고 있다. 이를 해결하기 위해 정부는 국민연금, 기초연금 등의 연금제도 강화를 통해 고령층의 경제적 안정을 도모하고 있다. 또한, 고령층을 위한 일자리 창출 프로그램을 운영하여 은퇴 후에도 생산적인 활동을 할 수 있도록 지원하고 있으며, 노인 복지 시설 확충, 건강 관리 프로그램 등을 통해 노인의 삶의 질을 개선하고자 노력하고 있다.

인구 분포의 불균형 문제도 큰 과제로 남아 있다. 서울, 경기, 인천 등 수도권에 인구가 집중되어 있으며, 2022년 기준 수도권 인구는 전체 인구의 약 50% 이상을 차지하고 있다. 반면, 일부 지방 도시는 인구 감소로 인해 소멸 위기에 처해 있다. 이를 해결하기 위해 정부는 균형 발전 특별회계, 지방 이전 공공기관 유치 등을 통해 지방 경제 활성화를 도모하고 있다. 또한, 지방 이주를 장려하기 위해 주거 지원 정책을 추진하고, 청년 및 신혼부부를 위한 주택 공급을 확대하고 있다.

이러한 인구 변화는 한 나라의 경제에 큰 영향을 미친다. 사람들은 인구 문제를 먼 미래의 이야기로 간주하지만, 그것은 착각이다. 가랑비에 옷 젖는다는 말처럼 우리가 인식하지 못하는 사이에 변화는 서서히 진행되고 있다. 상가시장과 혼수시장이 갈수록 위축되고 있으며, TV, 냉장고, 가구 등 혼수용품 시장이 장기적인 불황을 겪고 있다. 미혼남녀들의 결혼이 늦어지고, 독신자가 증가한 결과로 완구 등 유아용품 시장도 비슷한 처지이며, 산부인과와 유치원의 폐업 증가율도 심각한 수준에 있다.

이러한 위기 속에서도 부자들은 기회를 잡으려 노력한다. 틈

새시장을 찾으려는 것이다. 인구 감소 시대에 오히려 뜨는 직종도 있을 수 있다. 예를 들어, 노인 인구가 증가함에 따라 건강 관리, 실버 산업, 고령자 주거 시설 등의 분야는 성장 가능성이 크다. 부자들은 이러한 트렌드를 주시하며 관련 산업에 투자하는 전략을 취할 수 있다. 또한, 저출산으로 인해 유아용품 시장이 위축되는 반면, 고급 교육 및 아동 복지 서비스에 대한 수요는 상대적으로 증가할 수 있다. 이는 질 높은 교육 콘텐츠, 특화된 교육 서비스에 대한 투자 기회로 이어질 수 있기 때문이다.

부동산 투자에 있어서도 인구 분포의 변화에 따른 전략적 접근이 필요하다. 수도권의 부동산 가격이 지속적으로 상승하는 가운데, 일부 부자들은 지방 도시의 저평가된 부동산에 투자하여 향후 개발 가능성을 노리고 있다. 또한, 지방 이전 공공기관 유치 등의 정책 변화를 주시하며 새로운 투자 기회를 모색하고 있다.

마지막으로, 외국인 근로자와 다문화 사회 문제도 중요한 이슈로 떠오르고 있다. 2022년 기준 한국에 거주하는 외국인 인구는 약 250만 명에 이르고 있으며, 다문화 가정이 증가하면서 사회적 통합 문제가 부각되고 있다. 이를 해결하기 위해 정부는 다문화 가정을 위한 교육, 의료, 사회적 지원 프로그램을 운영하여 이들의 안정적인 정착과 사회 통합을 지원하고 있다. 또한, 외국인 근로자의 노동권 보호를 강화하고, 불법 체류 문제를 해결하기 위한 제도적 개선을 추진하고 있다.

결론적으로, 한국의 인구 문제는 저출산, 고령화, 인구 분포 불균형, 다문화 사회 등 다양한 측면에서 심각한 도전 과제를 제기하고 있다. 이를 해결하기 위해 정부는 출산 장려, 노인 복지

강화, 지방 발전, 다문화 사회 통합 등 여러 정책을 시행하고 있지만, 장기적인 관점에서 더욱 혁신적이고 종합적인 대책이 필요하다. 부자들은 이러한 변화 속에서 새로운 투자 기회를 모색하며, 지속 가능한 재테크 전략을 수립하고 있다.

08

역사의 교훈: 부자들의 재테크 인사이트

    부자들은 종종 역사를 깊이 연구하며 이를 바탕으로 투자 전략을 수립한다. 역사는 단지 과거의 기록이 아니라, 현재와 미래의 경제 흐름을 이해하는 중요한 열쇠로 작용하기 때문이다. 그들은 다양한 역사물을 통해 과거의 중요한 사건과 인물로부터 교훈을 얻고, 이를 바탕으로 투자 결정을 내린다.

첫째, 부자들이 선호하는 역사물은 매우 다양하다.

    많은 부자들이 '역사 애호가'로서, TV 역사 드라마를 즐겨 보고 대하 역사 소설을 탐독한다. 예를 들어, '쿠오바디스', '벤허', '아라비아의 로렌스', '전쟁과 평화' 등의 고전 영화와 '실크로드', '풍림화산' 등의 역사 다큐멘터리, 디스커버리 채널과 히스토리 채널 같은 역사 전문 채널을 즐긴다.

부자들이 탐독하는 역사 관련 책들도 많다. '조선왕조실록', '삼국유사', '난중일기', '목민심서' 같은 한국의 역사책과 '사기', '초한지', '삼국지', '강희대제', '대망', '료마가 간다' 등 중국과 일본의 역사책이 대표적이다. 또한, 버트란드 러셀의 '서양철학사'나 에른스트 곰브리치의 '서양미술사'처럼 특정 분야의 역사책들도 즐겨 읽는다. 기독교 신자의 비율이 높은 부자들은 성경을 읽으며, 역사적 관점에서 성경 속 인물들에게서 교훈과 영감을 얻기도 한다.

경제사를 직접적으로 공부하는 부자들도 많다. '자본주의의 매혹', '금융 투기의 역사' 등의 책을 통해 1600년대 유럽의 주식회사와 금융기관 설립 열풍, 17세기 네덜란드의 튤립 공항, 1700년대 산업혁명, 1929년 세계 경제 대공황 등의 굵직한 경제적 사건들을 공부한다.

둘째, 부자들은 역사를 단지 지나간 과거로 보지 않는다.

현대 역사학계에서는 역사와 미래가 하나로 연결된 것으로 본다. 부자들 역시 이 원리를 잘 알고 있으며, 과거의 흔적을 통해 현재와 미래의 시장 흐름을 파악하는 통찰력을 기른다. 예를 들어, 앤디 케슬러는 산업혁명의 역사를 면밀히 살펴 한 시대에 거대한 시장을 만들어내는 원동력을 찾았다. 그는 이러한 통찰을 바탕으로 실리콘밸리의 정보통신산업에 투자해 큰 수익을 올렸다. 이처럼 세계적인 투자자들은 과거의 사건들을 연구하여 현재와 미래의 투자 기회를 발견한다.

결론적으로, 부자들은 역사를 통해 투자에 대한 깊은 통찰력을 얻고 이를 바탕으로 재테크 전략을 수립한다. 역사는 그들에게 과거의 교훈을 통해 미래의 경제 흐름을 예측할 수 있는 도구를 제공한다. 평범한 사람들도 이러한 부자들의 전략을 배우고 따라 할 수 있으며, 이를 통해 성공적인 투자를 이끌어낼 수 있다.

09

보석 같은 투자: 부자들의 부동산 선택법

첫째, 새로운 재테크 전략, 새로운 방법이 필요하다

한국 사회에서 부동산은 언제나 큰 '화두'였고, 흔들리지 않는 '부의 상징'이었다. 사업으로 망해도, 주식으로 돈을 날려도, 부동산은 '불침항공모함'이라는 생각이 대중 사이에 깊이 뿌리박혔다. 하지만 무적함대는 없다. '버블'이라는 단어가 나온다는 말 자체가 벌써 무언가 이상 징후가 있다는 표시다. 이는 단순한 느낌 차원이 아니다. 부동산을 둘러싼 경제·사회적 상황을 보면 더욱 심증이 굳어진다. 저출산에 따른 인구 감소, 부동산 공급 과다, 과중한 세금 부과 등 부동산 호황기의 끝을 알리는 신호탄들이 많다.

한국 부자들의 자산 중 80~90% 이상은 부동산으로 이루어져 있다. 그런데 부동산 가치가 떨어지고 세금이 갈수록 올라간다니

부자들의 걱정이 이만저만이 아니다. 실제로도 이미 사놓은 부동산의 가치가 예전 같지 못하다. 물론 그렇다고 해서 부자들이 부동산을 포기하지는 않는다. 다만 부동산 투자 환경이 급변함에 따라 투자 방식을 바꿀 뿐이다.

둘째, 재개발 투자와 낡은 주택

최근 부자들은 '낡은 주택'에 관심이 많다. 쉽게 말해, 재개발 투자다. 청약으로 아파트 당첨이 어렵고, 투자 가치도 떨어지는 상황에서 재개발 투자로 가닥을 잡은 것이다. 부자들은 겉으로는 허름해 보이는 주택이 5~10년 후에는 상당한 돈이 될 것이라고 보고 있다.

그러나 낡은 주택이라고 무조건 매입했다가는 낭패를 볼 수 있다. 그 땅의 용도를 잘 알아보고 난 뒤에 결정해야 하기 때문이다. 건설교통부에서 내놓은 '토지이용계획확인원'이라는 공문서가 있다. 여기에 나오는 용도지역, 용도지구, 용도구역 등의 개념에 주목해야 한다. 어떤 토지가 무슨 목적으로 사용이 가능하고 불가능한지가 자세하게 나와 있기 때문이다. 재개발 투자자는 그 중에서도 특히 '용도지역'의 개념을 잘 이해해야 한다.

셋째, 보석을 가리는 부자들의 혜안을 배우자

부자들은 현재 부동산 투자의 '옥석'을 가리고 있다. 그들은 항상 두 방향을 저울질하기에 바쁘다. 우선 부동산이냐, 금융자산이냐를 판단한다. 최근 금융자산으로 옮겨가는 부자들이 많은 것이 사실이지만, 한편에는 여전히 부동산 시장을 중요시하는 이들도 건재하다. 일단 부동산을 택했다면, 이제 그중에서도 새 주택과 낡은 주택의 가치를 비교한다. 그러면서 특정 시기에 맞는 최적의 선택을 하려 애쓴다.

마치 중용(中庸)에 나오는 시중(時中)의 개념처럼 시대적 변화에 따라 가장 합리적인 결정을 하려고 하는 것이다. 부동산 시장 전망이 안 좋더라도 어딘가에는 반드시 투자자가 노릴 만한 틈새가 있다는 것이다.

넷째, 투자 환경 변화와 새로운 전략

부자들은 부동산 투자 환경의 변화를 면밀히 관찰하고, 이에 맞추어 새로운 전략을 수립한다. 부동산 시장에서의 성공은 한 가지 전략에만 의존하지 않고, 상황에 따라 유연하게 대응하는 데 있다. 특히, 재개발 투자와 같은 전략은 장기적인 안목을 요구한다. 낡은 주택이 재개발될 가능성을 고려하여 매입하고, 이후 재개발이 진행되면 큰 수익을 얻는 것이다.

재개발 투자에서 성공하기 위해서는 다음과 같은 요소들을 고려해야 한다.

토지 용도: 재개발 가능성이 높은 지역의 토지 용도를 면밀히 분석해야 한다. 용도지역, 용도지구, 용도구역 등의 정보를 확인하여 해당 토지가 재개발에 적합한지 판단한다.

지역 발전 계획: 지방자치단체나 정부의 지역 발전 계획을 주의 깊게 살펴본다. 특정 지역이 개발 우선순위에 포함되어 있거나, 대규모 인프라 프로젝트가 계획되어 있는 경우, 해당 지역의 부동산 가치는 크게 상승할 가능성이 있다.

시장 트렌드: 부동산 시장의 전반적인 트렌드를 분석하여, 낡은 주택이 향후 재개발될 가능성이 높은 시기를 예측한다. 경제적, 사회적 변화에 따른 시장의 움직임을 예의주시하여 투자 시기를 적절히 조정한다.

부자들의 부동산 투자 전략은 단순히 부동산을 소유하는 것을 넘어, 그 가치를 극대화하는 방법을 찾는 데 있다. 재개발 투자와 같은 전략은 장기적인 안목과 면밀한 분석을 필요로 하며, 이를 통해 큰 수익을 창출할 수 있다. 또한, 부자들은 부동산 외에도 금융자산 등 다양한 투자 포트폴리오를 구성하여, 변화하는 경제 환경에 유연하게 대응한다. 부자들의 투자 전략에서 가장 중요한 요소는 바로 유연성과 분석력이다. 이를 통해 그들은 항상 새로운 기회를 포착하고, 경제적 성공을 거두고 있다.

10

부동산으로 돈 벌기: 부자들의 투자 비법

미래가치를 읽어내는 창의적 안목을 길러라

부동산 세금이 증가하고, 분양 아파트가 속출하는 현재의 상황에서도, 한국의 좁은 땅에서 부동산은 여전히 매력적인 투자 대상이다. 이는 특히 창의성을 발휘할 때 더욱 그렇다. 로버트 기요사키와 도널드 트럼프가 공동 저술한 '기요사키와 트럼프의 부자'를 보면, 창의적인 사람에게 부동산이 얼마나 이상적인 투자 대상인지를 알 수 있다.

예금이나 채권은 은행이 이자율을 정하지만, 부동산은 투자자의 전략에 따라 이익의 총액을 얼마든지 늘릴 수 있다. 특히 토지의 경우, 용도 변경을 통해 엄청난 수익을 창출할 수 있다. 예를 들어, 농부가 10에이커의 땅을 1에이커당 1,000달러에 구입했을 때, 부동산 개발업자는 같은 땅의 용도를 변경해 1에이커당 1만 달러의 가치를 만들어 낼 수 있다.

부동산의 가치향상에 노력한다

굳이 두 저자의 말을 빌리지 않더라도, 이러한 부동산 투자법은 국내 부자들 사이에서 오랜 공식과도 같다. 부자들은 기회 있을 때마다 쓸모 있어 보이는 땅을 매입해 모양과 용도를 바꿔 가치를 높이는 투자를 시도한다. 부동산 형질 변경을 통해 수익을 올릴 수 있는 투자처를 찾고, 특히 강남 지역으로 본사 이전을 준비 중인 대기업들을 주목한다. 대기업이 이전하는 지역 중에서 지목이 '대(대지)'로 바뀔 때 상당한 보상을 받을 수 있기 때문이다.

부자들은 이처럼 부동산의 운명이 언제든지 바뀔 수 있다는 점을 잘 알고 있다. 그래서 낮은 땅을 매립하거나 유실수나 관상수를 심는 등의 작업을 통해 땅의 부가가치를 높인다. 부동산에도 창의성을 불어넣어야 성공할 수 있는 시대가 온 것이다.

부동산 투자 환경 변화와 새로운 전략

부자들은 부동산 투자 환경의 변화를 면밀히 관찰하고, 이에 맞추어 새로운 전략을 수립한다. 부동산 시장에서의 성공은 한 가지 전략에만 의존하지 않고, 상황에 따라 유연하게 대응하는 데 있다. 특히, 재개발 투자와 같은 전략은 장기적인 안목을 요구한다. 낡은 주택이 재개발될 가능성을 고려하여 매입하고, 이후 재개발이 진행되면 큰 수익을 얻는 것이다.

부자들의 부동산 투자 전략은 단순히 부동산을 소유하는 것을 넘어, 그 가치를 극대화하는 방법을 찾는 데 있다. 재개발 투자와 같은 전략은 장기적인 안목과 면밀한 분석을 필요로 하며, 이를 통해 큰 수익을 창출할 수 있다. 또한, 부자들은 부동산 외에도 금융자산 등 다양한 투자 포트폴리오를 구성하여, 변화하는 경제 환경에 유연하게 대응한다. 부자들의 투자 전략에서 가장 중요한 요소는 바로 유연성과 분석력이다. 이를 통해 그들은 항상 새로운 기회를 포착하고, 경제적 성공을 거두고 있다.

11

긴 안목으로 본다:
부자들의 장기 부동산 전략

단기간의 대박 수익률은 힘들다

현재의 투자 환경에서는 단기간에 특별한 수익률을 기대하기 어렵다는 사실을 받아들여야 한다. 이는 예술 창작과도 유사한 점이 있다. 위대한 예술 작품이나 투자 수익은 순간적인 창의성이나 행운에 의존하는 것보다는 꾸준한 노력과 전략의 결과일 수 있다. 특히 정보의 공유와 접근성이 증가한 오늘날, 경쟁이 치열해지고 있다.

부자들은 오랜 기간 동안 '장기투자' 또는 '가치투자'라는 전략으로 자신들의 부를 쌓아왔다. 이는 단기적인 이익보다는 장기적인 가치 증대를 목표로 하는 접근 방식을 의미한다.

누구나 인고의 세월이 필요하다

　장기투자에서 성공하기 위해서는 신중한 선택과 끈기가 필요하다. 특히 주식 투자에서는 기업의 장기적인 성장 가능성을 신뢰할 수 있어야 하며, 한번 결정한 포트폴리오는 오랫동안 유지하는 것이 중요하다. 고사성어인 '조갑천장(爪甲穿掌)'은 손톱이 자라면 손바닥을 뚫는다는 말로, 끈기와 인내가 얼마나 중요한지를 상징한다.

　부자들은 장기적인 시각으로 투자를 진행하며, 최근에는 국내보다는 해외 시장으로의 투자 확장을 적극적으로 추구하고 있다. 특히 중국과 인도 같은 거대 시장에서의 투자는 장기적인 수익을 기대할 수 있는 가능성이 크다고 평가받고 있다. 이는 향후 10년 동안 중국펀드가 국내 주식형 펀드를 능가할 수 있다는 전망을 반영한다.

　부동산 투자와 마찬가지로 주식 투자에서도 단기적인 수익에 집중하기보다는 장기적인 성장 가능성을 기반으로 한 투자가 필요하다. 장기투자의 성공은 뛰어난 시대 인식과 함께, 꾸준한 노력과 인내의 결과물이다. 부자들의 전략에서 배울 점은 명확한 목표와 장기적인 관점을 가지고 투자를 진행하는 것이다. 이를 통해 투자의 성패를 좌우하는 요소들을 제대로 이해하고, 지속적인 성장을 이루어낼 수 있다.

12

정책을 내 편으로: 정부 정책 활용 투자법

'국토개발정책'에 주목하라

부자들은 국토개발정책에 주목하여 부동산 투자 전략을 세우고 있다. 현재 제4차 국토종합계획의 주요 내용을 통해 국토의 미래 발전 방향을 읽으며 성공적인 투자 기회를 모색하고 있다.

국토종합계획은 대외적으로는 '개방형 국토발전축'을 구축하고, 대내적으로는 지방의 자립과 지역 간 상생을 촉진하는 방향으로 설정되어 있다. 이는 서해안축, 남해안축, 동해안축을 중심으로 한 한국 경제의 세계적 확장을 목표로 하고 있다.

특히 부자들은 수도권 발전 전략을 중시하며, 서부의 인천경제자유구역을 포함한 국제 물류 중심지, 남부의 평택항을 중심으로 한 해상물류 및 산업 중심지 등 지역별 발전 전략을 분석한다.

이러한 정부의 계획은 부자들에게 중요한 정보원으로 작용하며, 향후 투자 방향을 결정하는 데 큰 도움이 된다.

지도는 최고의 학습 도구이다

정부뿐만 아니라 지방자치단체들도 도시계획을 통해 각 지역의 발전 방향을 결정하고 있다. 서울시의 경우 '서울시 도시기본계획'을 통해 세부적인 발전 전략을 수립하고 있다. 부자들은 이러한 계획을 단순히 받아들이는 것이 아니라, 정기적으로 업데이트되는 계획의 수정사항과 특정 지역의 변화를 예측하여 투자 전략을 최적화한다.

부자들은 지도를 적극적으로 활용하여 국토의 미래를 예측하고, 변화의 힘을 이해하려 노력한다. 현대 사회에서는 국토의 변화 속도가 빠르기 때문에, 예측이 어려운 상황에서도 지속적인 정보 수집과 분석이 필수적이다. 이는 부자들이 미래의 부동산 시장에서 지속 가능한 성과를 거두는 데 중요한 역할을 한다.

부자들의 부동산 투자 전략은 정부의 국토개발정책과 지역별 도시계획을 활용하여 구체적인 방향성을 설정하는 데에 주목하고 있다. 이를 통해 미래의 발전 가능성을 예측하고, 효율적인 투자 결정을 내리는 것이 부자들의 전략의 핵심이다. 지속적인 정보 수집과 분석을 통해 시장 변화에 대응하며, 긴 시일 동안의 투자 성과를 목표로 한다.

13

감각적인 투자:
부자들의 대체투자와 예술적 안목

항상 대안투자를 찾아라

부자들은 부동산이나 주식 외에도 대안투자를 찾아가며 자산을 다각화하고 있다. 대안투자는 부의 축적 외에도 상속재산으로서의 가치가 높기도 하다. 예를 들어, 미술품이나 소나무와 같은 실물 자산은 국세청에서 과세표준에 포함되지 않을 수 있어, 상속세를 회피하거나 줄이는 데 유리하다.

부자들은 종종 미술품을 구매한 후 신고를 의도적으로 누락하는 경우도 있다. 그러나 고가의 자산을 현금화할 때 세무기관에서 자금 출처를 조사하는 등의 문제가 발생할 수 있으므로 주의가 필요하다.

부자들의 예술 감각을 배우라

부자들은 예술 감각을 통해 자신들의 창의력과 상상력을 계발한다고 믿는다. 이는 그들이 일반적으로는 보지 못하는 투자 기회를 발견하는 데 도움을 준다. 예를 들어, 독창적인 발상으로 특정 지역의 땅을 개발하거나, 일반 투자자들이 주목하지 않는 기업에 투자하여 큰 수익을 올리는 경우가 있다.

부자들은 미술품, 적송 등의 실물 자산에 투자할 때도 경쟁 우위를 점하는 경향이 있다. 이들은 투자 대상을 넓히기 위해 다양한 사물과 자산에 관심을 기울이며, 그다음 대안투자처를 탐색하는 것을 즐긴다. 예를 들어, 와인, 소나무, 혹은 심지어는 지구의 자연 자원이나 우주 관련 투자도 고려할 수 있다.

부자들은 주식과 부동산 외의 대안투자를 통해 금융 시장의 한계를 넘어서는 것을 목표로 하며, 지구 환경의 변화나 사회적 트렌드에 맞추어 미래 지향적인 투자 전략을 구사한다.

부자들의 대안투자 전략은 단순한 금융 자산을 넘어서서 다양한 실물 자산과 예술적 감각을 통해 구체화된다. 이는 부의 축적 외에도 상속재산의 보호와 자산의 다각화를 목표로 하며, 더 나아가 지속 가능한 성장을 위한 전략이기도 하다. 부자들의 투자 방식과 예술 감각은 배울 점이 많으며, 그들의 창의적인 접근법은 새로운 투자 기회를 발견하는 데 중요한 역할을 한다.

14

빌딩 투자 성공기: 수익형 부동산 전략

부동산 시장의 변화와 함께, 빌딩부자들이 수익형 부동산에 집중하는 이유와 그들의 투자 전략에 대해 알아보겠다.

부동산 시장의 변화

과거에는 부동산 투자가 주로 가격 상승을 통한 자산 증식을 목표로 했던 반면, 현재는 소유주의 관리와 운영 능력에 따라 직접적인 수익을 창출하는 시장으로 변화하고 있다. 이는 특히 수익형 부동산에 대한 관심을 높이고 있다.

수익형 부동산의 중요성

수익형 부동산은 단순히 거주 목적이 아닌, 월세를 통해 일정한 현금 흐름을 창출할 수 있는 부동산을 의미한다. 이는 투자자들에게 정기적이고 안정적인 수익을 제공할 수 있는 장점이 있다. 따라서 빌딩부자들은 이러한 수익형 부동산에 집중하여 자산을 운용하고 있다.

빌딩부자의 특성

빌딩부자라고 불리는 사람들은 단순히 빌딩을 소유하고 있을 뿐만 아니라, 그 빌딩으로부터 정기적인 임대 수익을 얻는 능력을 갖춘 사람들을 말한다. 그들은 종종 여러 유형으로 나눌 수 있다.

① 자수성가형: 나이가 많고, 융통성이 적으며 안정적인 관계와 신뢰를 중시하는 경향이 있다.
② 사업성공형: 계산적이고 이익을 추구하는 경향이 강하며, 중개업자나 비즈니스 관계를 중시한다.
③ 상속증여형: 전문직 종사자들이 많으며, 자신의 시간이 부족하기 때문에 빌딩 관리를 전문 업체에 맡기는 경향이 있다.
④ 토지보상형: 믿음직스러운 사람들과의 관계를 중시하며, 신속한 판단과 결정을 내리는 경향이 있다.

전세와 월세의 변화

전세 제도의 특성과 장점은 집값 상승에 기반하고 있었으나, 최근에는 인구의 고령화와 함께 월세 수요가 증가하고 있다. 이는 전세 시장에서 월세 시장으로의 전환을 초래할 수 있으며, 투자자들에게 다양한 임대 수익 기회를 제공할 수 있다.

부동산 투자 패러다임의 변화

부동산 시장의 안정화로 인해 시세차익 실현이 어려워짐에 따라, 투자자들은 수익형 부동산으로의 전환을 고려하고 있다. 특히 빌딩 매매 시장은 글로벌 금융 위기 이후 강세를 지속하며, 실질적인 투자 수익을 추구하는 경향이 강조된다.

빌딩부자들은 시세차익이 아닌 정기적인 임대 수익을 통해 자산을 운용하며, 이는 안정적이고 지속 가능한 수익을 추구하는 전략이다. 부동산 시장의 변화에 따라 투자 패턴도 조정되고 있으며, 수익형 부동산에 대한 관심이 더욱 커지고 있다.

15

빌딩부자의 비밀: 공통점과 투자 선호도

빌딩부자들은 부동산 시장에서 성공적인 투자자로 알려져 있으며, 그들의 공통적인 특성과 선호하는 투자 전략은 다각적이다.

첫째, 저평가된 부동산 발굴 능력

빌딩부자들은 저평가된 부동산이나 잠재력 있는 지역을 발굴하는 능력이 뛰어나다. 그들은 시장을 철저히 분석하고 다양한 자료를 수집하여, 부동산의 미래 가치를 정확히 파악한 후 신중하게 투자 결정을 내린다. 이를 통해 낮은 가격에 매입한 부동산의 가치를 극대화할 수 있는 기회를 포착한다.

둘째, 경제적 변화 예측 능력

경제적, 정치적, 사회적 변화를 예측하고 부동산 시장의 큰 흐름을 파악하는 데 강점을 가진다. 빌딩부자들은 다양한 변수들을 분석하여, 미래에 투자 가치가 높아질 것으로 예상되는 부동산에 집중 투자한다. 이러한 예측 능력은 그들이 장기적으로 성공적인 투자 결정을 내리는 데 중요한 역할을 한다.

셋째, 부동산 중심의 자산 구성

빌딩부자들은 자산 포트폴리오를 주로 부동산으로 구성하며, 부동산의 장기적 안정성과 수익성에 대한 강한 믿음을 지니고 있다. 부동산은 현금보다 더 중요한 자산으로 인식하며, 주식이나 다른 금융 자산에는 비교적 보수적인 입장을 취한다. 이러한 접근은 부동산을 통한 지속적인 수익 창출과 자산 증식에 기여한다.

넷째, 특정 지역 선호

빌딩부자들은 특히 강남권과 같은 특정 지역에 대한 선호가 강하다. 강남권은 미래 성장 잠재력이 높다고 평가되며, 이들은 정부나 기업의 개발 계획이 발표되기 전에 해당 지역에 선제적으로 투자하여 최대의 수익을 추구한다. 또한, 시골이나 외곽 지역의 개발 가능성이 있는 토지에도 관심을 갖고 투자 기회를 모색한다.

다섯째, 개인적 인맥 활용

빌딩부자들은 부동산 매매 시스템의 불완전성을 인식하고, 개인적인 네트워크를 통해 정보를 얻는 방식을 선호한다. 이를 통해 효율적인 투자 결정을 내리며, 신뢰할 수 있는 정보와 인맥을 활용하여 보다 안정적인 투자를 실현한다. 이들은 자신의 투자 철학과 방식을 기반으로 전략적인 접근을 통해 지속 가능한 부동산 투자 수익을 추구한다.

빌딩부자들의 이러한 공통점과 투자 전략은 그들이 단순한 투자자가 아니라, 시장의 전반적인 흐름과 잠재력을 분석하여 안정적이고 지속 가능한 수익을 창출하는 전략적인 투자자임을 보여준다.

16

부자의 하루: 생활 습관과 루틴

    부동산 부자들은 투자에 있어서 특유의 생활 습관을 가지고 있다. 이들은 다음과 같은 방식으로 투자를 준비하고 실행한다.

첫째, 끊임없는 관심과 노력

    부동산 부자들은 부동산 시장의 변동성과 기회를 놓치지 않기 위해 항상 주변에 이목을 기울인다. 주말이나 휴가라도 공인중개사 사무실을 자주 방문하며, 시세를 확인하고 잠재적인 투자 기회를 찾는다. 이들은 자주 부지나 건물을 직접 방문하며, 시장의 실질적인 상태와 가능성을 직접 체험하고 평가한다.

둘째, 항상 대안을 생각해 둔다.

부동산 부자들은 투자 결정을 내리기 전에 가능한 최악의 시나리오를 미리 고려한다. 이들은 투자의 리스크를 분석하고, 각종 위험 요소에 대비할 수 있는 대안을 마련한다. 예를 들어, 투자한 부동산이 예상보다 떨어질 경우에도 자산을 보호하고 이익을 극대화할 수 있는 전략을 세워 둔다.

셋째, 계약서는 꼼꼼하게 확인한다.

부동산 거래에서 계약서는 매우 중요한 역할을 한다. 부동산 부자들은 계약서 작성 시에도, 특히 계약서를 검토할 때도 매우 세심하게 접근한다. 일반적인 표준 계약서를 사용하는 것보다는 거래의 세부 조건을 더욱 구체적으로 명시하고, 불분명한 부분을 사전에 명확히 한다. 이들은 계약서가 거래의 핵심적인 요소임을 잘 인식하며, 이로 인해 발생할 수 있는 분쟁을 사전에 방지하려는 노력을 기울인다.

이와 같은 생활 습관은 부동산 부자들이 단순한 운이나 일시적인 시장 변동에 의존하지 않고, 지속 가능한 부동산 투자 수익을 추구하는 데 있어서 핵심적인 역할을 한다. 이들은 시장의 실질적인 상황을 잘 파악하고, 계획적이며 철저한 준비를 통해 투자를 진행하는 전략적 접근을 택하고 있다.

17

부자 되는 법 I: 성공의 필수 요소

다양한 정보선이 필요하다

현대 사회에서 부자가 되기 위해서는 다양한 정보에 접근할 수 있는 능력이 필수적이다. 정보의 홍수 속에서 부자들은 지식의 창고처럼 다양한 출처에서 정보를 수집한다. TV, 신문, 책은 물론이고, 부자들은 사람들과의 네트워크를 통해도 중요한 정보를 얻는다. 부자 모임이나 경제 전문가들과의 상담을 통해 투자 아이디어를 개발하고, 금융 전문가들의 조언을 듣고 판단한다. 부자들은 특히 금융 시장에서의 동향과 기회를 파악하기 위해 꾸준히 정보를 수집하며, 이를 통해 자산을 효율적으로 관리한다.

항상 의문을 품고 물어보라

경제적 성공을 이루기 위해서는 비판적 사고와 항상 의문을 가지는 습관이 중요하다. 부자들은 투자할 때 단순한 정보에 의지하지 않고, 깊이 있는 분석과 질문을 통해 가능한 모든 측면을 고려한다. 대규모 투자에 앞서 투자 전략의 핵심을 파악하기 위해 금융 전문가들과 심도 있는 대화를 나누며, 미래의 경제 전망을 예측한다. 빌 게이츠처럼 생각 주간을 가지고 새로운 아이디어를 탐색하며, 기회를 찾는다. 부자들은 경제적 결정을 내리기 전에 항상 "왜?"라는 질문을 던지며, 신중하게 결정한다.

부자들은 시간을 소중히 여긴다

부자들은 자신의 시간을 귀중하게 여긴다. 대중교통을 선호하는 이유 중 하나는 시간 절약과 사생활 보호이다. 부자들은 외부의 시선에 크게 의존하지 않고, 편안한 환경에서 생활하려는 경향이 있다. 사적인 자유와 편안함을 중시하며, 이를 위해 차량 관리와 운전을 자가용 기사에게 맡길 수도 있다. 시간의 효율성을 높이기 위해 기술적인 도구와 자동화 시스템을 적극적으로 활용하여 비즈니스 활동을 최적화한다.

부자들은 24시간을 활용한다

부자들은 정보기술의 발전을 최대한 활용하여 하루 24시간을 활용한다. 전통적인 9시에서 6시의 업무 시간을 넘어 글로벌 시장에서의 기회를 챙기기 위해 유동적인 근무 스타일을 채택한다.

인터넷과 네트워크를 통해 글로벌 시장의 동향을 실시간으로 파악하고, 빠르게 변화하는 경제 환경에 적응한다. 시간과 공간의 제약을 극복하며, 지속적으로 성장할 수 있는 기회를 찾는다.

18

부자 되는 법 II: 성공의 필수 요소

평균 이상의 도덕성을 지녀야 한다

현대 사회에서 부자가 되기 위해서는 돈을 모으는 과정에서도 도덕적인 행동이 필수적이다. 물질적 성공을 추구하는 과정에서도 사회적 윤리와 도덕성을 유지하는 것이 중요하다. 자본주의 사회에서는 돈이 모든 것을 결정짓는 것처럼 보일 수 있지만, 부자가 되기 위해서는 타인을 속이거나 해를 끼치는 행동을 하지 않아야 한다. 부자들은 돈을 통해 사회적 가치를 실현하고, 사회 발전에 기여하는 데 집중한다.

돈은 협력과 상생에 의해서 불어난다

자본주의 사회에서 신뢰는 금융 거래의 핵심이다. 사회의 신뢰 수준이 높아질수록 경제 활동이 안정화되고 발전할 수 있다. 미래에는 신용이 가장 중요한 자산이 될 것이며, 신뢰를 잃으면 회복하기 어려울 수 있다. 따라서 부자가 되기 위해서는 돈을 단순히 얻기 위한 도구로 보지 않고, 사회적 신뢰를 기반으로 협력과 상생을 통해 발전해야 한다. 돈을 통해 사회적 가치를 창출하고, 공공의 이익을 위해 기부하는 등의 활동을 통해 자신의 사회적 입지를 더욱 확고히 할 수 있다.

세상이 달라져도 세금은 증가한다

세계적으로 경제 불평등이 심화됨에 따라 정부는 저소득층 지원을 위해 세금을 증가시키는 경향이 있다. 이러한 변화는 세금 구조의 투명성을 증가시키고, 국민들이 세금을 더 많이 부담하게 만든다. 부자들은 이런 현실을 인식하고, 세금을 회피하기보다는 소득을 증가시키는 것에 집중하며 경제적 안정을 추구한다. 또한 부자들은 사회적 책임감을 가지고 세금을 지불함으로써 공공의 복지와 발전에 기여하고자 한다.

세금을 두려워 말고 소득을 증가시켜라

부자들은 세금 부담을 줄이기 위해 소득을 증가시키는 전략을 택한다. 자신의 사업을 효율적으로 운영하고, 신기술과 혁신을 통해 새로운 수익원을 창출하려고 노력한다. 또한 세금 구조의 변화에 대비하기 위해 재정적 계획을 세우고, 투자 전략을 신중하게 검토한다. 이러한 접근 방식은 부자들이 경제적 안정과 사회적 가치를 동시에 추구할 수 있도록 한다.

19

똑똑한 절세 I : 부자들의 세금 절약법

부동산 사전증여

부자들이 주로 활용하는 절세 전략 중 하나는 부동산을 사전에 증여하는 것이다. 우리나라에서는 부동산이 부자들의 주요 자산 중 하나로 높은 비중을 차지한다. 따라서 부동산 관련 절세 컨설팅은 매우 중요한 요소이다.

부동산은 토지와 건물로 구성되어 있으며, 토지는 시간이 지남에 따라 가치가 상승하는 경향이 있고, 건물은 감가상각으로 인해 가치가 하락하는 경향이 있다. 따라서 부자들은 토지와 건물을 구분하여 전략을 세워야 한다. 가치가 상승할 것으로 예상되는 토지는 사전에 증여하고, 가치가 하락할 것으로 예상되는 건물은 상속을 통해 준비하는 것이 효과적인 절세 방안이 될 수 있다.

부담부증여

부담부증여는 수증자가 부담할 채무를 부과하면서 증여를 진행하는 방식이다. 이 경우 증여재산의 증여세는 부담된 채무액을 차감한 후 계산된다. 부담부증여를 통해 증여자는 채무를 전가하고, 수증자는 증여재산을 얻지만 채무를 부담해야 한다. 이는 양도소득세로 간주될 수 있으며, 부담부증여를 위해서는 실질적인 증여의 입증이 필요하다. 또한 수증자의 채무 상환 능력도 고려되어야 한다.

부담부증여는 주로 가치가 크게 상승할 재산에 적용되어 절세효과를 극대화하는 방법으로, 양도소득세의 비과세대상인 1세대 1주택 등의 재산에 적용할 경우 특히 유리하다.

자산가치 상승자산 우선증여

자산가치가 크게 상승할 것으로 예상되는 재산을 사전에 증여하는 전략이다. 현재는 저평가 상태지만 향후 가치가 증가할 재산을 미리 증여함으로써, 증가한 가치는 증여세 없이 수증자에게 이전될 수 있다. 이는 자산가치가 크게 상승할 잠재적인 재산, 예를 들어 택지개발 예정지구나 재개발 물건 등에 특히 적용된다. 단, 개발이나 시장 변동 등에 따라 가치가 크게 증가할 경우 추가 증여세를 지불해야 할 수 있으므로 주의가 필요하다.

이와 같은 절세 전략을 통해 부자들은 세금 부담을 줄이고 가족 재산을 효과적으로 관리할 수 있다. 그러나 각 전략의 적용 가능 여부와 세법의 변동에 대한 이해가 필요하며, 전문가의 조언을 받는 것이 좋다.

20

똑똑한 절세 II: 부자들의 세금 절약법

임대소득이 있는 자산 증여

임대소득이 발생하는 부동산을 소득이 없는 자녀에게 증여하면, 자녀는 임대소득을 통해 추가 재산을 취득할 수 있다. 이러한 임대소득은 향후 자산 취득 시 자금 출처를 증명하는 데 유용하다. 또한 임대료를 활용해 부채나 대출 이자를 상환할 수 있으며, 종합소득세율이 높은 사람이 증여를 통해 임대소득을 분산시키면 종합소득세 부담을 낮출 수 있다.

분산 증여

증여세는 증여를 받는 사람의 수가 늘어날수록 줄어든다. 이는 증여세가 수증자를 중심으로 과세되는 유산취득세 방식을 따르기 때문이다. 예를 들어, 10억 원을 한 자녀에게 증여하면 2억 790만원의 증여세가 발생하지만, 두 자녀에게 각각 5억원씩 증여하면 한 사람당 8,460만원, 총 1억 6,920만원의 증여세가 발생해, 약 3,870만원의 증여세를 절감할 수 있다.

생명보험 활용

상속세법에 따르면 피상속인 명의로 지급되는 보험금은 상속재산에 포함된다. 그러나 상속인이 본인의 소득원으로 보험료를 납부하고, 보험계약자와 수익자가 본인이 되며 피보험자가 피상속인인 보험계약을 체결하면, 생명보험금은 상속세 과세대상에서 제외될 수 있다. 이는 절세에 매우 유용한 방법이다.

배우자공제 극대화

상속세 계산 시 배우자공제는 최하 5억원에서 최고 30억원까지 공제받을 수 있다. 하지만 실제 공제액은 배우자에게 상속되는 금액에 따라 달라진다. 따라서 법정 상속 금액을 계산해 그 금액 이상을 배우자에게 상속하는 것이 중요하다. 배우자공제를 극대화하면 상속세 부담을 크게 줄일 수 있다.

가업상속 및 영농상속공제 활용

가업상속공제와 영농상속공제는 상속세법 요건을 충족하면 추가 공제를 받을 수 있다. 가업상속공제는 최대 600억원, 영농상속공제는 최대 30억원까지 받을 수 있다. 요건을 충족할 수 있는 상속인이 이를 상속받으면 상속세를 절세할 수 있다.

협의분할

상속이 개시되면 상속인 간의 협의가 중요하다. 유언이 없는 경우 상속인 간 협의가 이루어지지 않으면 모든 상속재산이 공동지분으로 분배된다. 공동지분으로 분배된 상속재산에 대한 처리 문제로 상속인 간 갈등이 발생할 수 있다. 상속재산을 협의 후 재조정할 경우, 소유권 이전에 따른 등록세 및 양도소득세, 증여세 등을 추가로 납부해야 할 수도 있다. 따라서 상속인 간의 합리적인 협의와 상속재산의 효과적인 분배는 세금 문제와 상속인 간의 관계를 고려할 때 중요하다.

대한민국 부자보고서:
부의 기준과 투자 전략

부자의 기준: 증가하는 부의 기준과 변동

대한민국에서 부자의 기준은 매년 변화하고 있다. 2012년 평균 114억 원이었던 부자의 자산 기준은 2021년 187억 원으로 증가했다. 그러나 매년 그 변동폭은 컸으며, 이는 유동성과 경기 상황 등 심리적 요인이 영향을 준 것으로 해석된다. 2022년 기준으로 부자의 자산 기준을 100억 원으로 생각하는 비율은 46%까지 상승했다. 이는 2020년의 28%에 비해 크게 증가한 수치다. 동시에 자산 기준을 300억 원 이상으로 보는 비율도 10%를 넘기 시작해, 초고액 자산가의 등장을 시사한다.

부동산에 대한 높은 선호: 대한민국 부자들의 주요 자산

대한민국 부자들은 여전히 부동산을 중요한 자산으로 여긴다. 부자들이 보유한 총 자산의 절반 이상이 부동산이다. 이는 해외 부자의 부동산 비중인 15%에 비해 3배가량 높은 수치다. 최근 10년간 주택가격이 약 40% 상승하고, 부동산 펀드 규모도 7배 이상 성장했다. 이는 부동산이 부를 형성하는 데 큰 기여를 했음을 나타낸다.

부동산 선호는 안정적인 자산 유지와 장기적인 수익 창출 수단으로서의 장점이 있다. 다만, 상가나 오피스텔 등 수익형 부동산에서 아파트로, 또는 해외 부동산 투자로 관심이 이동하는 등 정책과 금리에 따라 선호 유형이 변하는 경향이 있다.

잃지 않는 투자: 부자의 시장 변화에 대한 대응력

부자들은 높은 수익률보다는 잃지 않는 투자를 더 중요하게 생각한다. 시장의 흐름을 읽고, 정부 정책, 세제 변화, 국내외 투자 환경 변화 등 외부 변수에 민감하게 반응한다. 코로나19 팬데믹 기간 동안 부자들은 유동자금을 확보하고 주가가 상승하면서 간접투자를 줄이고 주식 비중을 확대했다. 경기 침체가 길어지자 예금, 채권, 외화자산으로 관심을 돌리는 모습을 보였다.

팬데믹 기간 동안 적극적으로 자산 포트폴리오를 변경한 부자들은 그렇지 않은 부자들보다 더 높은 수익률을 기록했다. 이는 시장의 흐름을 빠르게 읽고, 과감하게 실행에 옮긴 결과다.

상속형 부자와 자산 이전의 변화

부자 10명 중 6명은 상속형 부자다. 최근 10년간 부자의 소득 원천을 보면, 근로소득 비중은 점차 증가하고 재산소득 비중은 감소했다. 상속·증여 규모는 과거보다 양극화되는 경향을 보이며, 수령 시점은 팬데믹 이후 미성년자 주식 보유 비중이 크게 늘어나는 등 일부 변화를 보였다.

과거 상속·증여 자산의 대표 유형은 부동산이었으나, 최근에는 현금, 예금 또는 신탁상품을 활용한 증여가 확산되고 있다. 유언대용신탁을 통해 가족 간 분쟁 없이 안전하게 상속재산을 물려줄 수 있는 장점을 활용하는 사례가 증가하고 있다.

재테크 다변화를 선도하는 영리치와 슈퍼리치의 등장

부자 중 40대 이하의 영리치는 부동산보다 금융자산 비중이 높다. 영리치의 70% 이상이 해외주식에 투자하고 있으며, 20%는 가상자산을 보유하고 있다. 이들은 커뮤니티를 통해 투자 정보를 공유하고 투자 스터디 그룹에서 활동하며, 외화자산 투자, 현물 투자, 프로젝트 펀드 등 새로운 투자에도 주저하지 않는다. 이로 인해 부자의 투자 포트폴리오는 더욱 다양하게 확장되고 있다.

슈퍼리치들은 금융자산 100억 원 이상 또는 총자산 300억 원 이상을 보유한 사람들로, 그들은 어쩌다 보니 가정 분위기로 인해 자연스럽게 돈의 가치를 배웠다고 한다. 이들은 경제 상황에 따라 포트폴리오를 더 빠르고 과감히 조정하며, 외화자산과 미술품 투자에도 높은 관심을 보인다.

대한민국 부자의 기준은 해마다 증가하고 있으며, 부동산에 대한 선호는 여전히 강력하다. 부자들은 잃지 않는 투자를 중요시하며, 시장 변화에 민감하게 반응한다. 상속형 부자가 여전히 많지만, 상속·증여 자산 유형은 다변화되고 있다. 영리치와 슈퍼리치의 등장은 재테크의 범위를 더욱 확장시키고 있다. 부자들의 다양한 투자 전략과 자산관리 방법은 우리에게 많은 시사점을 준다.

《 참조: 하나은행 하나금융연구소 》

저자 소개

최영두 교수

저자는 서강대학교 대학원에서 금융경제학을 전공하였으며, 대한민국 재무설계(Financial Planning/Wealth Management) 분야의 선구자로, 관련 분야의 제도 정착을 위해 교재를 집필하고, 수많은 강의 경력과 명강사로 널리 알려져 있다. 그는 주요 신문과 언론사의 유명 금융경제 칼럼리스트로 활동했으며, 금융 관련 자격시험의 출제위원을 역임했다.

매일경제신문 머니닥터로 활동하며 부자들이 만나고 싶어 하는 최고의 금융전문가로 널리 알려졌으며, 편안한 재정상담과 컨설팅을 위해 각종 금융자격증뿐만 아니라 심리상담사와 심리분석사 자격증도 보유하고 있다. 삼성생명, 한화생명, 에이플러스에셋 등에서 VIP 고객을 대상으로 수많은 컨설팅을 수행하고, 해당 부서의 담당 임원으로 오랫동안 근무하였으며 삼성신지식인상, 헤럴드경제마케팅혁신상 등 다양한 수상경력도 있다. 또한, 한국 어린이 경제교육에도 기여하고, 성인 금융교육을 위하여 우수도서를 집필하였으며 서울특별시장 정책특보도 역임했다.

주요 저서로는 『세금 알고보니 돈이네요』, 『서프라이즈 세금이야기』, 『누드세금』, 『재무설계총서』, 『자산관리노트』, 『금융총서시리즈』, 『보장설계 가이드북』, 『재미있는 세금여행』, 『돈 되는 세금』, 『3시간이면 당신도 세금박사』, 『상속설계(Estate Planning)』, 『세금설계(Tax Planning)』 등이 있다.

현재 극동대학교 금융자산관리학과에서 후학들을 가르치며, 한국 금융시장의 미래 인재를 육성하는 데 매진하고 있다.

머니닥터 최영두 교수의 지혜로운 생활경제이야기

초판발행   2024년 9월 30일

지은이   최영두
펴낸이   안종만 · 안상준

편 집   김다혜
기획/마케팅   김한유
표지디자인   Ben Story
제 작   고철민 · 김원표

펴낸곳   ㈜ **박영사**
            서울특별시 금천구 가산디지털2로 53, 210호(가산동, 한라시그마밸리)
            등록 1959. 3. 11. 제300-1959-1호(倫)
전 화   02)733-6771
f a x   02)736-4818
e-mail   pys@pybook.co.kr
homepage   www.pybook.co.kr
ISBN   979-11-303-2134-9   03320

정 가   25,000원